Q&Aで学ぶ
遊戯療法と親面接の考え方・進め方

竹内健児 著

創元社

まえがき

本書は、主に初心の心理療法家が遊戯療法と親面接を行うにあたって抱く疑問の数々に私なりに答えたものであり、前著（『Q&Aで学ぶ　心理療法の考え方・進め方』、二〇一五）の続編を成すものである。

遊戯療法が日本で行われるようになって半世紀以上が経過しているが、日本人の手による遊戯療法の概説書は、二〇年前はさほど多くなかった。最近はそれに比べると充実してきていると言えるだろう。一方、親面接の概説書はというと、これだけ親面接があちこちで行われているにもかかわらず、不思議なほどに今もごくわずかしかない。また、遊戯療法と親面接は並行して行われることも多く、両者は複雑に絡み合うので、二つを別々のこととして書くだけでは足りない。この点について、論文としては半世紀前にすでに議論が始まっているが、両者の絡みを伝える書物はまだ少ない。一章と二章で、遊戯療法と親面接の基本的な考え方について触れた後、三章と四章で「構造」を取り上げているのは、そうした観点による。実際には、親と言っても両親が揃って来ることもあるし、祖父母や兄弟が来ることもある。登場人物が増えれば増えるほど構造は複雑さを増すので、構造を明確化する必要性もそれだけ高くなる。

五章では遊戯療法の「見立てと方針の立て方」について、六章と七章ではそれを受けて「関わり方」について述べている。特に七章では、枠の問題を取り上げている。枠の重要性は心理療法のどの教科書を開いても書かれているので、本書では重要性に関しては敢えてさらっと流し、その先の実際問題に焦点を当てている。これも前著と同様である。その意味で、七章だけは中級編と言ってもよいかもしれない。とはいえ、枠の揺れは初心者の最初の最初から直面する問題でもある。

八章では親面接の実際問題を取り上げているが、最初に「親を責めたくなってしまうとき」という項を置いた。これには、「親は親で苦しんでいる。親面接をする際に最も大切なことは親を責めないことだ」ということを強調する意図がある。九章では終結と中断の際の実際問題について触れている。ここでも構造の複雑さが再び問題となるだろう。終結と中断は、個々のセラピーの評価の機会でもある。

本書は理論的考察や文献研究を目的としたものではない。前著と同様にQ＆Aの形式を取ったのは、実際に起きうる具体的な問題からスタートすることが初学者にはわかりやすいだろうと考えてのことである。二〇〇のQは、遊戯療法や親面接で度々問題になることのリストとして読むこともできるだろう。問いの一つ一つが一本の論文になりそうな奥行きを持っているが、ここに私が書いた答えがその入り口となってくれればよい。答えと言っても、「唯一の正しい答え」を書いているつもりはない。むしろいくつかの可能性を挙げ、場合分けをし、場面に応じたバランスのとり方について一考を促し、悩みやすくすることを意図している。

前著と同じく、セラピストの発言を〈 〉（山カッコ）で示し、セラピストとしてこんな言い方もできるだろうという具体例をできるだけ多く挙げるよう努めた。「その場で実際に何と言うか」は、初心者のうちは特に難しい。「こう言えばよかった」と後悔することも多いだろう。ここに挙げた例が、「そんな言い方もあったか」と参考になってくれればありがたいことである。

筆者は元来、広い意味での精神力動論的立場にあるため、本書でもその色合いは濃いだろう。しかしもう一方では、自分がやっていることが何学派であるかはさして問題ではない、とも思っている。このクライエントはこういう人で、こういうことに、こんなふうに苦しんでいる。だとすれば、こう関わることが援助になるのではないか。心理療法家の側から見れば、心理療法は「どうすることが援助することになるのか」を心理学的に考え続けていく作業である。本書が、心理療法家たちの心を経由して、クライエントへの援助に役立ってくれることを願っている。

Ｑ＆Ａで学ぶ　遊戯療法と親面接の考え方・進め方　目次

第一章　遊戯療法とは

第二章 親面接とは

第三章　親子面接のインテーク

第四章　親子面接の構造

第五章　遊戯療法の見立てと方針

赤ちゃん人形を投げつけたり、砂場に埋めたり、目に棒を刺そうとしたりといった行動がエスカレートしてきました。できるだけ受け容れようとしたのですが、結局〈もう限界〉と言って止めてしまいました……。

Q125 キャッチボールしているとき、子どもが思いっきり投げた速いボールが時々私の体に当たります。わざと狙ってやっているのではないかもしれませんが、顔に当たるとさすがに痛く、一度はあまりの痛みにうずくまってしまいました。

Q126 クライエントがバッター、セラピストがピッチャーで野球の勝負をしています。あまり強い球を投げてもと思って少し手加減して投げたら、クライエントに「本気でやってる?」と言われてしまいました。こういう場合は本気を出すほうがよいのかどうか……。

Q127 クライエントがルールのあるゲームでズルをしてでも勝とうとするときがあります。容認したほうがよいのか、それともズルを指摘してルールに従わせるほうがよいのか、いつも悩みます。

Q128 ズルを容認するというのは、子どもがズルをしても見て見ぬふりをしたほうがよいということでしょうか。

Q129 容認していたら、本当にいつかズルをしなくなるのだろうかという心配があります。

Q130 遊戯療法で子どもと遊ぶと子どもからエネルギーをもらってこっちも元気になると言うセラピストもいます。しかし私は、遊戯療法の後自分の心を揺さぶられることが多く、心が疲れ果てます。

Q131 子どもと遊んでいると、何とも愛おしく思えてきて、何とかしてあげなくちゃという気持ちになります。親はどうしてこんなに可愛い子どもの気持ちをもっとちゃんと理解してあげないのかと、憤りさえ覚えます。

Q132 親担当者は「子どものこういう点は問題だ」と言いますし、事例検討会で発表したときも同様の指摘がありました。でも私はこの子は特に問題のある子ではないと思っています。そんなことよりも良いところを見て応援してあげるほうが大事だと思うのですが。

Q133 子どもが何かを伝えたいのだということはわかるのですが、言葉をあまり発しないし、何かを言ってくれてもよくわかりません。聞き返してもわからず、聞き返される子どものほうもだんだんイライラしてくるようで、こちらも困惑しています。

Q134 ある回の終わり際に、「先生、お金もらってるの?」と聞いてきた子どもがいました。「お金のためにやってい

第七章　遊戯療法の枠が揺れるとき

第八章　親面接の実際問題

第九章　終結・中断

Q191 終結を自分から言い出した子どもに改めて〈もう一人でやっていけそう?〉と尋ねたところ、少し不安もあるような答えでした。終わりにしてよいのかどうか、私のほうも少し迷いが出てきました。

Q192 遊戯療法が終わりに向かって進んでいっています。子ども担当者として子どもと別れることに寂しさを覚えます。それに、まだ問題が完全に解決したわけでもないように思うし、いつか再燃するのではないかと心配です。

Q193 終結の時に、〈また来たくなったら来ることもできるよ〉と伝えるほうがよいかどうかで迷っています。

Q194 並行面接の場合、終わるときは二人同時に終わるものですか? 片方が先に終わるということもありえるでしょうか。

Q195 親子並行面接で親面接だけ先に終結しました。その後、親との間で調整をする必要が出てきたのですが、それは子ども担当者である私がやったほうがよいのでしょうか、それともかつての親担当者にしてもらったほうがよいのでしょうか。

Q196 遊戯療法の終結においては、振り返りをどの程度意識してやるものでしょうか。

Q197 終結の回にはどのようなことが起きるのでしょうか。

Q198 セラピスト側の都合でお別れをしなくてはならなくなりました。三回前にそのことを伝えたとき、子どもはショックを覚えたようで、その後私から少し距離を取って遊んでいたような気がします。仕方がないこととはいえ、申し訳ない気がしています。

Q199 児童福祉施設で担当していた子どもが急に家庭に戻ることになり、今日がセラピーの最終回になると聞かされました。急すぎて、何ができるのだろうと戸惑いやら無力感やらを覚えました。

Q200 母子並行面接の最終回の予定でしたが、親戚に不幸があったらしくキャンセルになりました。私は母親担当で、その日に最後の振り返りをすることになっていたのですが、間もなく遠方に引っ越されるため日程的にもう会えないようで、悔いが残ります。

装画・装丁✣濱崎実幸

第一章 遊戯療法とは

遊戯療法における遊びは「ただの遊び」ではない。楽しく遊ぶことを目的とするのでもない。セラピーとしての舞台を整え、遊びを心の表現として受け止め、子どもの心に適切に触れていくのでなければ遊戯療法にはならない。

1 遊戯療法における遊び

Q1 **遊戯療法とは何でしょうか。**

A1 **遊戯療法とは遊びを媒介とした心理療法の一種である／遊びには「等身大の遊び」と「ミニチュアの遊び」の二種類がある**

遊戯療法とは遊びを媒介として治療する心理療法の一種です。保育園で友達ができず先生にしがみついて離れない子、トイレではなく部屋の隅でウンチをする子、自分の髪の毛を抜く子、学校で他児に暴力を振るう子、学校に行かなくなった子など、心身にさまざまな不調をきたしている子どもが、大人に連れられて遊戯療法の場にやってきます。大人であれば話を聞くところですが、特に幼い子どもであれば何に困っているかと尋ねても言葉でうまく説明してはくれません。そこで、遊びを媒介として、子どもの心を受け止め、交流を深めてその不調を改善しようとします。いわば遊びは子どもの心を伝える一種の言語として機能します。

遊びの種類には人形遊び、ボードゲーム、積み木、ボール遊び、ごっこ遊び、お絵描き、砂遊び、器具を使った体感遊びなどがありますが、遊戯療法だからといって何か特別なことをするわけではありません。遊戯療法における遊びを「等身大の遊び」と「ミニチュアの遊び」の二種類に分類することも可能です。「等身大の遊び」では、クライエントとセラピストは「ある世界の住人」として等身大で振る舞います。ごっこ遊びや玩具の車に乗るといった遊びですが、より身体的で体験的な遊びと言えます。もう一方の「ミニチュアの遊び」は、ミニチュアを使ってある世界を作り上げ、その世界の出来事を俯瞰的に見ながら展開させていくものです。例えば人形遊びや、プラレールの上に電車を走らせるとか箱庭を作るといった遊びですが、より内面的で象徴的と言えるでしょう。子どもは遊びのスタイルを前者から後者へ、あるいは後者から前者へと移行させることがあります。どちらがよいとか深いとかいうことではありません。

Q2 普通の遊びと遊戯療法における遊びはどう違うのでしょうか。

A2 セラピーとしての目標をもつ／遊びを心の表現と受け止める／どんな心の作業をしているのかを自覚しながら進める

遊戯療法の遊びは普通の遊びと同じなのでしょうか。遊び自体にもある種の「治療」効果があります。普段の生活の中で何かの遊びに没頭するとき、われわれは日常を離れ、その憂さを晴らし、充実感を覚え、気力が回復してくるのを感じます。遊戯療法における遊びにおいても、そうした要素が働いていることは否定できませんが、遊び自体がもつ治療効果は、遊戯療法が心理療法として成立するための一部をなしているにすぎません。

遊戯療法における遊びは普通の遊びとは異なります。では遊びと遊戯療法を分けるものは一体何でしょうか。別の言い方をすると、遊びは何をもって遊戯療法と呼べるものになるのでしょうか。

遊戯療法とは、遊びを通して心の問題に取り組み、子どもが元気を回復することを目的とした心理療法です。ですから遊戯療法としての遊びは、セラピーとして枠づけられていなければなりません。そのためには、セラピーとしての個々の支援目標をもつこと、もっと平たく言えば、「ここに何をしに来るのか」が多少なりとも自覚され、共有されることが必要です。自覚の程度は年齢や知的水準によって異なるでしょうが。

二つ目の違いは、遊戯療法では、遊びを心の中の表現として受け止めるという点にあります。日常的な遊びでは心の中が表現されていないかというと、そんなことはありません。子どもの一見何気ない遊びの中に、さまざまな願望や怖かった出来事の再現などが見て取れることもあります。ですが、多くの人はそのようには理解しませんし、そうする必要もないでしょう。一方、遊戯療法では、心の中が表現されやすいような舞台を整え、遊びを子どもの心の表現と受け止めることがセラピストに求められます。

スーパーヴィジョンで遊戯療法の事例を聞いていたら、卓上のサッカーゲームをしたという報告がありました。そこでこんなやり取りがありました。

スーパーヴァイザー「この子は何をやっているのかな」
スーパーヴァイジー「エッ?!　……ですからサッカーゲームを」
スーパーヴァイザー「いやいや、そうじゃなくて、サッカーゲームをすることで何をやっているのかな」
スーパーヴァイジー「……することで、ですか?」

この場合、サッカーゲームは心の作業をするための道具であって、それ自体が目的なのではありません。その意味で、遊戯療法における遊びは、単なる遊びではありません。大人の心理療法におけるクライエントとの話が単なるおしゃべりではないのと同じことです。大人のクライエントが話すことで自分の苦しみを表現し、セラピストとの交流を通して自分の苦しみを乗り越えていくのと同様に、子どものクライエントは遊びを通してそれを行います。子どもは言語表現が巧みではないので、その代わりに遊びを通して自己を表現し、セラピストと交流し、自分の苦しみを乗り越えます。つまり、遊びは大人の発話に代わる一つの言葉なのです。遊びの言葉は、発話による言葉に比べてセラピストによる解読作業がより難しくなりますが、その言葉の意味を読むことができなければ「ただの遊び」になってしまいます。子どもに遊びを通して自由に自分の心を表現するように求め、その表現されたものから子どもの心を読み取り、何かを伝え返し、子どもはそれに反応してまた自分の心を表現するというやり取りの中で、遊びは遊戯療法になります。セラピーの中でセラピストがクライエントの苦しみを理解し、それに対して何らかの形で適切に触れるのでなければ、遊びが遊戯療法になることはありません。

第三に、セラピストはその遊びを通して実際にどのような心的作業が行われているのかを理解し、自覚をもって進めていかねばなりません。クライエントは、抑圧されていた感情を発散することで、凝り固まっていたものが氷解し、流れ出すような体験をしているのかもしれません。あるいは、人から承認されることの少なかったクライエントは、セラピストから肯定的に見てもらうことで、自己肯定感が高まるという体験をしているのかもしれません。あるいは、ダダ漏れのように消費していたエネルギーを自己コントロールできるようになり、さらには昇華できるようになるという体験をしているのかもしれません。「この遊戯療法にはどんな問題が持ち込まれていて、クライエントはその問題に自らどう取り組んでいて、セラピストはそのクライエントの取り組みにどのように応えようとしているのか」ということを意識している必要があります。この遊びはどういう意味で遊戯療法と呼べるのか、この問いを自分の中に持ちながら進めていかねばなりません。

✣　✣

Q3

遊戯療法を担当しています。クライエントである子どもには楽しく遊んでほしいと思っていますが、来たときよりも沈んだ表情で帰ることもあって、そういうときはうまくやれなかったのかと思い、落ち込みます。

A3 楽しく遊んでもらうことが目的ではない

遊戯療法は、クライエントである子どもに楽しく遊んでもらうことを目的にしているのではありません。楽しいと思える瞬間があって悪いわけではありません。時には、二人で大きな笑い声を上げることだってあるでしょう。ですが、楽しむ「ために」やっているのではありませんし、楽しんでもらえたかどうかが遊戯療法を評価する基準なのではありません。楽しそうでなくても、クライエントにとって有意義な心の作業になっていればそれでよいし、楽しく遊べていてもそうなっていなければ、遊戯療法とは呼べません。時間がゆっくりと流れるのを感じながら「しっとりと」人形遊びをすることもありますし、二人ともほぼ無言で、クライエントが一人で砂遊びをしているのをそばで静かに見ていることもあります。その一人遊びが、セラピストに見守られる中で安心して遊び、何らかの心の作業に取り組んでいるのであれば、ことさらに介入する必要はありません。

遊戯療法に限らず、心理療法においてクライエントは（セラピストもですが）心のエネルギーを使います。自分の心の課題に直面すれば、重たい荷物を背負って帰ることになり、来たときよりも帰るときのほうが沈んだ表情になることすらあるでしょう。クライエントはいつも心が軽くなって帰るわけではない、ということにセラピストは耐えねばなりません。

「せっかく来てくれたんだから」と、セッション終了後に別室で一緒にしばらく遊んでから帰ってもらったという初心セラピストがいました。しかしこれは、「せっかく来てくれたんだから五〇分間を有意義な時間にしよう」と考えるべきところです。終了後もサービスをというのは、五〇分の中で有意義なことができていないのではないかという負い目があるからなのかもしれません。

Q4 心の表現として見るというのはどうすればよいのかわかりません。観察するということでしょうか。

A4 客体としての子どもと主体としての子どもという二つの視点をもつ

もちろんよく観察することは大切ですが、「観察」にも二通りがあります。一つは、子どもを客体として、つまり、観察対象、検査対象として見る視点です。行動観察や心理検査を通して、子どもを外側からアセスメントするのです。もう一方には、子どもを主体として見る視点があります。子どもは自分独自の意志や願望、感情や感覚、認知をもつ存在です。その子は外側の世界を、あるいは自分の内部からの刺激をどのように受け止め、どのように体験し、どのように関わろうとしているのでしょうか。この子からはこの世界がどう見えているか、どう体験されているかを、その子の身になって考える、内側からのアセスメントの視点です。

後者の場合も観察が基本となることは確かですが、子どもの言動を心の表現として受け止め、観察されたことから逆に辿って、その子の心の中で起きていることを推察していくのです。どちらの視点も大事なことですが、心を扱うのであれば、子どもの行動を外側からアセスメントするだけでは足りません。言動から心の中を推察するのは、特に最初のうちは容易ではありませんが、その力をつけていくことが専門性の一つと言えます。

✤

✤

Q5 遊戯療法においては遊びを心の表現として見るということですが、どうすれば子どもは心の内を見せてくれるのでしょうか。

A5 守られているという安心感をもてることが条件／セラピーの構造（枠）の大切さ

たとえ自ら進んでではなく親に連れてこられた子どもであっても、玩具の魅力に誘われてでしょうか、すぐに遊びだす子どももいます。他方、プレイルームに入っても慎重な子どももいますし、動こうとしない子どももいます。遊戯療法では遊びを心の表現として見るわけですが、心の表現には危険が伴います。したがって、安心して表現できるという守りが必要です。では何が守りとして機能するのでしょうか。

一つ目は、一定の日時に、一定の時間、同じ部屋で遊ぶという守りです。同一であることが安定感を与え、自分の心の課題に取り組むリズムを作って、表現することへの安心感として働きます。

二つ目は、日常とは切り離された閉じた空間で遊ぶという守りです。そもそも遊びは、あくまでも仮想の世界のことなので、遊び自体にも「これは遊びにすぎない」という守りが内在しているとも言えますが、遊戯療法ではそれをさらに構造的に守ります。遊びが終わり、部屋を出れば日常の世界に戻ります。部屋の中での遊びが、日常の人間関係に下手に影響を与えることはありません。中で何をして遊んだかが、例えば親からの評価に影響を与えることはないし、誰かを攻撃する遊びをしたからといって、それが現実に起きることはないという安心感があります。このことが、部屋の中での自由な表現を可能にしているわけです。

とはいえ、そうやって表現したことを相手から肯定的に受け止めてもらえず、叱られたり、変な子だと思われたりするなら、安心して表現することはできないでしょう。日常場面では、人形遊びであまりに残酷なことをしている場合、周囲の大人から、〝可哀想でしょ〟とか〝もっと優しくしてあげないとだめよ〟といった道徳的な叱責がなされることがあります。セラピストも同じ対応をするなら、子どもにとってセラピーに来る意味はありません。セラピストは、子どもの警戒心を解き、安心感をもって表現できるように振る舞います。第三の守りはセラピストの存在であり、その肯定的態度です。そばにいる大人が、叱責する人ではなく、守り手として感じられるとき、子どもは寛いで自分を表現します。

これらの三つの守りが、子どもが心の内を表現するための器として機能していると言えます。

✤　✤

Q6 親との間で情緒的な良い体験が十分にもてないまま大きくなってきた子どもです。時間など気にせず、できるだけクライエントの要望に合わせて、せめて遊戯療法の中だけでも満足感を味わってほしいと思うのですが。

A6 満たされないときが心に触れるチャンス

「親との間で満たされていないことを、せめてセラピーの間だけでも満たしてあげたい」。こういう気持ちにさせられることもあるかもしれません。そして、これまでどこでも満たされることのなかった欲求がセラピーで初めて満たされ、それがこれから生きていく上での自信となったという事例があるなら、それはそれでよいのでしょう。

しかし、たとえセラピー場面で満たされたとしても、それはやはり特殊な場面で満たされるだけであって、「日常場面では満たされることがない」という辛さがなくなるわけではありません。日常場面でも満たされるようになるには、親面接などを通して家庭や学校などの環境が調整される必要があります。それが可能ならばそれもよいことです。

では、環境調整も難しい場合はどうしたらよいでしょうか。その場合は、満たされなくて辛いという気持ちこそが取り上げられる必要があると思います。そうした辛い気持ちをわかってもらい、本人がある程度整理された形で抱え、適切に処理していける力をつけていくことが求められます。例えば、その人が実は辛いはずなのに何事もないかのように振る舞い、むしろ他者を気遣うような態度ばかり取っているとすれば、そのパターンを変えて、辛いことは辛いと感じ、人を選んで助けを求めることも時に必要でしょう。

　そのためには、セラピーの中で満たされることが重要なのではなく、セラピーの中でもやはり満たされないことがあるということが、むしろ大切になります。セラピーのルールに外れたことを子どもがしたいと望み、それをセラピストが制止することで子どもが辛く感じるとき、それはまさにその子が普段から感じている満たされなさという辛さをセラピーの中で扱うチャンスです。「したい」〈だめ〉「どうして」〈どうしても〉「なんで」〈決まりだから〉「なんで」〈……したいことがあるのにできないのは辛いなあ〉というやり取りを繰り返す中で、子どもはその辛さを抱えられるようになっていきます。それはセラピストにとっても辛い作業かもしれません。満足を与えてあげられるほうが素朴に気持ちいいかもしれませんが、何でも満たされるという幻想の中に二人でいることは、この場合支援になっているとは言えません。

✤　✤

Q7 プレイルームで激しくピストルを撃ち合ったり、ボールをぶつけ合ったりという遊びをすることで、かえって攻撃性を引き出したり、助長させたりすることにならないのかと、親や教師が心配しています。そう言われると、そんなことはないと言い切る自信がありません。

A7 部屋の内外の区別をつけることで助長されないように注意を払う

　セラピーの枠には、表現のための器としての機能があります。しかし、表現することが大事といっても、セラピストはいつでもどこでも表現を許すわけではありません。時間と場所が限定されているということは、〝ここでは出してもよい〟ということと同時に、〝ここ以外では安易に出してはいけない〟ということも意味しています。

　たとえ部屋の中で激しい遊びをしていても、「この時間が終わってこの部屋を出たら、もうこの遊びはおしまい」という区別を、子ども自身にしてもらわないといけません。すぐに理解できる子としばらく時間がかかる子がいますが、子どもたちの多くは、プレイルームの内と外の区別、心の内側を表現できる非日常的な時空間と日常空間の区別をつけるようになっていきます。セラピー場面ではセラピストに対して攻撃的に振る舞うのに、部屋の外に出ると決して攻撃的には振る舞わない子もいます。それはその子なりに内外の区別をしているということです。

もし子どもの側の理解が追いつかず、セッション後にプレイルームの外でティッシュ一箱分を建物の中にばらまくとか、トイレを水浸しにするとか、他の人が使っているかもしれない面接室のドアをお構いなしにすべてノックして回るといった行為をするのであれば、それは止めなくてはなりません。それを「子どもの心の表現だから」といって許容するのは、心理療法としては正しくありません。〈自由に遊んでいいのはプレイルームの中だけだよ〉ということをしっかりと伝えるべきです。

さらに言えば、「プレイルームの中では自由」という原則にもやはり限界があり、場合によっては制限をかけることもあります。

ご質問の親や教師の心配に対しては、〈部屋の中で激しい遊びをすることがこの子にとって必要なことならば受け入れようと思っていますが、それが部屋の中だけに収まるような配慮を最大限しているのでご心配はいりません〉と答えることになると思います。

✤　✤

Q8 遊戯療法では、子どもの遊びを心の表現として読み取った後、どのように介入するのですか。

A8 子どもに何かを新たに体験してもらう／介入の言葉や程度を適切に判断する

セラピストは子どもの言動を観察し、その心を理解しようとしつつ、子どもと交流を持ちます。何らかの言葉かけをしたり、また遊びに参加して子どもの心に働きかけたりします。そしてそれが、子どもにとって新たな体験となるように努めます。それは子どもにとって「ただの遊び」と思ってしたことが、心理的な意味をもつものとして返ってくる体験です。成人のカウンセリングにおいて、クライエントが「私が語ったことにそんな意味があるのですか?」と感じるのと同じことだと言えます。例えば、被虐待児のセラピーで、虐待場面が遊びの中で再現されることがあるとしても、再現すること自体が目的なのではありません。重要なのはセラピストに見守られ、セラピストとやり取りをする中で、子どもがその出来事を自分なりに乗り越えていくための新たな体験をすることです。

どの場面でどの程度介入するか、そこがセラピストの判断力が問われるところです。特別な介入をしなくても、子どもの遊びの意味を一つひとつ丁寧に理解しながらひたすらついていくだけで、変わっていく子どももいます。セラピストがかけた言葉や提案を子どもが受け入れたり拒否したりしながら、そしてセラピストも何度も対決したり大目に見たりしながら、長い期間をかけて変わっていく子どももいます。セラピストがひたすら受容しようと努力しながら、あまりの理不尽さに耐えきれなくなり、それをついに思い切って(あるいは、思わず)口に出して子どもに伝え、それを機に子どもが変わりはじめたという事例もあります。

✤　✤

Q9 遊戯療法では、セラピストは遊びにどの程度まで参加するのがよいのでしょうか。

A9 観察する冷静さと「ノリ」の良さと／セラピストの空想で遊んでしまわない

セラピストは遊びながら観察し、観察しながら遊びます。冷たい観察者ではないし、一緒にただ楽しく遊ぶのでもありません。

一方、セラピストはクライエントからさまざまな形で遊びに誘われます。買い物ごっこや病院ごっこなどのごっこ遊びもありますし、トランプやボードゲーム、キャッチボールをする、トランポリンで手をつないで跳ぶ、敵同士になって全身汗だくになりながらピストルの打ち合いをするといった闘いの遊びもあります。

撃ち合いで撃たれれば、「やられたー」と倒れる真似をするでしょう。そうしたときにセラピストの「ノリ」が悪いと、子どもにとって自分が表現していることにセラピストが関心をもっていないように感じられると思います。カウンセリングで〝傾聴が大事〟、〝中立的な態度を取る必要がある〟と言われるからといって、〈そうですか〉ばかり言っているわけではないのと同じように、遊戯療法家はただ見ているだけというわけではなく、遊びに参加します。日本の遊戯療法では、子どもが表現したことを距離を取ってコメントするだけでなく、一緒に遊ぶことが多いと思います。セラピストが見ているだけで手を出さずにいたら、クライエントから「何してるの、早く手伝ってよ」と言われることもあります。子どもの表現を受けてそれにある程度乗っかりながら、何が表現されているのかな、どんな意味をもつのかなと心を動かしながら、そのイメージやファンタジーの流れに沿った応答を返す、これがセラピストにとってのノリの良さです。

ただ、このことと、セラピスト自身のファンタジーを上乗せして、セラピストが遊んでしまうこととは区別する必要があります。この後子どもが遊びをどう展開させようとしているかを待つことなく、自分が遊びたいように遊ぶのではありません。例えば、あるセラピストはクライエントがダーツに関心を示したので、「よし、勝負しよう」と誘いました。しかし、関心を示した時点でクライエントは勝負がしたかったのでしょうか。それとも協力して練習したがっていたのでしょうか。あるいは今ここでダーツをしたいわけではなく、ダーツにまつわる特別な思いを話したかったのでしょうか。それを確かめずに「勝負しよう」とセラピストが自分の願望や空想を混ぜてしまうと、クライエントの意図が見えなくなってしまいます。ここではやはり、クライエントが何を望んでいるのかをよく見るために、中立的態度を保って一歩待つ姿勢が要ります。ノルことは大事ですが、「ノリすぎ」にならないように注意しましょう。大人のセラピーで、クライエントの話を聞いて、その話が十分展開される前に、私も実はこんなことがあってと話を遮って話しはじめることは、いくら一見会話が弾んでいるように見えても、心理療法としてやるべきことではない、というのと同じことです。

ノルほうがよいのか、中立的態度を保つほうがよいのか、クライエントの意図がわかりにくいときは、〈私、見ているほうがいい？　手伝うほうがいい？〉と尋ねてみるのも一つです。

✣　✣

Q10 遊戯療法では子どもに対して指導や教育はしないのですか。

A10 指導はしないのが基本

遊戯療法では子どもに対して指導や教育をしないのが基本です。ある意味、計画的に何かを教えるようなアプローチのほうが、何が行われているかわかりやすいかもしれませんが、何度も言うように遊戯療法では遊びを心の表現として受け止めます。見た目には「ただ遊んでいるだけ」に見えても、セラピストはこの場で何が起きているのか、何が表現されているのか、そこにどういう意味があるのかをずっと感じ、考え、必要なことを伝え返しています。その意味では五〇分間とても忙しく心を動かしているのです。

例を挙げましょう。ある子どもは、花壇の玩具を見て「お花とチューリップ」と言いました。それに対して、〈チューリップもお花だよ〉と「正しい」言葉に訂正することが大事なのでしょうか。保育や教育の場であればそうでしょう。しかし、遊戯療法ではそれがその子の言語なのだと考えてみます。その子にとってチューリップは他の花とは違うもので、区別する必要があるのかもしれません。この場合、その子にとってチューリップはどういう意味で特別なのだろうと想像してみることがセラピストの仕事です。

もう一つ例を挙げます。遊戯療法の開始時間、子どもが待合スペースからプレイルームに向かうとき、母親が「行ってらっしゃい」と声をかけても、無視してスタスタと歩きだす子どもがいます。そのとき、これが遊戯療法ではなく保育や療育であれば、〈お母さんが「行ってらっしゃい」って言ってるよ〉と子どもを立ち止まらせ、母親のほうに顔を向かせて、〈一緒に「行ってきます」って言おうか。せーの、「行ってきまーす」〉と言うかもしれません。これは教育的態度です。しかし、遊戯療法の場合は「行ってきます」とわざわざ言わせることはしません。この子が母親の声かけを無視したという事実を受け止め、そこから子どものもつ母親イメージや、実際の母子関係を推し量ることのほうが大事だと考えます。そしてそのことを遊戯療法の内容と結びつけて考え、セラピーに活かそうとします。念のためですが、これは保育や療育のやり方を否定しているのではなく、それとは別のやり方をすることに意味があると考え、そちらを優先するということです。

✣　✣

Q11 遊戯療法の中で、基本的な生活能力の乏しい子どもが「これのやり方、教えて」と言ってくることがあります。そうした場合も教えないほうがよいのでしょうか。

A11 教えることもありえる／教えるときにはそれが情緒的支えにもなっていることを自覚する

そうした場合に、教えることは自然なことでしょう。心理療法には自分で気づいていく内省の力を強調する側面がありますが、すべてを自力で気づいていくことなど誰にもできませんし、特にその力が不足しているのであれば、教えてもらわなければ気づけないこともあるでしょう。

ただ、遊戯療法の中で何かものを教えるという場合も、それが単に知識やスキルを教えているだけのことかどうかは、もう少し吟味が必要です。例えば、学校での出来事でショックを受けた子どもが帰宅して親に報告したとしましょう。次の親の反応を比較してみてください。

子「お母さん、学校で僕だけ蝶結びができなかった。明日学校行きたくない」
親①「そんなこともできないのか」
親②「そんなことできなくてもいい」
この二つがともに極端だということはわかると思います。

親③「私が毎回結んであげるから心配しなくてもいい」
子「いや、そういうことじゃなくて」
親③「やってあげるって言っているのに、何が不満なの」
子どもにとっては自分でできるかどうかが問題なのであって、全部親に頼ることは望んでいません。

親④「そうか、自分だけできないのは辛いな。よし、じゃあ一緒にこっそり練習しようか」
子「うん」
（特訓の末）
子「できた！」
親④「よかったな。これで自信をもって明日学校に行けるな」
子「うん」

④は子どもにとって、蝶結びのスキルを身につける練習の機会であると同時に、「自分だけできない、

自分はだめだ」という自己否定感を理解してもらい、そこから脱却するために練習に付き合ってもらうことで、支えられているという安心感を得る機会にもなっています。スキルを教えてもらう機会が情緒的交流にもなっているというところが重要な点です。

そう考えると、親からきめ細かく生活上の力を教えてもらえていない子どもは、その機会に伴うはずの情緒的な支えも得られていない可能性があります。遊戯療法の中で子どもにものを教えることが、そうした全体の見立ての中で、単に知識ややり方を教えるだけでなく、不足していると推察される情緒的支えとして機能することを意図して行われるのであれば、それもまた遊戯療法の一部だと考えてよいでしょう。また、注意力やコミュニケーション能力を高めることを直接の目標とするトレーニング的な支援においても情緒的な交流があり、心理的支えがあるということを見過ごすことはできません。

Q12 遊戯療法では、クライエントに後片づけはさせなくてよいのですか。

A12 後片づけはしなくてよいとするのが基本

後片づけはしなくてよいと伝えることが基本です。遊戯療法は、遊んだ後は片づけをしなければならないという躾《しつけ》とは異なるものです。「片づけなくていいの?」と尋ねる子もいますが、〈ここで遊ぶときは片づけなくていいよ〉と答えます。もし親を気にするなら、子どもに〈おうちや学校では片づけないといけないね。でもここはいいんだよ〉と区別するように言うこともできます。セラピストが後で一人で片づけることには、子どもが「遊び散らかしたもの」を抱え、まとめていくというような意味合いもあると思います。

親の躾が厳しい子どもの場合、最初のうちは、片づけなくてもいいと言われても片づけようとするかもしれません。片づけなくてよいと改めて伝えても片づけたがる場合は、〈じゃあ一緒に片づけようか〉と言って、しばらくの間は一緒に片づけるのも悪くはありません。そのうちに、子どものほうから片づけなくなってくることもしばしばです。片づけないと怒られるという超自我不安が緩んでくるのでしょう。

なお、発達障害などの子どもに対して、トレーニング的な要素を含んだセラピーを行っている場合は、片づけさせることもプログラムの一つに入ってくるかもしれません。セラピーの目的に応じて柔軟に考えるべきことです。

✣　✣

Q13 遊戯療法においては子どもを何と呼べばよいでしょうか。また、セラピストのことを子どもに何と呼ばせたらよいでしょうか。

A13 親や子ども本人に尋ねる／子どもに任せる

子どもをどう呼ぶかは、親が子どもを普段どう呼んでいるかに注目し、あるいは親に尋ねてみて、その呼び方をするのも一つです。あるいは、〈＊＊ちゃん、て呼んでもいい？〉などと尋ねてみてもよいでしょう。

どう呼ばせるかは、基本的には子どもに委ねたらよいと思います。最も多い呼び方は「先生」でしょうが、権威づけるために無理に「先生」と呼ばせようとするのはおかしな話ですし、「セラピストは学校の先生とは違う」ことを強調するあまり、ことさらに「先生」と呼ばせないようにすることもないと思います。セラピストとしての自信のなさを「対等である」ことで隠そうとして、セラピストをニックネームで呼ばせようとした初心セラピストがいましたが、それもおかしな話です。子どもが「先生」と呼ぶのに慣れているので「先生」と呼ぶのであれば、それを受け入れればよいし、「＊＊さん」と呼ぶのであれば、それを受け入れればよいでしょう。

セラピストをどう呼ぶかが、セラピーの過程で変化をしていくことがあります。言葉に遅れがあってセラピストのことを最初は何とも呼ぶことのなかった幼い子どもが、言葉を喋るようになるにつれて、セラピストをまず「お父さん」と呼び、次に「お兄さん」と呼び、一度だけ「お姉さん」と呼び、そして「先生」と呼ぶようになった例がありました。そこにはクライエントにとってのセラピスト像の変化を見ることができます。

2　遊戯療法の記録

Q14　遊戯療法の記録はどのように書けばよいでしょうか。

A14　観察したことと言葉でのやり取りを記憶を辿って時系列順に文章化する

遊戯療法中に記録を書くということはできないでしょうから、記憶を辿って、起きたことと言葉でのやり取りを時系列順に文章化します。

記録には、来所してからセラピーが始まるまで、セラピー中、セラピーが終わってから退所するまでのことについて、①クライエントの発言、②クライエントの行動、③セラピストの発言、④セラピストの行動、⑤セラピストの内的体験（セラピストがその時々で感じていたこと）、を書きます。それから、親面接者から得られた親からの情報を書きます。そして最後に、セラピストの推論（感じたことや考えたこと）を書いておきます。

記憶を辿って後で書くのですから、覚えていないことは書けません。その場で起きていてもセラピストの目に入らなかったことは書けませんし、目に入っていてもセラピストが注目していなければ書けません。心理療法の記録は、その意味でその場で起きていたことをすべて忠実に再現するものではありませんが、だからだめということではなく、クライエントとセラピストの交流の経過についてセラピストの心がとらえた記録として価値あるものです。

✤　✤

Q15 遊戯療法の中で起きたこと、観察したことを言葉で表現するのは難しいことのように思います。

A15 事実として起きたことがはっきりしなければ、意味は浮かび上がってこない

遊びの中に子どもの心がどう表現されているのか、遊びのもつ心理的意味を考え、他者と共有するには、遊びについての言語的な描写をもとにするしかありません（たとえ、録画や録音をしていた場合でも、最終的には言語化が必要です）。ですから、それが不正確な描写であるなら、意味合いも変わってきてしまいます。「ボーっとしていた」と、「固まっていた」では、子どもの心の中の動きは違ったものが推測されます。物事はどのような言葉で表現するかによってニュアンスが違ってきますから、できるだけ適切な言葉を用いるよう心がけましょう。

スーパーヴァイジーの持参した記録に、「A君はイライラしてボールを投げた」と書いてあるので、イライラはどんなふうに表に現れていたのかと尋ねてみたら、「いえ、投げている様子にイライラした感じは出ていませんでした。イライラしていると思ったのは私の推測です」という答えが返ってきました。可能な限り客観的な態度を取り、事実と推測は分けて書く必要があります。この場合は、「Aくんはボール

を投げた。イライラしている様子が表に現れているわけではなかったが、イライラしているのではないかとセラピストには感じられた」とでもすべきところでしょう。

もっとも、起きたことを描写する際には描写する人の見方がすでに反映されているものです。どうしてそういう表現になったのかを振り返ることは、セラピストの内的体験を振り返ることにもなります。

第二章 親面接とは

親は子育てにおいて困惑し、不安を抱き、あるいはイライラや焦りを覚えてカウンセリングの場にやってくる。子どものことで来ているのだからまずは子どもの話を聞くが、やがてその他の話に広がっていくこともある。親面接者は、親の話に耳を傾けることにとどまらず、親子並行面接であれば子どものセラピーの安定的な継続を支え、子ども担当者と協働し、全体の構造をマネジメントし、外部機関と連携するなど、多様な役割を担う。

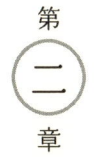

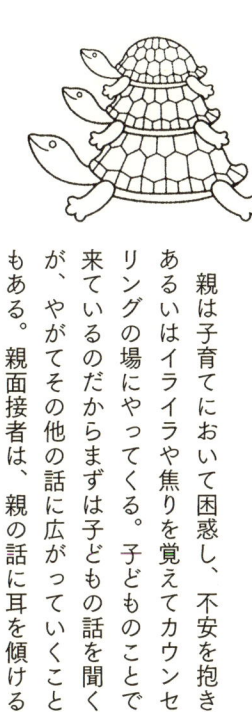

3　親面接の目標と役割

Q16　親面接者の役割はどのようなものでしょうか。

A16　役割は多岐にわたる

子どもの心身の不調について親が心理的な面で相談を求めてきた場合、その面接を親面接と呼びます。親だけが相談にくる場合もありますし、子どもと一緒に来る場合もあります。子どもと同席する場合もありますし、同じ時間帯に別室でそれぞれに心理相談を行う場合もあります。後者を特に「親子並行面接」と言います。親は実際には母親が来ることが多いですが、父親が来ることもあります。

並行面接の場合、親面接者の役割は、親に対するいわゆる個別の心理相談にとどまるものではありません。①子どもについて情報を提供してもらい、子ども担当者と協働して親子の見立てをする役割、②子どもを連れてきてくれる人として親のモチベーションを維持し、子どものセラピーの安定的な継続を支える役割、③並行面接の全体の構造をマネジメントする役割、④外部機関との連携が必要になった場合に連絡を取る役割など、多岐にわたります。

Q17　私自身は結婚もしていませんし、子育ての経験もありません。それで親の相談に乗れるのか、引け目を感じます。

A17 親から教えてもらう謙虚な態度で臨む／子育ての個別性を聞く／専門的知識をもつ

「先生は子どもはおられますか」「結婚されていますか」。実際にそう聞かれることもありますし、聞かれなくても引け目に感じるというのはわかります。「では今から婚活してきますので、待っていてくださ い」とは言えませんし……。

「子育てを経験したことのない人に子育てのことはわからない」という言い方がされることがあります。何事も自分が体験して初めてわかるということはあるもので、子育てを経験することで、子育てというもの、子育ての共通部分について体験的に理解できる部分があるのは確かでしょう。ですから体験のない人の場合は、その点、観察をし、人の話を聞き、小説を読んだり映画を観るなどして補っていくほかないでしょう。そしてまた、よく言われるように、クライエントに教えてもらう態度で話を聞くのがよいでしょう。

もし、実際に冒頭のように聞かれたら、〈何か気になられましたか？〉などと、質問の意図を尋ねてみましょう。答えとして出てくることは、セラピストの共感の薄さといったことかもしれませんが、もしそうなら謙虚に受け止めて進んでいけばよいと思います。

しかしまたこうも言えます。心理相談の場を訪れる親が求めていることは、子育てというもの一般についての助言ではありません。「私があの子を育てること」についてです。親は、いわば「私が私の子をどう育てるかがわからない」と訴えているのです。そうした個別的なことはもちろんどの育児書にも書いてありません。ですから、個別に話をよく聞いて一緒に考えるわけです。「私」がどんな人で、「あの子」がどんな子かがわからなければ、どうしていくのがよいかはわかりません。先回りして知っておかねばならない話でもありませんし、そもそも先回りして知っておくなどできないことです。

できることは親との協働です。「うちの子どもが抱えている問題について、この人は親身になって私と一緒に取り組もうとしてくれている」と親が思えたら、それだけでも支えとなり、来談へのモチベーションは上がるはずです。そして、「子どもの気持ちだけでなく、私の気持ちも酌んでくれる」となれば、話すことですっきりもするでしょう。子どもの心についての理解が深まり、良い対応ができたことを報告してそれをセラピストから認めてもらえたりすれば、親としての自信が回復する（芽生える）ことにもなるでしょう。

専門的知識をもっていることもセラピストにとって支えになります。子どもの発達について、あるいは子どもの心身の疾患や障害について、あるいは親子関係や家族問題についての専門的知識をしっかりともっていることは、親から信頼を得る上で必要なことです。それもまた専門家の条件ですから、少しずつ勉強しながら実践を積んでいきましょう。

✣　✣

Q18 子どもについての相談で親が来談している場合、「クライエント」は子どものほうでしょうか、親のほうでしょうか。

A18 心理療法では相談に来ている人がクライエント

心理療法では困って相談に来ている人がクライエントです。ですから、親が子どものことで相談に来ている場合、クライエント本人は親を指します。「子どもの不登校について相談に来た四〇代女性」がクライエントです。この場合、子どものことは「当人」という言い方をします。もっとも、発達相談の機関などでは子どものことを「本人」と呼ぶところもありますから、その場合はその職場の慣例に従いましょう。

親がクライエントだということは、何も親に問題があるとか、親に精神的な疾患や障害があるからそれを治療しようという意味ではありません。子どものことで相談に来ているとしても、援助を求めて話しに来ている親が親面接者にとってはクライエントですし、それを通して子どもを間接的に援助しているのだとしても、直接に援助の対象とするのは親のほうだという意味です。

✤　✤

Q19　親面接の目標は、子どもの症状や不適応行動の改善でしょうか。それとも、親自身の不安の解消でしょうか。

A19　子どものことか親自身のことかという二者択一ではない／親面接において親との間で行う心の作業には五つの形がある

しばしば、親面接では「子どものことを扱うのか、親自身のことを扱うのか」といった議論がなされますが、そうした二者択一では語れないと私は考えています。親面接において親との間で行う心の作業には、指導・助言的な関わりから親自身の心理療法までかなりの幅があります。私は以下のように五つに分類しています。

コラム

親面接において親との間で行う五つの心の作業

①子どもの行動の改善方法を親に習得してもらって、子どもに適した個別の課題を家でやってきてもらう
②子どもの言動やその変化を手がかりに、子どもの心への理解を深め、対応のヒントを共に考える
③子育て上の親の気持ちを聞き、共感を示し、親としての自信を取り戻してもらう
④子育てに限定されず、親自身が抱える心理的な苦しみについて話し合い、支援する
⑤子育ての問題を離れて、親自身の精神・身体症状の軽減を図る

はじめのものほど、子どもの「問題」に焦点を当てた形になっています。親面接は、たいていの場合、子どもの症状や不適応行動を何とかしたいという形で持ち込まれます。ですから、まずはその方向で話を聞きはじめなければそもそも始まりません。親が必要以上に心配しているだけで、子どもには特に問題がないという場合もありえますが、子どもが何らかの症状や不適応行動を起こしているのであれば、それが改善されることが目標となるのは自然なことです。ただし、セラピストの役割は、子育ての一般論を述べることではありません。子どもの症状や行動の背後にある子どもの心を親と共に理解し、親が家庭でどのように接するのが望ましいかを一緒に考えていきます。親はいわば支援チームの一員であり、協働のパートナーとなります。①と②がそれに当たります。中でも①のほうがより教育的・指示的関わりと言えるでしょう。

一方、親は子どもの現状や将来について不安に思い、自分が親としてどう振る舞ったらよいかわからず戸惑い、親としての自信を失い、そもそもこうなったのは私のせいなのではないかなどと自分を責めたりしています。あるいは、周囲の人から心無い言葉を投げつけられて傷ついていることもあります。心理療法はクライエントの心の苦しみに耳を傾ける仕事ですから、親が不安を語りたいのであれば、それに耳を傾け、親がその苦しみから抜け出せるように支援します。「親としての私」について取り組むのが③です。親が子育てにおける不安を聞いてもらうだけで、精神的に安定し、心の余裕を回復して、子どもに否定的な感情を向けなくても済むようになり、それによって子どものほうが変化してくることもあります。親の子育て上の不安の軽減が、結局子どもの症状や不適応行動の改善につながってくるわけです。ただし、親がそうした自分の気持ちをどの程度積極的に語るかは人それぞれですから、無理に引き出そうとはせず、親自身のペースを尊重します。

子どものことを主訴に相談に来た親が、話を続けていくうちに、自分自身の親との関係や夫婦関係について話しはじめることも少なくありません。あるいは、仕事上のストレスを語りはじめる人もいます。

それらは④に該当します。
⑤のように親自身の心理療法を行うとなれば、もはや親面接と呼ぶべきではないのかもしれませんが、他の場所で受けることができない場合に、親に対して症状の軽減や精神的な安定を目的とした心理療法を行うこともありえます。親の精神的安定は、子どもにとっては生活環境の安定ですから、それを目指すことは間接的に子どもの心の安定にも良い影響を与えるはずです。
実際には、以上の五つの役割のうちどれか一つだけを選ばねばならないというわけではなく、複数のことを同時並行で行うこともあれば、経過の中で力点が変化することもあります。親面接をするときは、クライエントが何を望んでいるのかをしっかり受け止め、「親面接とはこうあるべきだ」という狭いセラピー観にとらわれずに、事例に応じて柔軟に対応することが求められます。

✣　✣

Q20　ある母親は子どものことを主訴に相談に来ましたが、どうも自分自身の過去の話もしたいようでした。もともと子どものことで相談に来られたのだから、こうした親自身の話は聞くべきではないという人もいますが、それはどう思われますか。

A20　親が話したいのであれば聞けばよい

最初、親は子どもの症状や不適応行動を主訴として来談します。しかし、話を聞いていくうちに、子どもに顕在化した問題から、徐々にその背景の問題へと焦点が自然に移っていき、話題が親自身が抱える心理的な課題に向けられていくことがしばしばあります。例えば、親自身の心の傷つき体験、親自身の精神疾患、現在や過去の職業上のストレス、夫婦関係、舅姑との関係、自分自身の原家族との関係、家系上の「負の遺産」（自殺・犯罪・障害など家族外の人に隠しておきたい歴史）などです。
親面接において、そうした親自身の課題をどこまで取り上げるかについて、四つの考え方を挙げてみましょう。

コラム

親面接において親自身の課題をどこまで取り上げるかに関する四つの考え方

a　子どものことで相談に来たのだから、親自身の話は一切聞かない
b　親自身の話も聞くには聞くが、子どもの話に戻す
c　親自身の話を子どものことに不可分に結びついた話として聞き、必要な分だけ深める
d　親自身の心の課題にも触れなければ親面接とは呼べない

基本は、それを親自身が語りたいかどうか、聞いてほしいと望んでいるかどうかです。その意味でaは極端です。聞いてはならないことはありません。自ら語ろうとして出てきた話であれば、しっかりと耳を傾けるべきでしょう。そのとき、親は子どもの問題を通して自分自身の心理的課題に直面しようとします。セラピストには、面接経過の中で子どものことを話したり、母親自身の話を取り上げたりという自在さが求められます。bとcの間を行き来するイメージです。bとcのどちらを強調するかはセラピストのスタンスによって違いがあるように思います。

✣　✣

Q21 逆に「親自身の心の課題にも触れなければ親面接とは呼べない」のように言う人もいますが、こちらはどうでしょうか。

A21 「親自身の心の課題に触れなければ親面接と呼べない」ことはない

dもまた極端です。親は子どものことで相談に来ているわけですから、親面接は第一義的には、親の

パーソナリティや心の深層に入り込むものではありません。「親自身の心の課題にも触れなければ親面接とは呼べない」のように言う人もいますが、そんなことはありません。もし親面接がそういうものだとすれば、親面接者は親の「問題」をほじくり出さねばならなくなります。

親自身の課題に急いで、あるいは過剰に触れようとするセラピストの姿勢によって、「私自身に問題があるような扱いをされた」と心を傷つけられる親がいることを、肝に銘じておくべきです。親の心の課題に触れるのは、それが子どもの症状や行動に深く関わっており、その解消のために必要だと考えられ、しかも親の側にその問題に取り組む意欲がある場合です。必要性も意欲もないのに親自身の問題に首を突っ込み、いじくり回すことは倫理的に問題があると言っても過言ではありません。

「発達障害の子どもを持つ親にも、どこかに必ず自分自身の親との心理的葛藤や、過去の傷つき体験があるはずだ、その話をいつか聞かねばならない」というような構えをもつのはおかしなことです。子どもが発達障害ではない親と同様、発達障害の子どもを持つ親の中にもそうした葛藤や傷つきをもっている人はいるでしょうし、そのことが子どもの心に複合的に影響を与えていることもあるでしょうから、その点についてアセスメントをすることは必要ですが、必ずあるはずだなどとは言えません。あるいは、掘り起こせば何かしら出てくるものだとも言えます。それをもって「親のパーソナリティに問題がある」とするのはおかしな話です。子どもの心への親の理解や関わり方がたとえぎこちなくても、それは子どもの障害への戸惑いから来ているという理解から出発すべきです。

✤　✤

Q22 親が自分の生活史の話をし出したので、〈本当はあなた自身のことで相談に来られたのですね〉と指摘したところ、「いえいえ」と否定されてしまいました。こんなふうには言わないほうがよかったでしょうか。

A22 子どもの話と親自身の話とのバランスを考える

この親は、まだ自分自身のことに正面から向き合うことに抵抗があるのでしょう。だから、そんなにはっきりと直面化されて否定したくなったのだろうと思います。やがて時期が来れば自分のことを深く話すようになるかもしれませんが、安心してそれに取り組めるようになるより前に、セラピストから〈本当はあなた自身のことですね〉と指摘されるのは、安全感を脅かされることになるのではないでしょうか。

セラピストが、子どもの抱えている症状や不適応行動の背後に親自身が抱える心の苦しみがあると考えたとしても、すぐに親に伝えることは難しいものです。その考え自体が間違っていないと思われる場合でも、〈本当はあなた自身のことで相談に来られたのですね〉と指摘すればいつでも、親の自己洞察が深まるなどというものではありません。話が進み、深まって、親自身が、自分の苦しみが子どもの症状や不適応行動に影響を与えている可能性について理解してきたときに、セラピストの考えを伝えて理解を共有することはできるでしょうが、それまでは待つことです。

そもそも、子どものことと自分のことと、どちらが「本当」かなどということはありません。どちらも「本当」なのです。子どもが呈している症状や不適応行動の背景に親自身の課題があることが窺われたとしても、親の少なくとも最初の主訴が「子どものこと」だということは尊重されるべきです。

親自身の心の課題をあまりに急いで取り上げると、親自身が面接に対して抵抗するようになり、親面接が中断することもあります。子どもの面接だけは継続することもありますが、場合によっては子どものセラピーまで中断することにもなりかねません。連れてくるのは親ですから。親自身の抵抗が強くなって子どものセラピーが中断されるくらいなら、〈今はお子さんのことについて考えることを優先して、お母さんご自身のことはまた話したくなったら話すということにしませんか〉と伝えることも必要でしょう。ｃよりもｂというバランスです。

✤　✤

Q23 「これはどうも私の心の問題が子どもに影響しているんですね」と言った親がいました。確かに、そう思う部分もありつつ、どう考えたらよいか難しく感じました。

A23 子どもの抱えている症状や不適応行動が実は親が抱える心の「苦しみ」の反映だと考えられる場合がある／子どもが親を連れてくる

質問のように直接言及する親もいれば、「うちの子にはこういうところがあります」という話をひとしきりした後で、「実は私にも似たようなところがあって……」と話し出す親もいます。これを文字通り親子の共通点として聞けばよい場合もあるでしょうが、実は自分のことが話したくて子どものことを先に話したということもありえる話です。

さて、ここまで親自身の心の「課題」と言ってきましたが、この言葉はさらに吟味が必要です。ここで言う「課題」は「親のどこがだめか」という意味にとってはなりません。それは「親自身が抱える心の苦しみ」という意味に解するべきです。「子どもの抱えている症状や不適応行動が実は親が抱える心の苦しみの反映だと考えられる場合がある」ということです。

親自身が抱える心の苦しみは、子どもの心に陰に陽に影響を与えます。まず、子どもをイライラのはけ口にして直接暴力を加える場合など、子どもに直接影響を与えることがあります。また、親の苦しみが家庭環境の緊張感を持続的に高め、そうした環境の中に暮らす子どもに間接的に影響を及ぼすこともあります。例えば両親が不和で喧嘩が絶えないとか、夫婦間の暴言や暴力に子どもが晒されつづける、といった場合です。あるいは、親がうつ状態にあるとき、子どもが親を元気づけようと振る舞い、そのことにエネルギーを費やすようなこともあります。

これとは別に、親の心の苦しみがそこまではっきりと目に見える形で現れていなくとも、子どもの心に影響を与えている場合もあります。例えば親が非常に不安の高い状態に置かれていると、乳児がオッパイを飲むときに、あたかも母親の不安も一緒に呑み込むようなことが起きえます。また、親がかつて自分が断念せざるをえなかった夢を、子どもに実現してもらおうと子どもに過剰な期待をかけている場合に、親から何を期待されているかを暗に感じ取ってその役割を演じ、期待に過剰に応えようとして苦しんでいる子どももいます。

こうした場合、症状や不適応行動を呈しているのは子どもですが、もともと心理的な苦しみを抱えているのは親のほうです。親の苦しみの表れとして子どもが症状を出していると言ってもよいかもしれません。例えば、子どもが不登校になって相談に来られた母親が、姑との関係が悪いという話を毎回のようにしていました。そのうちに子どもは学校に行けるようになりましたが、母親のほうはまだ話したいことがあるので続けて来たいと言います。まるで、子どもが不登校になって母親をカウンセリングに連れてきたみたいな話です。親が子どもを連れてくるのか、子どもが親を連れてくるのか……。こちらからそう指摘することもありますし、親自身がそう気づいて自ら言うこともあります。

こうした例では、子どもが変わっていくためには、親自身がセラピストから支えてもらう必要があるでしょう。ｃの考え方が重視されるわけです。もしかすると、親面接だけでも子どもが変わるかもしれません。とはいえ、子どものほうも症状や不適応行動に苦しんでいるのであれば、子どもにも心理的支援が必要です。

✤　✤

Q24 「子どものことじゃなくて、私のことばっかり話していますけど」と気にする方もおられます。この場合はどう答えるのがよいでしょうか。

A24 合意した上で進める／並行面接であれば子どもの話も聞くことを忘れない

親が自分の話をたくさんして、子どもに関係のない話をしてしまったと気にしているようであれば、〈今日みたいにご自身のことを話してくださっても結構なんですよ。お子さんのことでもいいし、自分のことでもいいし、両方でもいいし。ご自由に話してくださったらいいんです。お子さんのこととどこかでつながっているかもしれませんから〉と受け入れます。こちらから根掘り葉掘り聞かずとも、親が自ら語る分についてはそれとして耳を傾ければよいのです。

子どものことを主訴に来談を開始した親が、自分自身の生い立ちや現在の生活の辛さについて集中して話したいと望む場合は、〈最初はお子さんのことで来られましたけれども、お話していくうちに、＊＊さんご自身のことも語られるようになってきましたね。ここではそのことも含めてお話していかれることにしますか？〉などと尋ねて、合意をした上で進めることが望ましいでしょう。

それでもなお、「私のことばかり話している」と気にされるのであれば、何らかの個人史が絡んでいるのでしょう。例えば、子どもが幼いときにほったらかしにしていて、今もまた子どもの話ではなく自分の話ばかりをしていることを気にしているのかもしれません。あるいは、自分が親からほったらかしにされていて、自分もまた自分の子どもをほったらかしにしていると感じているのかもしれません。

なお、親子並行面接の場合、親面接には子どものセラピーの継続を支えるという側面があります。その場合は、親自身の話に終始することなく（回によってはそうなることもあるでしょうが）、子どもについての情報を聞いて、子ども担当者に伝達する役割も忘れないようにしましょう。

4　親の変化・子どもの変化

Q25 母親が一人でインテークに来られました。一緒に行こうと子どもを誘ってみたそうですが、「行かない」の一点張りだったようで、今後も子どもの来談は期待できそうもありません。母親から「親だけが来ても意味があるんでしょうか」と尋ねられましたが、うまく答えられませんでした。

A25 子どもが来る準備を整える／親面接だけで子どもが変わってくることがある／そもそも子どもが来る必要のない場合もある

もっとはっきりと、「子どもが来ないなら私も来ない」と言う親もいます。子どものことで来ているのだから、子どもが来ないと意味がないと思っておられるのでしょう。そういう場合は、〈子どもさんがいずれ来られるようになるために、しばらくはお母さんがお一人で話しに来られませんか〉という言い方も一つです。子どもが来る準備を整えるということです。実際、しばらくしたら子どもも来所するようになる事例もあります。やはり来ないかもしれませんが。

第二に、子どもが来ずとも、親が来談しているだけで子どもが変化していくことが挙げられます。そして第三に、子どもに特に症状もなければ不適応行動もないのに、親が子どものことを「あの子には問題がある」と過剰に心配している場合があります。第三の場合は、原理的には子どもは来る必要がないことになります。

Q26 親面接だけで子どもが変わってくる場合があるのはどうしてでしょうか。またそのことを親にどう説明すればよいでしょうか。

A26 親の心の余裕と自信の回復が子どもに良い影響を与える

なぜそのような変化が起きるのでしょうか。まずは、親自身が共感されることで、親の心の余裕が増大することです。親は子育てに自信を失い、余裕をなくしています。そのため、子どもに怒ってみたり、脅してみたり、あるいは腫れ物に触るような態度になったりしがちです。すると、子どもは余計に防衛を強くします。それを見て親の不安が高まり、また子どもの心を圧迫するような悪循環がみられる例もあります。親面接によって、親が自分の大変さを理解してもらい、支持され、適切な対応についてヒントをもらうと、親の心に余裕ができて、オロオロしたり子どもに無用な圧力をかけたりしなくても済むようになります。

次に、子どもの心について親自身の理解が深まり、流れが読めることで適切な対応が取れるようになることがあります。一体何が起きているのか、自分の子どもが何を考えているのか、親は理解しづらくなっています。そこで、日常場面で起きたことや、そのときに子どもがどんな様子であったかを報告してもらい、子どもがどんな思いでいるのかを一緒に検討し、理解を少しずつ深めていきます。また子どもの心がどのように変化しつつあるかを流れの中で見ていきます。そうやって理解が深まると、日常場面で次に何か偶発的なことが起きたときに、親は自信をもって適切な対応が取れるようになります。また、大変なことになったと思っていたのが、実はそれほど大したことではないと思えるようになることもあります。リフレーミングや「脱悲劇化（フランソワーズ・ドルトの言葉）」が生じるのです。この二番目の点も、結局は親自身の心の余裕の増大、親としての自信の回復につながっていきます。自分も親としてそう悪くはないというような自信を回復し、子どものことがより可愛く思えるようになることも起きえます。
　以上をまとめて親に伝えるとすれば、こんな言い方もできるでしょう。〈子育て上の辛さを話していくと、まずはそれだけでも、すっきりして心の余裕を取り戻せます。それにお子さんの気持ちを一緒に話し合って、どんな気持ちでいるのかが理解できてくると、お子さんに対して今よりもゆとりをもって見守っていられるようになるし、自信をもって接することができるようになります。それもまた心の余裕につながります。そして、子どもは親のそうした変化をよく見ています。親がちょっと変わってきたから、少し近づいてみようか、話してみようかといった動きが出てきやすくなります。子どものほうも心の余裕が出てくるんです。そしたら、お子さんもひきこもったり、イライラをぶつけたりしなくても済むようになってきますね。親がカウンセリングに来るだけで子どもが変わってくるのはそういうわけなのです〉。

✤　✤

Q27　カウンセリングに来ても子どものことを理解しようとしない親もいますし、そもそも来ようともしない親もいます。子どものセラピーを一所懸命やっていても、結局のところ親が変わらなければ子どもも変わらないいんじゃないかと思うことがあります。

A27　変化はゆっくりと進むので辛抱強さが必要

　親と子はつながっているので、親が変わると子どもが変わる事例はあります。逆に、親が変わったからといって子どもが急にコロっと変わるとは限りません。子どもは親とは違う人間だからです。なかなか変わらない親もやはりいますが、変わらないかと思っていた親が変わってくることもありますから、親の変化の可能性をあまり低く見積もることはないと思います。とはいえ、親の変化には辛抱強さも必要です。

例えば、子どもの振る舞いに対して強く言えずにいる親がいました。話を聞いていくと、かつて子どもに十分かまってやれず、辛い思いをさせたという罪悪感を抱えており、そのために強く言えないのだということがわかってきました。親はそう気づくと、子どもに強く言うようになりましたが、今度は子どもの気持ちを酌み取らずに自分の怒りをただぶつけるだけのような言い方になってしまいました。そして、それ以降子どもが口をきいてくれなくなってしまったのです。変わろうという動きが始まっても、すぐにちょうど良いバランスが取れるわけではありません。子どもの気持ちを酌み取りながらも、強く言うべきことは言うというバランスを取れるようになるには時間がかかります。

✤　✤

Q28　親が変わらなければ子どもは変わらないのでしょうか。親よりも子どものほうが変わりやすいこともあるのではないでしょうか。

A28　子どもが先を行くこともある

親が変わらなければ子どもは変わらないかというと、必ずしもそうではありません。プレイセラピーで支えられて子どもが先に変わっていくこともあります。家族が動かなさそうなときは無理に動かそうと躍起になるのではなく、「親はなくても子は育つ」という諺を思い出しましょう。子どもも思春期になれば、「親はああいう人だから変わることを期待するのは難しい。それよりも自分のことを大事にしよう。自分のことは自分で変えられるから」というふうに切り替えることで、自由の感覚をつかむ人もいるでしょう。

子どもが先に変わることで親が変わり、親が変わることでまた子どもが変わっていくという事例もあります。親子の変化は双方向に影響を与えながら進むところがあります。子どもの変化が先に進んで、親のほうが取り残されるように感じたり、焦ったりすることもあります。その場合は親の気持ちをフォローしましょう。子どもが先に元気になることで、親が今度は自分自身のことに取り組んでいくようになる事例もあります。

✣　✣

Q29

ある母親は娘との関係について、「あの子とはどうしても合わない」と言います。娘のほうも同じような印象をもっているようです。どうやって母娘の関係を改善していけばよいかと考えてきましたが、正直言って難しいような気がしてきました。

A29

合わないなら合わないなりの付き合い方を

たとえ親子であっても、血がつながっていようとも、親子の相性が合わないということはありえます。生まれたときから子どものことをどうしても可愛く思えないという親もいます。子どもが成人するまでの辛抱と思って生活している人もいます。そうした場合に、親子仲良くという理想を掲げて、それを目標にする必要は必ずしもないと思います。

ただ、合わないからといって関係を直ちに切れるかというと、子どもの側が未成年であればなかなかそうもいかないでしょうし、成人していても、音信不通というほどに完全な決裂をしない限り折に触れて関わりをもたねばならないこともあるでしょう。親子の場合、切れにくさというのが難しさでもあります（逆に救いになることもありますが）。ならば、相性の合わない人とは合わないなりの付き合い方を身につけるというのが得策でしょう。これは親子でなくても、他の人間関係でも基本の一つです。

どうしても合わないという思いを聞いていきましょう。聞いていくうちに、可愛く思えない理由がわかってきて、気持ちが整理されると可愛く思えるようになることもあります。それならそれでよいですが、必ずしもそれを目標にするわけではありません。どうしても可愛く思えないにもかかわらず、やらねばならないことがたくさんある大変さに耳を傾け、最低限の親業を支えていくというスタンスの親面接もありえます。
家族のあり方はそれぞれです。セラピストが自分自身の家族観をもつことは何も悪いことではありませんが、心理療法をするときにはクライエントを自分の家族観に押し込めないように注意しましょう。目の前の人の話に虚心に耳を傾ければ新たな発見があるはずです。

✤　✤

Q30 「うちの子には問題がある」と過剰に心配する親がいます。これはどういうことでしょうか。

A30 親の中に想像上の子どもがいる

子どもに特に症状もなければ不適応行動もないのに、親が子どものことを「あの子には問題がある」と過剰に心配して来談する場合があります。問題を抱えているのは、いわば親の心の中にいる想像上の子どもであって、現実の子どもではありません。その親はなぜそこまで自分の子どもを問題視しているのでしょうか。話を聞いていけば、何らかの理由が語られるかもしれません。例えば、「自分自身が子どものとき、かなり精神的に苦しく、行動がままならなかったから、きっと我が子も同じようになるに違いない」という恐れの入り混じった確信があるのかもしれません。
親子並行面接であれば、子どもに実際に取り立てて問題が見られないかどうかを確認してみましょう。もし子どもに特に問題がみられず、子どもも来ることを望まないのであれば、相談に来るのは親のほうです。ただし、親の心配しすぎですよという態度で話を聞くのは、親からすれば、「(やっぱりこの人も)わかってくれない」と不満を抱くことになるでしょう。ですから無下に否定するような言い方はしません。親から見て子どもに問題があると感じられているのは親にとっては主観的事実なのですから、その話に耳を傾けるところから始めます。

第三章

親子面接のインテーク

親子面接の最初の仕事は、インテークの構造を決めることである。来談する人が複数になれば、誰が誰とどのような形で会うかはそれだけ複雑になる。遊戯療法のインテークでは、アセスメントと関係づくりをバランスよく進める。親面接のインテークでは、親の苦労に耳を傾けながら、子ども、親自身、親子関係、家族関係についてのアセスメントを行って、その後の支援の枠組みを作っていく。

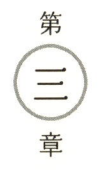

5　インテークの構造

Q31 **母親が「子どものことで相談したい」と電話で相談の申し込みをしてきました。その際、「子どもも一緒に連れて行ったほうがよいでしょうか」と母親に尋ねられました。どちらが望ましいのでしょうか。**

A31 **質問の意図を尋ね、場合に分けてインテークの構造を考える**

母親はどうしてそういう質問をしたのでしょうか。母親は連れてきたいのでしょうか、子どもを連れずに一人で来たいという意味なのでしょうか。連れてこられなさそうなので、それでもかまわないか承認を得たいのでしょうか。〈と言いますと?〉とか、もう少しはっきりと〈それは連れてきたいという意味ですか、それとも……?〉と質問の意図を尋ねてみましょう。

〈お子さんは、ここに一緒に来ることになるかもしれないという話をもう知っておられるのですか〉と聞くこともできます。子どもはすでに知っていて、「そういうところがあるなら行きたい」と言っているというのであれば、スタッフ側の都合が許す範囲で子どもにも来てもらったらよいでしょう。子どもが行きたいと言っているのに、それを止めることはありません。

「いいえ、子どもにはまだ言ってなくて、言っても来るかどうかわかりません」ということなら、〈まずはお母さんお一人で来られませんか。どんなふうにお子さんを誘ったらいいかも含めてお話することもできます〉と誘うほうがよいかもしれません。この場合〈なるべく連れてきてください〉というのは、親にとって負担になるでしょう。

子どものことで相談に来るのだから、子どもを連れてきて子どもを見てもらわないといけないと固く考えておられるようであれば、〈お子さんの様子を見させていただくことでよく理解できることもありますが、一回目からどうしても連れてきていただかないといけないということはありません〉と伝えます。「私が話を聞いてもらいたいので、連れて行かなくてもかまわないでしょうか」という意味ならば、〈連れてこなくても大丈夫ですよ〉と伝えて安心してもらいましょう。特に、セラピストが一人のため親子同席でやらねばならないのであれば、面接中、子どもが母親にいろいろと話しかけたりして、親に話をさせないということも起きます。親自身が話を聞いてほしいという思いが強い場合、親は話し足りないという不全感を抱き、セラピストもインテークで聞きたいことがほとんど聞けずじまいということにもなりかねません。

もし、母親が「無理してでも連れて行ったほうがいいですか」と訊くのであれば、〈無理してって、具体的にはどうすることですか〉とまず尋ねてみることもできます。そして、〈無理はしないほうがよいと思います。嫌なのに行かされたとなれば、その後続けて来ることは難しくなるのではないでしょうか〉と根拠を挙げて伝えます。中には、「首に縄をつけてでも連れて行きます」と強い口調で宣言する親もいます。その場合は、〈くれぐれも無理をなさらないように〉とはっきりと伝えたほうがよいでしょう。

「無理してでも連れて行ったほうがいいですか」という質問に、私がそう思っているわけではないのですがというニュアンスが感じられることもあります。さらに聞いていくと、母親自身は無理やり連れて行くのはよくないと思っているけれども、夫や姑にそう言われて板挟みになって困っていることが語られたりします。それならば、板挟みの大変さについて共感を伝えた上で先ほどのような言い方をし、「ご主人にもそうお伝えください」と言葉を添えることもできます。

Q32 電話で母子並行面接の申し込みがありましたが、その母親は精神疾患のために通院中で、そこでカウンセリングも受けているそうです。「カウンセリングは二箇所で受けてはいけない」という話も聞きますが、「こちらではお引き受けできない」とお断りすべきでしょうか。

A32 目的が違えば二箇所もありえる

精神疾患の治療として心理療法を受けている人は、他のところで子育て相談のカウンセリングを受けてはいけないのでしょうか。そんなことはありません。同じ治療目的で二箇所でカウンセリングを受けることは、クライエントが混乱する場合もありますし（それも絶対にではありませんが）、一箇所にエネルギーを傾けたほうがよいこともあると思います。ただ、病院で受けているカウンセリングが治療目的である一方、こちらでは子育てについて相談したいというふうに目的が違うのであれば、棲み分けをして二箇所で受けてもかまわないと思います。

その場合、インテークの中で、その目的の違いをしっかりと確認すべきですし（両方で同じ話を決してしてはいけないというほどの意味ではありません）、精神疾患の度合いによって、「二箇所に通うことは大変ではないか」、「主治医もそのことを知っているか」といったことは聞いておく必要があります。場合によっては、子どもの遊戯療法よりも親面接の頻度を下げて、親面接のない日は待合スペースでお待ちいただくといった配慮もありえるでしょう。いずれにしても、インテークに一度来てもらって話し合い、納得の上でどうすればよいか決めてもよい話。電話申し込みの段階で、一律にお断りする必要などありません。

✤　✤

Q33 インテークのときには相談申込票を書いてもらうのですが、親子で来られる場合、どちらに書いてもらったほうがよいのでしょうか。

A33

可能であれば両者に書いてもらう

親に書いてもらいますが、子どもの年齢や知的水準の面で可能であれば、もう一枚渡して子どもにも書いてもらうほうがよいと思います。子ども自身にも、「相談に来た人」という意識をもってもらい、何を相談したいかを考えてもらうのに良い機会となりうるからです。たとえ、親と話し合いながら空欄を埋めていくのだとしても、その話し合い自体が意味をもつこともあるでしょう。

ところで、インテークの時点からそれぞれに担当者が付いて、時間が来たら直ちに別室に分かれる形の場合、書き終わった相談申込票が戻ってきたら、まずはいったんスタッフ室で二人で目を通し、注目すべき点を確認しましょう。親担当者が待合室で受け取り、子ども担当者に中身を見せることもなく親面接室に入室してしまう段取りの施設もあるようですが、それでは親子が何を求めて来談したのか、留意すべき点がないかをちゃんと確認しないままに、遊戯療法が始まってしまいます。親子にしても、開始前に書いた情報を担当者は当然二人とも確認した上で臨むのだろうと考えているのではないでしょうか。

Q34

息子のことで母親が相談を申し込んできました。電話申し込みの時点では、母親が一人で来る予定でした。ところが当日になって「息子に話したら、来るというので連れてきました」と言って、二人で来室しました。対応できるセラピストは私一人しかいません。母親は子どもと同席したものか、それとも別々がよいのでしょうか。

A34

クライエント側の要望を尋ねる／セラピストの考えを提案する

セラピーでは何が起きるかわからないものですが、とりわけインテークのときは予定外のことが起こりやすいものです。母親の代わりに父親が来たり、家族四人全員で来るということもあります。

この場合であれば、一人のセラピストが最初から最後まで親子同席で会う、時間をずらして両方に一人ずつ会う、まず同席で会ってその後一人ずつに会うなどのヴァリエーションが考えられます。時間をずらして会うなら、どういう順番に会うか、何分ずつにするかも決めねばなりません。これは、親子二人で来所することが申し込みの時点であらかじめわかっていた場合も同じです。

どういう形で行うかですが、クライエント側がこうしたいという希望をすでにもっているかもしれませんから、それをまず尋ねてみます。希望を聞いて、納得のいくものであればそれを受け入れますし、希望通りでないほうがよいと思われる場合は、セラピストから別の案を提案して了解を得ることもあるでしょう。特に希望がないとか、どうするのがよいか想像がつかないといった様子であれば、セラピスト側から選択肢を示し、クライエントたちと話し合います。迷っているようなら、〈それじゃあ、こうしましょうか〉と提案してもかまいません。

「希望通りでないほうがよいと思われる場合」というのは、例えば、親は同室を望んでいるが、待合スペースに迎えに行ったら親子がかなり離れて座り、子どもが不満げな様子で親に背中を向けているといった場合です。親子の疎遠さが窺えるなら、初めから別室のほうがよいかもしれません。逆に、親子がピタッと寄り添って座っていて、子どもの、あるいは双方の分離不安が強そうなら、親が最初から別室を希望していても、まずは同席してもらうほうがよいということもありえます。クライエントに実際に会い、家族関係を観察した上で初めて判断できることもあるのです。

また、親の希望だけでなく、子どもにも意向を尋ね、その意向を尊重する態度を示しましょう。子どもはどうしたいのでしょうか。もし、子どもの意向が母親の意向と異なるようなら、二人の意向を調整しなくてはなりません。親は一人で話したがっているが、子どものほうは親が何を話すのかを気にして同席したがる場合もあります。逆に自分のいないところで話してほしいと望む子もいます。たとえ子どもの希望がそのまま叶えられないにしても、親の意向だけで決められてしまわないことに、子どもは安堵し、セラピストを信頼する方向に進むでしょう。
もし親が、「私は受けなくていいので、この子の話を聞いてやってほしい」という場合でも、やはり親から情報も得たいところですから、〈わかりました、お子さんのほうを中心にしましょう。ただ、これまでの経緯などはお母さんから伺わないとわからないこともあると思いますので、一五分でもお話を聞かせていただけませんか〉のように言うこともできるでしょう。

✣　✣

Q35　インテークでは一人のセラピストが母親と子どもの両方に一人ずつ順番に会うことになりました。どちらを先にしたほうがよいというのはありますか。

A35　一概にどちらが先とは言えない

まず子どもに会い、その後親に会うという順番もありえます。例えば嫌々来た子どもの場合であれば、せっかく来たのにいきなり待たされるというのではさらに嫌になってくるかもしれないので、まず子どもから会うかもしれません。この場合難しいのは、この後母親と話すことを子どもが知ったときに、自分が話した内容を母親に全部ばらされるのではないかと疑念をいだくことです。ですから、〈君から聞いたことをお母さんにそのまま喋るようなことはしない〉と約束しておきます。
先に親と会う場合は、親から来談に至った事情を聞いて、ある程度の仮説をもった上で子どもの話を聞くことができます。ただし、この場合の難点は、親の話に引きずられやすいこと、最初に親が何を話していたのか子どもが気にすることです。親がどんな話をしたのかについて、求めに応じて大まかに子どもに伝えることもあります。親が「子どもには何も言わないでほしい」という場合もあるでしょうが、何も言わないことが子どもとの信頼関係を形成する上でマイナスに働くのであれば、そのことを親にも理解してもらわねばなりません。

一概にどちらがよいとは言えません。セラピストの判断だけでなく、親子と話し合って納得を得ながら決めましょう。

Q36 インテークに母子で来られる予定で、担当者がそれぞれにつき、私は子ども担当なのですが、最初からいきなり別々の部屋に分かれるほうがよいのでしょうか。

A36 いったん四人で同席して来所した理由を確認する方法もある

母子並行面接でのインテークのとき、待合スペースで挨拶をしたらすぐにそれぞれの部屋に分かれて、一度も同席しない方法もあります。その子どもにとっての利点は、自分の「問題」について親が語るのを聞かずに済むことです。自分の問題に直面させられるのを嫌がったり、それが人に言われていることを嫌がる子どももいます。特に親子関係がうまくいっていないのであれば、同室すること自体嫌だという子どももいるでしょう。親もまた、子どもに知られずに、心の内を親面接者に見せることができます。親は親で子どもを非難したくなる気持ちを吐露したいこともあるでしょうし、自分が傷ついていることを語りたいこともあるでしょう。子どもの前で涙を流して、子どもに気を遣わせてはならないと心配する親もいます。

しかし、同席しないことで困ったことも実際には起きています。それは何のためかわからないままに親に連れられて来た子どもが、ここがどういうところかを説明されることもなく、ただ五〇分間好きに遊ぶように言われ、結局ここで何をしているのかわからぬままに終わって、次からはもう来ないといった結末があることです。

私はインテークの冒頭で、今日こうやって心理療法を親子で受けに来ることになった経緯を子どもとの間ではっきりさせる方法を可能な限り取るようになってきています。子ども担当者が子どもとの二人の関係の中でそれができるならばそれもよいですが、インテークだけは親子と子ども担当者と親担当者の四人が冒頭のみ同席し、話が一段落したら、頃合を見て一方のセラピスト―クライエントのペアが別室に移動する方法も一つの選択肢です。

四人で同席している間は、親面接者が話をリードする役割をとってもよいでしょう。母親に来談理由を簡単に語ってもらいます。親が子どもの抜毛で困っているという話をしたなら、子どもに〈お母さんはそう言っているけど、君自身はどう思っている?〉とか、〈自分でも気づかないうちに髪の毛を抜いてしまうんだね。自分でも、やめられるならやめたいと思っている?〉と尋ねます。例えば小学校の高学年くらいであれば、それに続けてこんな言い方もあるでしょう。〈もしかすると、心の中に何か辛いことがいろいろとあって、でもそれをうまく処理できずにいる。それで髪の毛を抜くという形で何とかしようとしているのかもしれないな。だから、その辛さが髪の毛を抜くのとは違う方法で解消できたらいいのかもしれない。もう一つは、その辛いこと自体が減ってくれれば、髪の毛を抜かなくてもよくなるかもしれない。じゃあ一体何が辛いのかな、どうしたらもっといい方法で解消できるのかな。ここはそういうことを考えて元気を取り戻す場所なんだ〉。こうした説明の後で、〈といっても、何も難しいことをするわけではない。向こうの部屋に行って、このお兄さん（お姉さん）と一緒に遊んできて。自分の好きなように遊んだらいいからね。時間はいつもは五〇分までだけど、今日は四五分まで。四五分になったらこのお部屋にもう一度四人で集合して、これからどうするかを五分間で一緒に考えます〉といった段取りを伝えておくと安心感につながるでしょう。

四人で同席することの利点は、来談の理由や目的を四人で共有できることにあります。また、親子が一緒にいるときの様子を観察できることもあります。別室に分離するときの親子の様子もしっかりと観察しておきましょう。そこには親子関係がよく表れるからです。繰り返しますが、親面接者がマネジメントせずとも、最初から別室に分かれて子ども担当者が遊戯療法の中で理由や目的の確認ができるのであれば、それでもかまいません。その一方で、いきなり別室に分かれるのではなく、四人で同席する時間をもつ方法も、事例に応じてもっとなされてもよいのではないかと思います。

✤　✤

Q37 **いったん四人で同席した場合、どんなタイミングで別の部屋に分かれたらよいでしょうか。**

A37 **あらかじめ決めておく／直接間接にサインが出る**

途中で別の部屋に分かれる場合、あらかじめ設定した時間、例えば「最初の一〇分間同席で」と決めたのならその時間になったらというのもありますし、「もう特に四人で話すことがなくなったから」とか「子どもが退屈し出したので」というのが分かれるタイミングになることもあります。また、子どもが親のいないところで話したいという意思表示を陰に陽にすることもあります。あるいは、子どもの話を聞いているうちに子どものネガティヴな感情を母親が受け止められなくなってきたのであれば（中には、そうしたときにとても眠たそうにする母親もいます）、そのときが分離のタイミングかもしれません。

✤　✤

Q38 **一人で母と娘のインテークを担当することになり、親子と話し合った結果、最初の二〇分は母娘同席で、その後お母さんに出てもらって、娘と一対一で話そうという枠組みになりました。しかし、同席の間、娘は自発的には一言も話しません。やはり最初に決めた通り、母親に出て行ってもらうほうがよいでしょうか。**

A38 **様子を観察して柔軟に対応する**

最初は途中で母親に退室してもらうと決めていても、途中で子どものほうが、「お母さん、（最後まで）いてほしい」と母親に向かって小声でお願いすることがあります。あるいはほとんど何も話そうとしない子どもの様子を見て親が、「私が一緒にいたほうが話しやすいなら、最後までいてあげようか」と言うこともあります。子どもがそれを望み、そのほうが後々子どもとの関係を築きやすそうであるなら、無理に一対一になることはないと思います。

一方、セラピストが子どもに向かって、〈そうか、確かに緊張するかもね。でもまあ、せっかく来てくれたんだから、一五分くらい、二人でお話してみない？　お母さんがいないほうがしやすい話もあるかもしれないし。話したことはもちろん、お母さんにも誰にも言わないよ〉と提案してみると、二人で話すことに応じる子どももいます。たとえ、親に無理やりのように連れてこられた子どもであっても、一度は来たのだから本人にも助けを求める気持ちがいくらかはあるのでしょう。

✤　✤

Q39　セラピストが私一人しかおらず、インテークでは親子同席で一人で担当することになりました。しかし、親の話を子ども（小学一年生）が聞いているのではないかとか、親も話が十分にできないのではないかと気になります。

A39　子どもが聞いていることを前提に進める／一度子ども抜きで来てもらえないかと尋ねてみる

子どもは聞いていないようなそぶりを見せていても、実はよく聞いているかもしれません。むしろ聞いていることを前提に進めるべきでしょう。そこで、子どもにこれから行うことについて情報を与え、どう振る舞ったらよいかについてあらかじめ伝えておきます。

例えば、〈＊＊君、お母さんは＊＊君が学校に行かないことで困ってここに相談しに来られたんだ。お母さんが相談している間、＊＊君はどうしたい？　一緒に話をしてもいいし、そばで聞いているだけでもいいし、ぜんぜん聞かなくてもいい。退屈するようなら、そこにちょっとしたおもちゃがあるからそれで遊んでいてもいい〉というような言い方です。さらに、〈お母さんの言っていることや、私が言っていることで、今のはちょっと違うなあって思ったら、遠慮なく「違う！」って言ってくれたらいいからね〉と言っておきます。母親がセラピストに何か言った後で、子どもに〈今お母さんが言ったことは合っている？〉と直接尋ねてみてもよいでしょう。

親子同席面接で、親が子どもに話をさせてもらえなかった場合は、〈可能であれば次は一度お子さん抜きで来てもらえないでしょうか〉と親に尋ねてみることもできます。ただし親が、子どもを連れてこなければよかった、という後悔の念でいっぱいになってしまわないように、〈今日はお子さんの様子が見られて今後のことが考えやすくなりました〉とプラスのことも伝えておきたいものです。さらに言えば、子どもはどうして親に話をさせたがらなかったのかについても考えてみましょう。

✤　✤

Q40　子どものことで母親が相談の申し込みをしてきましたが、インテーク当日は父親も一緒に来て相談したいと言っているようです。こうした場合、夫婦同室でよいのでしょうか、それとも父親に別の担当者をつけたほうがよいのでしょうか。

A40　両親の意向を尋ねる／夫婦で一緒に考えたいのであれば同室が基本

まずは夫婦がどうしたいと考えているのかを尋ねましょう。夫婦が揃って、同じ問題を、つまり子どものことについて相談したいと望んでいるのであれば、別室にするのは不自然です。いきなり夫婦に別々の担当者がつけられており、別室に通されたら、「なんでだろう」といぶかるのも無理もありません。

夫婦同席面接の良いところは、その場で二人の意見の相違の調整ができること、帰宅後に二人で話し合うきっかけが与えられることによって、夫婦の共通理解や協力関係が作られていくことにあります。

「家ではゆっくりと話し合う時間がないので、ここで話せることは貴重だ」と語った夫婦もありました。

また、観察を通して夫婦関係のアセスメントができることもメリットです。主にどちらが発言するかを見てみましょう。一方が話している間、もう一方がそっぽを向いたり、しかめ面をしているなど、表情も観察してみましょう。片方が話し出すと、もう片方が必ず話を遮ろうとしたり、割って入りこんでくるということもあります。片方がもう片方に対して支配的に、あるいは保護的に振る舞う様子が見られることもあります。

夫婦間の関係があまりうまくいっていない場合には、同席でやることがかえって夫婦関係を複雑にすることもあるでしょうし、本音が言いにくいということもあるでしょう。もし、夫婦関係が悪く、その場でももめるようなら、〈別々に、一人ずつお話を伺ったほうがよいならそうすることもできますが、どうなさいますか〉とその場で尋ねることもできます。

ちなみにその後継続する場合も、母、父、子それぞれに担当者をつけて別室で同時に行うというやり方もありますし、母子が同じ日に一緒に来て、父親だけが別の曜日に来談する例もあります。

6　遊戯療法のインテーク

Q41　小学六年生の子どもを担当することになりました。親の申し込み電話の感じでは大人っぽい子どものようですが、面接室とプレイルームのどちらを用意しておくかで迷っています。

A41　可能であれば二部屋用意しておく

確かに、思春期に入るか入らないかくらいのクライエントの場合、発達水準やパーソナリティによってプレイルームと面接室のどちらが適切かが異なってきます。あくまでも可能であればですが、面接室とプレイルームを一部屋ずつ用意しておいて、実際に会ってから判断してもよいでしょう。プレイルームが複数あり、部屋の大きさや適合する年齢などに特徴がある場合も、どの部屋にするか、最も適当なところを選ぶことになるでしょう。

クライエントに両方の部屋を見てもらって、クライエント本人に決めてもらうという方法もあります。ただし、一度決めたらそこで続けることになる、その日の気分でどちらも使えるというわけではない、と伝えておきます。

✣　✣

Q42 来所されてからインテークが始まるまでにすることは何でしょうか。

A42 最初の顔合わせから入室までにも、関係づくりとアセスメントは行われる

入室前にすべきことは、まず来所してから子どもがプレイルームに入るまでの親子の様子を可能な範囲で観察することです。大人しく座って絵本を読んでいる子、うろうろと動き回っている子、親とぴったりくっついて座っている子、ことさらに離れて座っている子など、いろいろです。それは、子どもや親についての、あるいは親子関係についてのアセスメントの材料になります（ちなみに、遊戯療法が終了してから、親子が退所するまでの様子を観察することも必要なことです）。

初めて会って挨拶をするとき、子ども担当者としては、親に気を遣って親に先に挨拶するよりも、子どもとの関係を作ることを第一に、子どもに先に挨拶するほうがよいかもしれません。幼い子どもであれば、しゃがんで目線を子どもの高さに合わせましょう。子どもの名前を覚えておいて、名前で語りか

けるのがよいでしょう。そして自分の名前を名乗ります。こんにちは、とすぐに返してくるか、目を合わせるか、恥ずかしそうに母親の後ろに隠れるか、特に反応を示さずじっと立ったままかなどを観察しましょう。

すぐに別室に分かれる場合、〈じゃあ、向こうのお部屋で遊ぼうか〉と言った後、子どもがどう動くかも見ておきましょう。喜んでセラピストよりも先に進んでいくか、なかなか行こうとしないか、母親にしがみついたままかなどの反応を見るのです。幼い子どもであれば、〈じゃあ行こうか〉といって、手を出してみるのも一つです。握り返してくるかどうかで、その子の人との関わり方がわかります。こうしたセラピストの行動には、観察によるアセスメントという面と、関係づくりという面の両方が含まれています。

✤　✤

Q43 遊戯療法のインテークで、入室したときにまずすべきことは何でしょうか。

A43 枠の伝達／自由の保障／アセスメント／関係づくり

子どもと一緒に入室したら、改めて名前を名乗り、部屋の時計を見ながら〈あの時計の長い針が『10』のところまでね〉などと言って、時間が五〇分間であることを確認します。〈それまでは何をして遊んでもいいよ〉と自由を保障します。入室すると、おもちゃの魅力に惹きつけられてすぐに遊びだす子どももいますが、その流れに任せるだけでなく、たとえ流れを多少止めてでも、時間の枠の説明と自由の保障は早めにしておくべきです。〈＊＊ちゃん、ちょっと待って。最初にちょっと聞いてね〉というような言い方をすれば、多くの子どもはこちらに注意を向けるものです。

セラピストや機関によっては、これに加えて、部屋の物を壊してはならないとか、自分やセラピストを傷つけてはならないとか、プレイルームの物は外に持ち出さない、プレイルームには玩具を持ち込まない、といったルールの説明を一律に行っているところもありますし、問題となってきたときに伝えるとしているところもあります。

入室時の反応は実にさまざまです。子どもがどのように振る舞うか様子を見ながら、関わり方を判断していきましょう。説明が終わる間もなくおもちゃの棚に走っていってすぐに遊びはじめるならば、ともかくその流れについていくことが肝心です。ゆっくりとおもちゃの棚に近づき、一つひとつ眺めるが手には取らない子もいます。手には取るけれども一つ取っては棚に戻し、別の物を取ってはまた戻すといった動作を繰り返して、なかなか遊ぼうとしない子どももいます。部屋に入っても扉のそばに突っ立ったまま動こうとしない子、母親のことが気になって泣き出す子もいます。セラピストに対する態度もさまざまです。セラピストに対してどんどん話しかけてきたり、いきなり「これやろう」と遊びに誘う子もいれば、セラピストを意識して緊張している子、セラピストがまるでそこにいないかのように振る舞う子もいます。基本態度としては、アセスメントと信頼関係づくりが矛盾しないように、受動と能動のバランスを考えてということになるでしょうか。

✤　✤

Q44　インテークの最初から母子別室で行うことにしましたが、入室時、子どもは分離不安のためか激しく抵抗して泣き叫んだため、対応に苦慮しました。こうした場合はどのような方法があるでしょうか。

A44　分離への不安な気持ちを理解する／段階的に進める方法がいくつかある

まず、「分離不安」というレッテルを貼った途端にわかったような気になってしまうところがありますが、その不安の表れ方や度合いは子どもによって違います。それをしっかりと見て、子どもがどんな気持ちでいるのか、共感的に理解する態度を忘れないようにしましょう。

　このように子どもの分離不安が高い場合は、いくつかの方法があります。一つは、母親と一緒に親面接の部屋にいったん行き、〈お母さんはここにいるからね。＊＊分になったら、お母さんとまた会えるよ。それまでおもちゃのいっぱいある部屋で一緒に遊ぼうね。お母さんはここでちゃんと待ってるよ〉と声をかけるやり方です。これで安心して分離できるならそれでよいことです。中には、母親面接の部屋から出たがらなくなる子どももいます。その日はどうしても離れられなさそうであれば、無理せずに母親面接の部屋で四人で過ごすのも悪くはありません。そうやって親のいるところで安心してセラピストと関わる経験をまず積んで、それからやがてプレイルームに入っていけるように段階を踏めばよいでしょう。

　あるいは、プレイルームの前まで母親についてきてもらい、一緒に中を見た後で親と別れるやり方もあります。ただし、親は部屋の中には入りません。自分がこの部屋にいるということを親がわかっていてくれていると確認することで安心できるというわけです。

　これの変形で、プレイルームに最初だけ親と親担当者も入り、親と子どもが一緒に遊んだり、親担当者と親が話している横で子どもと子ども担当者が遊んだりして、部屋に慣れたところで親と親担当者が退室するやり方もあります。プレイルームが「ママもいたところ」になることで、見知らぬ場所ではなくなると言ってもよいでしょう。親がプレイルームに足を踏み入れることを、領海侵犯のように極端に嫌う子ども担当者もいますが、子どもが部屋に入れないのであればプレイセラピーはそもそも始まりません。もし最初に母親がプレイルームに入ったことで、秘密が守られるのかを子どもが後で心配するようになったとしたら、そのときになってその不安を取り上げても遅くはありません。

　子どもが泣いていても、ともかく子どもを連れて二人だけで部屋に入り、子どもを抱きかかえて寂しさや不安の気持ちに共感する言葉かけをするという方法もあります。これは荒療治っぽく映るかもしれませんが、言葉かけをしているうちに子どもが徐々に落ち着いてきて、次第に部屋の中を見回し、玩具に手を出し、セラピストを誘って遊びだす子も中にはいます。ただし、子どもが大泣きしている声が親面接室にも聞こえるとしたら、親が心配になるかもしれない点には留意すべきです。

どのやり方で進めていくかは、子どもの年齢、分離不安の度合い、親子の関係、セラピストや見知らぬ場所への子どもの警戒心、玩具への関心度などを考慮して、その場で工夫していくものです。セラピスト側に引き出しが複数あれば、一つのやり方に固執することなく、その場で最適だと思える方法を見つけていけるでしょう。親のアイディアも尊重しましょう。こうしたとき、どうすると離れやすいかということを親が知っていることもありますから。

✣　✣

Q45 プレイルームには入るものの、遊ぼうとしない子どもの場合はどう対応すればよいでしょうか。

A45 遊べない意味を考える／時間をかけて安全感を高める

子どもはプレイルームの中で遊ぶのも自由ですが、遊ばないのも自由です。決して無理に遊ばせるわけではありません。動かないことやセラピストと関わらないことも、一つの表現であることを忘れてはなりません。そこにあるのは、見知らぬ場面への緊張でしょうか、慎重さでしょうか、セラピストへの警戒心でしょうか、あるいは自分の心を表現することへの恐れでしょうか。その心の動きを受け止めましょう。大人と同様、子どもも自分が不用意に傷つけられないよう自分の心を守ろうとします。

一方、遊べないことによって子ども自身がその場で気詰まり感を覚えているようであれば、それを打破するために〈自由に遊んでいいんだよ〉と再度伝えたり、こちらから何か少し話しかけてみるとか、セラピスト自身が部屋の中をゆっくりと動いておもちゃを手に取ってみることもあります。遊びへと誘う感じはありますが、決して強引にではありません。おもちゃを手に取ってもすぐにまた元の位置に置くというのを繰り返している子には、子どもが手に取った物について「赤い車だね」とか「キリンだね」などと言っていくことが、肯定的な関心を向けていることを伝えることになる場合もあります。

要は、遊べるようになるまで、時間をかけて安全感を高めることです。不必要に働きかけて脅かすことなく、数回、あるいは数週間かけてゆっくり付き合っていくと遊べるようになってくるものです。

✤　✤

Q46 **最初から別室に分かれた場合、〈今日は誰に何て言われて来たの？〉と来所した理由を話題にするのは、入室したらすぐにしたほうがよいのでしょうか。**

A46 **冒頭か途中か終盤か、頃合いを見て／遊戯療法について子どもに直接説明できるようにしておく**

タイミングとしては冒頭もありえますし、面接の途中で頃合いを見て聞くこともあると思います。遊びの流れや子どもの遊ぶ意欲などによって異なってくるので、一概には言えません。場合によっては、終盤に継続の意思確認をする際にすることもあると思います。

こう尋ねると、実際に親から聞いていたことを答える子どももいますし、「行けと言われたから」の一言のみの子もいれば、「何も」と答える子もいます。子どものほうから「ここって何？」とか〈先生、誰？何する人？〉などと逆に質問されることもありますから、答える準備はしておく必要があります。

例えば、〈ここは、心のことで何かうまくいっていないなあ、困ったなあ、辛いなあということがある人が相談しに来るところなんだ。お母さんは＊＊君のことで心配なことがあってそれで相談に来たんだ。＊＊君のほうはどうかな。何かうまくいっていなくて辛いことがある？　もしそうなら、ここで遊ぶことで元気になっていくっていう方法もあるけど、どうしたい？〉という言い方も一つです。あるいはもっと簡潔に、〈ここは心が苦しいときに、いっぱい遊んで元気を回復するところ。私はそれをお手伝いする人なんだよ〉という言い方もできます。

Q47 遊戯療法のインテークの終わりに向けてすることは何でしょうか。

A47 終わりの時間が近づいていることを予告する／継続の希望を尋ねる

インテークの終わりが近づいてきたら、遊びに夢中になっている子どもの場合は特にですが、残り一〇分くらいになったところで〈あと一〇分だよ〉と子どもに伝えます。そうすれば、子どもは終わりの時間を意識できるでしょうし、遊戯療法が時間の枠をもっていることを改めて認識することになるでしょう。突然終わりになったのでは、切り替えてすっと退室するのがなかなか難しい子どももいるでしょうから、終わりに向けて心の準備ができるように配慮します。

そして、今後遊戯療法を継続するかについて話しておく必要があります。〈今日は来てみてどうだった？　楽しかった？〉〈また来たい？〉などと尋ねてみます。この質問は、子ども自身のモチベーションを確認するものです。子どもだからといって本人のモチベーションをおろそかにしてはなりません。子ども自身は来たがっているのでしょうか。親の前だと本音が言いにくい子もいますから、子どもと二人の関係の中で、次回以降の希望をまず聞いておくほうがよいでしょう。

「楽しかった」と即答する子どももいます。最初は親に連れてこられただけだったけど、来てみたら続けてきたいと思った子もいるでしょう。実際に来てみてセラピストの受容的・共感的雰囲気を感じ取って、来たいと思ってくれたのであればありがたいことです。〈来週から毎週来てみる？〉「うん、来る」〈わかった。じゃあ、お母さんのほうがどうなったか、あとで聞いてみよう〉。この後はこんな展開になるかもしれません。

他方、〈また来る？〉と尋ねても、「わからない」と答える子もいます。もし、ここがどういう場所であるか、セラピストは何をする人かについてまだ説明をしていなかった場合には、ここで説明すればよいでしょう。より年長の子どもの場合には、一般的な説明ではなく、個別の見立てをしっかりと言葉で伝えることが、継続へのモチベーションにつながることもあります。例えばこんな言い方です。〈学校に行くと歩けなくなるなんて不思議だね。整形外科で診てもらって何も問題がなかったっていうんだから、ますます不思議。でも、心に何かストレスがかかるとそういうことが起こることもある。どんなストレスかはわからないけど、何か学校に関係するストレスがあるのかもしれないね。学校に行けていないからといって、無理に行かせようとは思っていないからその点は心配しなくていい。でも、実際に車椅子で動かないといけないというのは、やっぱり不自由だよね。だから、どうやったらまた自分で歩けるようになるかを一緒に考えたいと思っているんだ。自分でも自由に歩けるようになりたいって思うのなら、何かお手伝いができると思うんだけど〉。

もし、子どもが「僕は何も問題ない」と言うのであれば、子どもは本当に来る必要があるのか、心配している親のほうだけが来ればよいのかについて考えてみるべきです。とはいえ、子どもがセラピーへのモチベーションを明確に言葉で語れるかと言えば、そうとは限りません。

迷っているなら、〈じゃあとりあえずあと三回くらい来てみて、自分にとって役に立つと思ったら続けてくれればいいし、あまり意味がないなあと思ったら辞めるというのはどうだろう〉と「お試し期間」を設けることを提案するのも一つです。あるいは、母親の都合を気遣っているようなら、〈じゃあ向こうでお母さんと一緒に話し合って決めようか〉と言えばよいでしょう。

いずれにしても、親面接でも二人で今後の進め方について話をしているはずですから、〈じゃあ後でお母さんと一緒に、どうするか決めようか〉と言って部屋を後にし、親と再会した後、四人で今後についてどうするかを話し合います。

✤

✤

Q48 ここがどういう場所か、セラピストが何をする人かを子どもに説明するというのは、実際に必要なのでしょうか。

A48 説明するほうが基本

こうした説明を特にしなくても、一度来ただけで、単に玩具の魅力だけでなく、セラピストが自分のことを大事に思い、理解を示そうとしてくれているという雰囲気をつかみ取り、「ここに来ることは自分にとって意味がある」と直感的に理解して、「また来たい」と言う子どももいます。その場合には、セラピーに来ることの意味などをことさらに説明する必要はないかもしれません。ですから、すべての事例でこうすべきだとまでは言いません。

一方で、セラピストが〈今日は何て言われて来たの？〉とは定番のように尋ねても、ここがどういうところで、私は何をする人で、これから何をしようとしているのかをまったく説明しようとしないために、子どもは何をするところなのかわからず、「行っても仕方がない」「行く意味がわからない」と継続に至らなかった事例も少なからずあります。とりわけ子どもが自分自身のモチベーションをはっきり持たずに親に言われるままに来た場合や、遊びにあまり乗り気でない場合にはちゃんと説明すべきです。

子どもと子ども担当者の間で、あるいは親と親担当者も含めて、最初に目的が確認されていれば、その後は何をして遊ぼうと、それはすべてそのためにやっていることです。何をして遊んでもいいよという自由の保障は、その確認があってこそ生きてくることです。曖昧にしておくことがよいわけではありません。こうしたことは説明するほうが基本で、説明する必要がなさそうだと判断される時にはしなくてもよい、くらいに考えておけばよいと思います。

Q 49　インテークで不登校の子どもに学校の話題に触れるのはよくないかと思って家での生活を尋ねたら、好きな深夜アニメの話を五〇分間して終わりになりました。後日、親からの電話では「あそこに行っても意味がない」とその子が言っているとのことで、継続にはなりませんでした。

A 49　困っていることを話したいと思ってくる子どももいる

不登校の子どもの中には、責められるような気がするから、学校のことには触れられたくないという子どもがいます。その場合は、不登校のこと、学校のことに触れずに信頼関係を作ろうとするほうが望ましいでしょう。

しかし、問題に直接触れてほしくない子どもたちばかりではありません。例えば、親から「学校に行けなくて苦しいんだったら、そのことを相談できるところがある」と聞いて、それならと思って来たのだとしたらどうでしょう。学校の話を一切聞かれなかったのは拍子抜けだったでしょうし、続けて来る意味が感じられなかったとしても不思議はありません。自分が抱えている辛いことを直接語れるのであれば、語りたいのであれば、語ってもらったらよいのです。ですから、子どものニーズを的確に捕まえる必要があります。

すべての子どもが親に無理やり、あるいは半ば騙されるように連れてこられるわけではありません。スクールカウンセラーにすでに何度か話を聞いてもらった上で勧められてきた子どもであれば、不登校の話を一度も出されず、プレイルームに案内されて自由に遊んでいいよと言われても、かえって戸惑うのではないでしょうか。あるいは、体の不調で内科に行き、「精神的なストレスが関連していそうだからカウンセリングを」と言われてきた子どもにしてみれば、自分がどのようなことでここに来ることになったかはある程度わかっているでしょうから、それに触れられないのは不自然に思うはずです。第六章では、「雑談っぽい話」をすることの大切さについて取り上げますが、「どんな子どもでもアニメや漫画の話を聞いてさえいればよい」などということは決してありません。

7　親面接のインテーク

Q50　親のインテークでは、まずどこから聞いていけばよいでしょうか。

A50　親の主訴から尋ねる

まずは、親の主訴、つまり親として子どもの何に困っているのか、子どもにどうなってほしいのかについて、親の話したいことを聞きましょう。話したいことを用意して来られているなら、それをともかく傾聴すればよいのです。どこからお話しすればよいかわからないということであれば、電話申し込みの時点で言っていたことや相談申込票に書かれていることを取り上げて、セラピストのほうから少しずつ聞いていけばよいでしょう。

併せて、相談に来ることになった経緯についても聞きます。これは、親のカウンセリングへのモチベーションの把握に関わるからです。相談機関を自ら見つけて望んで来た人もいれば、第三者から勧められてきた人もいるでしょう。人から勧められた人でも、そういうところがあるなら是非行きたいと思った人と、懐疑心をもちながら来た人、勧めた人の顔を立てるために内心嫌々来た人もいます。親が悪いと決めつけられるのではないかと警戒している人もいます。気乗りせずに来た親の場合には、親に敬意を払い、〈人からこういうところへ行くように言われてびっくりされましたね〉のように、親の気持ちを酌むことが警戒心を和らげることにつながるでしょう。
親子並行面接であれば、親子が分離して、子どもがプレイルームに入っていったときの様子について、〈元気よく入っていきましたね〉「元気はいいんですけどね……」みたいに話題に取り上げることがインテークの導入になるかもしれません。「男の人（子ども担当セラピスト）は苦手なほうなので（男のセラピストで）どうかなと思っていたんですけど、意外とすっと入っていったのでほっとしました」のような感想を述べる方もおられます。

✤　✤

Q51 子どもの見立てをする上で親に質問していくポイントは何ですか。

A51 子どもの状態像、相談歴、子どもの成育歴、家族状況などについて聞いていく

子どもについての相談が主な内容であれば、子どもの状態像、相談歴、子どもの成育歴、家族状況などについて聞いていくことになります。子どもの現在の様子を先に聞いて、次第に背景にある現在の環境要因や過去の状況に遡っていくのが順当だと思いますが、親が子どもを妊娠したあたりから時系列順に語っていきたいのであれば、それを尊重するのがよいでしょう。

子どもは現在どういう状態にあるのか、状態像を把握しましょう。そうした現在の問題は、いつから始まったのでしょうか。いつからというのがはっきりしているのであれば、きっかけとなった明確な出来事はあったでしょうか。現在の問題は、これまでどのように変遷してきたでしょうか。

それから相談歴について尋ねます。子どもの問題が顕在化してきてからその問題にどう取り組んできたかについてです。学校や園との協働はうまく進んできたでしょうか。親族の理解や協力などはどれくらい得られたでしょうか。相談機関や医療機関を最初に訪れるまで、どれくらいの期間があったでしょ

うか。それは、親が子どもの問題をどう受け止めたか、いつどう行動を起こしたか、これまでの相談機関や医療機関に対してどの程度信頼感や不信感を抱いているかにつながる情報です。すぐに動いたのは行動力の表れなのでしょうか、不安が高かったのでしょうか。あちこちの機関を短期間で移っているのは、信頼できないからなのでしょうか。最初からいきなり大学病院に行ったのだとすれば、それは、情報が乏しくそこしか思いつかなかったからでしょうか、それとも「権威ある著名な」医者しか信頼できないのでしょうか。

過去に遡って子どもの成育歴を順に聞いていきましょう。親の妊娠中の出来事から始まり、出産時の様子、新生児期、乳児期、幼児期の発育や病歴、乳幼児健診や保育園などで指摘されたことなどです。幼い子であれば月齢までできる限り正確に聞いておきます。これらの情報を生かすためには、子どもの定型発達と照合する必要がありますから、その知識が求められます。また、そうした出来事に対して親がその時々にどう感じていたか、あるいは今どう感じているかについても聞きたいところですし、こうした成育歴が子どもにどう伝えられているかについても注目すべきです。ハイリスク出産であれば、自然分娩で産んであげられなかったことに罪悪感を抱く母親がいたり、親の体を傷つけて生まれてきたことに罪悪感を抱く子どもがいたりしますから。インテークでそこまで聞けるかどうかは別ですが。

家族状況とその変遷に関する情報も集めます。現在の家族構成、同居する人の変遷、親の結婚のなれそめ、両親の年齢差、子どもを持つことへの思い、兄弟の誕生、兄弟の年齢差、流産や死産、親の離婚の経緯、親の職業の変遷、引っ越しの有無と時期、病気がちの人や障害者、介護を必要とする人の有無、亡くなった重要な人物とその時期などです。名づけの理由や、名前に使われている漢字が親子でどう引き継がれているかを見てみると、親の子どもに対する願望、期待が窺えることがあります。

順番は上記の通りにこだわる必要はありません。話の流れを大事にしながら必要なことを聞いていきます。また、これらの情報は一度には聞き切れないかもしれません。その場合は〈今日お聞きできなかったことは、また今度聞かせてくださいね〉とお願いしておき、次回以降に折に触れて聞いていけばよいのです。

Q52 子どものことで相談に来たと思っていたのですが、母親はいきなり父親（母親から見た元夫）との関係のことを語りはじめました。初回ではこういう話はどこまで聞いてよいのでしょうか。

A52 子どものことも無視できないが、親が語りたいことにも耳を傾ける

子どものことで相談に来たとしても、相談したいことはそれだけとは限りません。話を聞いていくと、子どものことよりも別のことのほうが比重が大きくなることもあります。例えば、父親から母親への暴力を子どもが目撃しており、その影響が子どもに出ているという事例であれば、子どもにどのような影響が出ているのかを見極めることが必要ですが、その一方で元夫からどのような暴力を受けていたのか、その後の離婚の経緯や、現在の元夫との関係などを詳細に聞いていくことも要るでしょう。一回のインテークの中で十分に聞くことは難しいでしょうが、まずは大雑把に全体像を押さえる感覚で聞けばよいと思います。

別の例では、「子どもが発達障害の診断を先ごろ受けたが、実は夫にも発達障害の気があるのではないかと思っている。夫は仕事人間で会社で研究の仕事は熱心にやるが、それ以外のことはからっきしだめだ」という話が出てくることもあります。この場合も、子どもの話を聞きつつ、夫がどんな人か尋ね、そういう夫と結婚生活を続けてきたことへの思いなども聞いていくことになるでしょう。

話を聞くと、同居する舅や姑への悪口が溢れ出してくるような人もいます。まずはその話をしないことには話を始められないように感じているのであれば、とことん聞くべきだと思います。時間が来ると、「なんだか、姑の話ばかりになってしまって」と反省するように言う親もいますが、その場合は、〈それはそれで大事なお話だと思います。お子さんのことについて今日伺えなかったことは、また今度聞かせてください〉と伝えておけばよいでしょう。

✤　✤

Q53 親面接のインテークの終盤はどのように進めたらよいでしょうか。

A53 得られた情報をまとめて要約を伝え返し共感を伝える／面接の継続について話し合う

親のインテークの終盤では、今日話を聞いて得られた情報をまとめ、カウンセラーが理解したことをまとめて伝え返します。情報を集めることはもちろん大事ですが、それは何が起きているのかを理解し、親の苦労やさまざまな気持ちを酌み取って、共感を伝え返すためといっても過言ではありません。情報を集めることだけに終始しないようにしましょう。

続いて、子どもの状態についてのその時点での仮説的な理解を伝え、続けて通われるならば、こちらとしてはこういう援助が提供できるということを説明します。例えばこんな会話のイメージです。

〈一学期の途中から登校渋りが始まって、二学期になってからは始業式の日に行ったきり、一度も行かなくなってしまった。特にいじめられているわけでもなさそうだ。お腹が痛いというから内科で診てもらったけれども、特に異状はなかった。小学校に入るまではとても良い子で、手のかからない子だと思っていたのに、どうしてこんなことになったのか皆目わからない。子どもにいろいろと働きかけてみたけど、一向に動こうとしないので途方に暮れてしまった、ということですね〉

「その通りです」

〈それは不可解だし、ご心配でしょう〉

「ええ。もうどうしたものかと。こんなこと言うのもなんですけど、何だかちょっと腹も立ってきて」〈そうかもしれませんね。ともかくしばらく通って来られませんか。お子さんの言動をよく観察して次の回にまた教えてください。その言動の背後にどんな気持ちがあるのかを私と一緒に考えて、お子さんの心について理解を深めましょう。そうすればお子さんにどう関わればいいかがだんだんと見えてくると思います。それと、親としての苦労やら心配やら不満やらも語ってください。話すことで楽になることもあると思いますから〉。

そして、継続するか否かを尋ね、継続になれば頻度を考え、次回を予約して終わるというのが一般的なパターンでしょう。継続後の親子の面接構造をどう設定するかについては次章で具体的に考えます。

✣　✣

Q54

母子並行面接のインテークの最後に、継続への意志確認を母子と子ども担当者と私（親担当者）の四人で集まってすることにしました。こうした場合はどのように進めればよいでしょうか。

A54

それぞれの部屋で話し合った結果を持ち寄って調整する／親子ともに迷っているなら提案も

四人で再会する前にそれぞれの部屋でどうするかを考えておくことにしてあったのであれば、親面接者から、子どもと子ども担当者に向かって〈どうなった？〉と尋ねればよいでしょう。お母さんの顔を覗き込む子どもに対して、「自分がどうしたいかを言ったらいいよ」と応じる母親もいれば、「こうするよね」と自分の意見を押しつけようとする母親もいます。後者なら、母親面接者から母親に〈まあ、まずはお子さんの話を聞きましょう〉と待ったをかける必要があるでしょう。子どもが言いにくければ、子ども担当者が子どもの代わりに言うこともあると思います。もし親と子の希望が異なるのであれば、調整をする必要があります。子どもが来たいというのであれば、なるべくそれが叶うようにしてあげたいものですが、親の都合もあるでしょうから、落としどころを何とか見つけましょう。
　親子ともに迷っているのであれば、〈じゃあ、とりあえずあと四回ほど来てみて、自分にとって来る意味がありそうかどうか試してみるというのはどうでしょう〉と提案することもできます。それでも決まらず、「夫にも相談してから」とか「ちょっと考えて、また電話します」と答える親もいます。実際に来るかどうかを帰宅してから考えて決める人もいるでしょうし、体よく断っている人もいることでしょう。いつぐらいにお電話をいただけるかと尋ねて、目途を教えてもらえるのであればそのほうがありがたいですが、それをあまり強く言うこともできません。
　セラピスト側としては、こういうことができると思うと提案し、続けて来られたらよいと思うと伝えて、それでもクライエントが迷っているのであれば、後はクライエントの判断に任せるしかありません。こういう場面で、初心の子ども担当者の中には、遊戯療法を続けたい、あるいは続けなければならないといった思いが前に出すぎる場合もあります。親子の意向や状況にも配慮し、現実的な判断を冷静に下さなければなりません。

✤　✤

Q55　親面接のインテーク報告書を書くのですが、親面接の見立てというのは子どもについて書くのですか。親について書くのですか。

A55　子どもについての見立てと親についての見立て、加えて親子関係についての見立てを書く

　親が子どものことで相談に来たのであれば、子どもについての見立てをもちながら親の話を聞く必要があります。つまり、子どもがどういう状態にあり、診断的にはどのような可能性があるか、背景にどんな心理的なメカニズムがあるかについての見立てです。親子並行面接であれば、子ども担当者から子どもの様子を聞き、親から聞く子どもの様子と照らし合わせて、子ども担当者との間である程度の共通理解（完全に一致しなくてもかまいません）をしておきましょう。そして、必要に応じて親にその見立てを伝えられるように準備しておかねばなりません。

他方、親面接者にとってのクライエントは親です。ですから、親自身についての見立てをもつ必要があります。親自身がどのような人か、どのように生きてきた人か、現在を、そして将来をどう生きようとしているのかなどについての見立てをします。決して子育て一般について助言をするのが親面接ではありませんので、親の個性を理解して、その親がその子と関わることを共に考えていくことが大切です。とはいえ、子どものことで相談に来ている親に、いきなり親自身の成育歴を事細かに聞いていくわけではありません。それは必要に応じて、親自身にもその必要性が感じられるような形で進めていきます。

親面接の見立てはそれだけにとどまりません。親子関係、家族関係の見立てもあります。親子は夫婦関係や兄弟関係をも含んで相互作用をもち、複雑な関係を作っているからです。家庭内の出来事について事実関係を明らかにすることはもちろんですが、相互に抱いている内的な思いも含めて見立てをしましょう。

コラム

親面接における見立て
①子どもについての見立て
②親についての見立て
③親子関係・家族関係の見立て

第四章

親子面接の構造

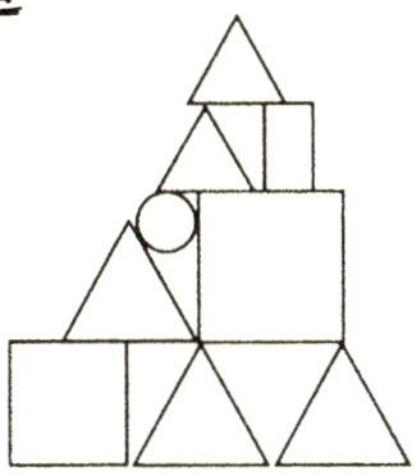

継続になる場合も、親子が来るのであればセラピーの構造を整えていくことが必要になる。来るのは母子だけではない。父親も弟妹も祖父母が来ることもある。セラピスト側も複数なのであれば、セラピスト間でどう協働していくかも問題となってくる。他機関連携も加われればさらに広がる。いずれにせよ、関わる人の心を大切にしていくことだ。

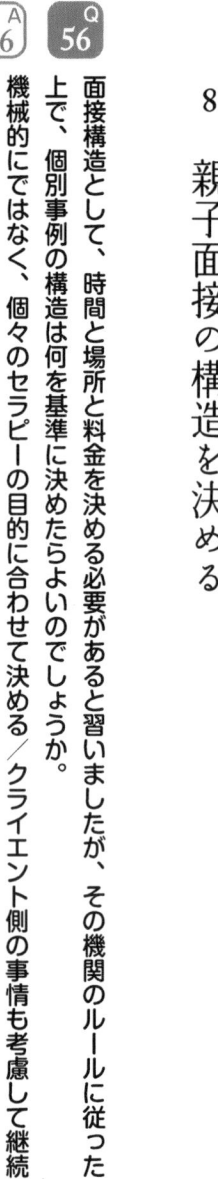

8　親子面接の構造を決める

Q56　面接構造として、時間と場所と料金を決める必要があると習いましたが、その機関のルールに従った上で、個別事例の構造は何を基準に決めたらよいのでしょうか。

A56　機械的にではなく、個々のセラピーの目的に合わせて決める／クライエント側の事情も考慮して継続が可能になるように調整する

「面接構造（枠）の重要性」は、すでに多くの他の心理療法の教科書に書かれてある通りですが、それは曜日、時間、頻度、使用する部屋を機械的に決めればよいという意味ではありません。構造を作るとは、クライエントの話を聞いてそれに対して何ができるかを考え、一緒に何をするかを話し合い、合意し、そのための舞台として、どんな形でどんな頻度で作業を進めるかを決めることです。つまり個々の面接の意味づけが先です。その意味づけに、クライエント側、セラピスト側の諸条件を加味して、時間、頻度、部屋などが決まっていきます。枠というものはあらかじめ用意されているものでも、誰かが用意してくれるものでもなく、個々の事例の中で自らが作るものなのです。

また、クライエント側の事情によっては、現実的選択をしなければならないこともあります。必ず曜日と時間を固定し、少なくとも隔週以上の頻度でやらなければならないように固く考える人もいますが、クライエントの中には、勤務の都合で曜日を固定できない人や、下の子どもを夫が見てくれるときしか来られない人、祖父母の介護などで面接がどうしても不定期になる人など、来所の日時を固定できない人もいます。家族には家族の事情があります。他の家族メンバーが過剰に犠牲を強いられたら、別の悪影響が生まれるかもしれません。にもかかわらず、曜日と時間を固定することに固執し、頻度を上げ、定期的に通ってくることを強く迫れば、その人は来ることができなくなるかもしれません。結果来られなくなってしまうよりは、細く長く関わりを続けることのほうがよいでしょう。たとえ月一回でもやれることはあるものです。

✤　✤

Q57 親子並行面接で、一人のセラピストが親子両方に会うのではなく、それぞれに担当者をつけるほうが望ましいとされている理由は何でしょうか。

A57 親子両方に共感を示せるように／親子双方の秘密を守るために

一つには、親子両方の話を聞いて、一人のセラピストが両方に十分な共感を示すのは難しいということがあります。子どもの話を聞けば、親がもう少ししっかりしてくれればよいのにといった感情が湧くこともありますし、親の話を聞けば、子どももう少しくらい親の気持ちを考えてあげればよいのにといった感情が湧いたりします。子どもの親に対する気持ちを聞いた後で親に会えば、子どもの立場に立ってしまい、親の話を親身に聞くことが難しくなることがあるかもしれません。それでは親は、自分の話に十分に共感してもらえないように感じるでしょう。セラピストの中にも矛盾が生じますし、その矛盾は、親がセラピストを通して子どもを動かそうとしたり、子どもが親を動かそうとするときにさらに強まります。ですから、担当者を分けて、それぞれが自分のクライエントの話を親身に聞く形をとることが多いのです。

もう一つの理由は、親子であっても秘密はあるので、その双方の秘密を守るという意味があります。一人のセラピストが両方をやっていると、子どもは「今の話、お母さんに言うの？」と自分の話したことを親に言いつけられるのではないかと気にします。あるいは、「これは子どもには内緒にしておいてほしいのですけど」と、親のほうが秘密を守ることを求める場合もあります。また子どもは親が何を言ったのかをセラピストに聞きたがったり、親は子どもが何をしたか、何を言ったかを尋ねてくることもあります。セラピストを分けることは、クライエントからすれば自分が言ったことをもう一方に伝えられることがないという安心感につながります。親子はそれぞれに「自分の担当者」が明確になって、もう一方に気兼ねすることなく話せるようになります。これは同時に、相手が何を言っているのかを、そのまま教えてもらえるわけではないということを意味します。

まとめて言えば、自分が担当するクライエントの話を聞くことに専念するほうがセラピストもやりやすく、またクライエントにとっても、個を大切にしてもらえるという感覚がもてるというのが担当を分ける理由です。

✤　✤

Q58　一人のセラピストが親子両方を担当するのが望ましいのは、どういう場合なのでしょうか。

A58　子どもと遊ぶ様子を親に観察してもらったり、親子関係の調整をその場で行う場合など

そもそも職場に心理士が一人しかいない場合には、一人で親子両方を担当するほかありませんが、複数のセラピストがいる機関でも、必ずしもそれぞれに担当者がつくほうが望ましいとは限らず、一人で担当するほうがよいケースもあります。

例えば、①子どもと実際に遊び、子どもの状態を把握した上で親に適切な助言をしたり、②子どもとセラピストが関わっているところを母親に見てもらって、子どもと関わる際の参考にしてもらうというタイプのセラピーならば、一人の担当者が担当することになります。あるいは、③親子それぞれの心の内面を深く探っていくよりも、親子関係の調整が必要な事例であれば、一人のセラピストが親子のやり取りをその場で観察して親子関係を査定し、それに直接参与すること(セラピストが言葉を挟むなど)で、親子関係の調整を図るほうがよいこともあるでしょう。④子どもの分離不安が高くて、今は親子を分けないほうがよいと考えられる場合もありえます。また、⑤親子ともに一人のセラピストを信頼して、別々じゃないほうがよいと望む場合もあります。それが叶うかどうかは他の要因も絡んでくるでしょうが。

現実にはセラピスト側の要因で決まることもあります。⑥その機関に複数セラピストがいても、セラピスト間の関係があまりよくないので一人で行う場合です。望ましいことではないかもしれませんが、セラピスト同士の関係がこじれてクライエントに悪影響が出るくらいなら、そのほうがよいのかもしれません。

✣　✣

Q59 やむをえない場合も含めて一人のセラピストが親子両方を担当する場合の留意点を教えてください。

A59 継次面接のほうがよい場合もある／中立性を保つ

まず、一人のセラピストが親子の両方を担当する場合でも、親子が同席する形と、時間帯を分けて別々に会う形があります。前者を親子同席面接、後者を親子継次面接と言います。親子継次面接のほうがよい場合はどんなときでしょうか。一つはクライエントの希望です。「別々に行いたい」と希望する場合は、時間をずらして別々に会います。同席すると喧嘩になりそうで、その不快さに耐えられそうにないと親子のどちらかが思うようならば、同席は避けたほうがよいでしょう。時間を分けるほうが、それぞれの話を十分に聞くことができるというのもあります。親は子どものことだけでなく、夫婦のこと、親族のこと、職場のこと、自分自身の生い立ちのことまで話がしたいかもしれません。しかし、それについては子どもに聞かれたくないこともあります。

一人のセラピストが両方の話を聞く場合、セラピストは中立性を保ち、子どもの立場と親の立場を往復しながらバランスをとっていくことになります。中立性を保つとは、どちらの話にも感情移入しないという意味ではなく、どちらの話も大事にするということです。両方の気持ちや言い分をしっかり把握して、それぞれの立場からすればそうなんだな、と受け入れる態度が要ります。両方に共感することは難しいと言いましたが、それでもまったくできないわけではありません。ただ、親子どちらもが欲求不満を覚える結果になることはありえますし、それがセラピストへの陰性感情になって表れる例もあります。それは親子のどちらか、もしくは両方が、一人のセラピストを自分の味方にして、他方を動かそうとしているときに起きやすいので、セラピストは自分の立場をしっかり説明して納得を得る必要があるでしょう。

子どもは別室でやりたいが、親は子どもが何を言うのか聞きたいから同席がいいと望むこともあります。心理療法は子どもの本音を聞き出したいという親の願望を満たすために行うのではありません。子どものほうが同席して自分の気持ちを親に伝えたいと望むようになるまでは、同席面接は控えるべきでしょう。

✣　✣

Q60　インテークの最後に母親から「私はカウンセリングは受けなくていいので、子どものほうだけお願いします」と言われました。母子並行面接でと思っていたので戸惑いました。

A60　必要性を伝える／親面接のみ頻度を下げることもありえる／生活状況について情報を得るために協力を求める

まずは、「私は受けなくてよい」という言葉の真意を理解しましょう。経済的な理由を挙げる人もいるでしょう。それならば仕方のない面もあるので、親面接のほうの頻度を下げることを提案してみましょう。減らしてでも親が面接を受けたいと言うのであれば、そのほうが望ましいことです。「子どものセラピーがある日は、必ず親面接もしなければならない」ということはありません。子どものセラピーに合わせて親面接が毎回行われている事例も少なくありませんが、子どもは毎週、親面接は隔週、あるいは月に一回といった設定もありえます。

親面接の頻度は、事例の性質や親の要望によっても異なります。「私はそこまで話すことがないので」と、頻度を下げてほしいと親が要望することがあります。事態が停滞していて毎週話すほどの変化がないという場合に、こうした要望が出やすいものです。何か変化があれば話すということであるなら、確かにそうかもしれません。ただ、「そんなに話すこともないかと思っていたのに、話してみるとけっこうありますね」と、結局毎週面接を受ける人もいます。頻度を下げるにしても、親面接の必要性について親と話し合った上で結論を出すほうがよいでしょう。

親が、子どものことに向き合うことで自分自身にも向き合わねばならないことに抵抗を覚えて、親面接の継続を拒む場合もあるでしょう。実際、インテークの途中で、「もしかすると、私自身の問題が絡んでいるのかもしれません」と言った後で、終わる間際に前言を翻すかのように、「料金のこともあるので、私は受けなくてもいいです」と言った人がありました。自分の心の課題が子どもに関与していることを意識したすぐ後に、それに取り組むことへの抵抗が生じたということかもしれません。その抵抗を乗り越えて続けて来ていただく道が一つです。その場合は、子どもの問題を一緒に考え、子どもの心を理解し、環境を整えることで子どもが変わりやすくなることを親に伝えます。しかし、それに取り組もうと誘うことで余計に態度を硬化させてしまい、親が来なくなることがあります。親が来なくなることで子どもも来なくなるくらいなら、親の継続的なカウンセリングは断念するほうがよいこともあります。〈では、お母さんのカウンセリングはしないということでかまいませんので、ともかくお子さんを連れてきてください〉という感覚です。

ただ、子どものセラピーをするのに、親面接をまったくしないのは望ましくないと私は考えています。

子どものセラピーを継続していくにあたって、子どもが家庭や学校、その他の生活場面でどのような出来事を体験し、その中でどのように感じ、どう振る舞ったのか、あるいは子どもがどんなふうに変化してきているのかなど、現実に関わる最小限の情報は必要だと思うからです。それによって、セラピストは遊戯療法の中での子どもの表情や態度の意味を知り、子どもの口から語られるエピソードに対して的確な応答がしやすくなります。また、現実場面での子どもの変化と照らし合わせることで、セラピーの見立てと方針を確認し、修正しながら進めていけます。たとえ遊戯療法の中で望ましい変化が起きているとしても、それが遊戯療法の外での変化とどう対応しているかの確認なしに、セラピーの評価をすることはできません。親からの情報がまったく得られない状態で、子どもの遊びだけを分析するのは、ロールシャッハテストで言えば目隠し分析のようなものだと言えるでしょう。また、セラピスト側から子どもの状態や変化を伝えて、親の理解と照らし合わせることも協力関係のためには必要です。これらは遊戯療法を引き受ける条件と言ってもよいと思います。そこで、生活状況について情報を得るために親に協力を求める言い方をします。

✤　✤

Q61 自身はカウンセリングの継続を希望しない親から、子どもの生活状況について情報を得るには、具体的にどうすればよいのでしょうか。

A61 学期に一度でも親面接を設定することを了承してもらう

自分自身のためにカウンセリングを受けることは必要ないという親の希望をまずは受け入れた上で、遊戯療法は子どもだけが通ってきて遊んでいればよいというものではない、親自身のカウンセリングではなく、お子さんについての情報を提供してもらうために、頻度はぐっと少なくてもよいから来ていただきたい、と協力を求めます。例えばこんな言い方です。〈お母さんがご自分のことでカウンセリングを受けたいわけではないということはよくわかりました。お母さんのカウンセリングはしないことにしましょう。お母さんにお願いしたいことが二つあります。一つは、ここにお子さんを連れてきていただくこと。もう一つは、できれば三ヵ月に一度くらいでも、おうちや学校での様子を聞かせていただきたいということです。というのは、お子さんがおうちや学校でどんな様子かを聞かせていただけると、遊戯療法の中で起きていることがこちらもわかりやすくなりますし、遊戯療法でやっていることの影響が、家や学校でどんなふうに表れているかを確認しながら進めることができるからです。さらには、こちらの様子をお母さんにお伝えする機会にもなります。それはお願いできますか〉。こう言うと、「そういうことなら」と承諾してくださる方もけっこうおられます。子どものことで相談に来ているのだから、協力を惜しむつもりはない、と考えてくださるのでしょう。

こうした情報を得るための面接も、一回分の時間を取り、有料の機関であれば料金を払ってもらって行うのが原則です。頻度は事例によって柔軟に設定すればよいと思います。例えば季節に一回とか、学期毎に一回というやり方もあります。学期の終わりの個人懇談会の後に、担任から言われたことを報告に来てもらうというのも一つのタイミングです。

しかし、こうした頻度であっても、一回分の時間を取って料金を払って親面接をすることに抵抗を示す人もいます。その場合は、親面接のインテーカーが遊戯療法の合間に無料で五分程度、最近の様子を待合室で親に聞くというやり方を取らざるをえないこともあります。

Q62 **親子並行面接の場合、セッションが終わったら、親子はどこで待ち合わせるのがよいでしょうか。**

A62 **それぞれに時間が来たら終わりにして待合室などで合流するのが基本**

親子並行面接の場合、各回の終わり方についてはさまざまな形が取られているようです。遊戯療法が終わったら子どもと子ども担当者が親面接の部屋に行き、それによって親面接が終わりとなるパターンもあります。あるいは、親面接が終わりになった時点で、親と親担当者がプレイルームに迎えに行き、ノックしたところで遊戯療法が終わりになるというパターンもあります。これらはその相談機関の構造上の問題や、長年のシステムによって決まっている面もあるので、一概に何が正しい、間違っているとは言いません。ただ、心理療法の枠を考えた場合、一方の終了に依存せず、それぞれに時間が来たから終わるという形をとるのが理想形だとは思います。並行面接といっても、それぞれに独立したセラピーであり、各回の終わりは親の「侵入」や子どもの「侵入」によるべきものではないからです。実際、親が近づいてくる物音を察知して、取り繕おうとする子どももいます。あるいは、子どもが親面接の部屋に入ったとき、母親が泣いていて子どもが驚いたり心配したりすることもあります。

親面接が先に終わったなら、親には待合室で待ってもらいます。逆に遊戯療法が先に終わり、母親面接が少し延びているようであれば、子どもには待合室で待ってもらいます。それぞれに独立した心の作業を行い、待合室などの中間地帯で再会するという感覚です。

✤　✤

Q63 **親子並行面接の場合、子ども担当者として親とどの程度関わってよいのかがわかりません。**

A63 **普通の社会的態度をもち、控えめに関わる**

子ども担当者があまり親と話をしていると、子どもにすればプレイルームの中のことをいろいろと告げ口されるのではないかと気になるかもしれません。ですから、親とは必要以上に関わりをもたないように配慮すべきです。親に過剰なサービスをすることはありません。親に状況を伝え、理解を深める役割を取るのは、親面接者のほうです。

とはいえ、親とは挨拶もしてはいけないなどということはありません。時折、「親と口をきいてはならないし、目を合わせてもいけない」みたいに振る舞う初心の子ども担当者がいますが、それはやりすぎです。一言でも母親と言葉を交わしたら、それだけで枠が壊れてしまって遊戯療法が成り立たなくなるということはありません。「普通の社会的態度をもち、控えめに関わる」といった態度で接すればよいと思います。

✤　✤

Q64 子どもとその親のカウンセリングをこれまで親子並行で行ってきましたが、一度親子同席でこれまでのことやこれからのことを話し合うほうがよいのではないかとセラピスト同士で話しています。するとしたらどのようなことに留意する必要があるでしょうか。

A64 同席で行う目的をクライエントを交えて確認する／進行の仕方についてセラピスト間で話し合っておく

親子双方の同意が必要です。同意というのは、「やってもよい」ということだけでなく、何のためにやるのかという目的に関する同意も含んでいます。目的を明確にせずに、親子双方が「やってもいい」というのでやってみたら、両方がそんなつもりではなかったと言って、不満や不信感をもたれることもありえます。

同席面接をどちらのセラピストが進行するかについて、あらかじめ決めておく必要があるでしょう。冒頭に、四人で会うことになった目的をもう一度確認してから始めたらよいと思います。親面接者は親の立場に立って発言し、子ども担当者は子どもの立場に立って発言する一方で、両セラピストは四人全体の動きをよく観察して、誰かが悪者になったりしないように中立性を保つようにもします。子ども担当者が子どもの立場に立つのはよいとして、それが親子の対立に巻き込まれたり煽ったりすることがないように注意しましょう。親面接者の場合もしかりです。

終わり際にはまとめをして、四人合同の面接をその後ももつかどうかについても話し合っておきます。四五分くらいで終えて、残りの五分はいつもの並行面接に戻って、合同面接をやってみた印象を個別に聞いておくのもよいかもしれません。あるいは次の回に感想を話し合います。

四人で会うという構造は、特に初心者にはなじみがなく難しく感じるかもしれませんが、目的について合意をし、流れをよく見て破壊的な動きが高まらないように配慮し、最後にその面接を肯定的にまとめることができるなら、皆がその意義を感じられると思います。

9　親子並行面接におけるセラピスト間の協働

Q65　子ども担当者と親担当者は、どの程度連絡を取り合うのがよいでしょうか。

A65　並行面接では協働と独立性のバランスが大切

結論を先に述べると、親子並行面接には、「親子は相互に影響し合っているのだから、その相互作用の流れを見ていくために親面接者と子ども担当者との間で情報交換しながら進めていく」という協働の側面と、「親子とはいえ独立した人間で、自分の心の課題をそれぞれに抱えているのだから、それぞれのクライエントが相互作用に影響されずに自分の課題に取り組めるようにする」独立した作業という面があります。これはどちらも大切なことで、その二つのバランスは個々の事例に応じて異なります。

子ども担当者と親担当者の協働という面から言うと、基本的には、どのような遊びがなされたか、どのような話がされたか、印象的だったこと、最近変わってきたと思うこと、今までおぼろげにしかわかっていなかったことがはっきりしたことなど、互いに情報を出し合い、それをどのように考えたらよいかを話し合うほうがよいということになります。遊戯療法は、遊戯療法における心の内的な流れだけで進んでいるものではなく、家庭生活や学校生活における出来事や、それに対する子どもの反応などに影響を受けています。親からの情報によってそうした背景があらかじめわかっていることで遊びの意味が初めてわかる場合もありますし、より深く理解できる場合もあります。子どもからその出来事にまつわる話が出たときに、落ち着いて聞けるメリットもあります。また、子どもの日常について親面接者からの情報がなければ、子ども担当者は、自分がしていることが子どもの日常にどのように反映されているか、何もわからないまま進めていくことになってしまうでしょう。

逆に、親面接者は、遊戯療法の中での様子を聞き、子どもが抱えている苦しみについて理解を深めたり、子どもの変化をつかんだりして、必要に応じて親に伝えることもできます。場合によっては、遊戯療法における子どもの様子を通して、母親が子どもについて語る不安は納得のいくものか、あるいは過剰な不安であるかを判断する材料にもなります。

協働においては、情報交換をするだけでなく、自分の見立てと方針を伝え合いましょう。それは、必ずしも見立てと方針が二人の間で完全に一致しなければならないという意味ではありません。それぞれでよいのですが、少なくとも相手がどのように考えながらやっているのかを共有しておこうという意味です。そうやって二人で話し合い、それをもとにしてさらに自分で考え、それぞれに次のセッションに臨むのが協働の側面です。

子ども担当者が、遊戯療法を進めていく中で、親面接者に「これを親に聞いておいてほしい」と頼みたくなる場面も出てきます。そのときは、その旨を親面接者に伝えておきましょう。親面接者は、納得がいけば、心にとめておき、機会を見て聞いておきます。親面接にもそれ独自の流れがあるので、すぐ次の回に聞けるかどうかは別ですが。

さて、現実問題として、セラピスト間の関係が悪い場合もありえます。人間観が異なるとか、学派が異なるとか、あるいは以前に仕事上でぶつかったことがあるといった場合です。相性が悪くてもペアを組まねばならないときは、それぞれに独立性を守って、あまり情報交換を行わずに進めるほうがうまくいくこともあります。とはいえ、これはクライエントには無関係のことですから、クライエントに迷惑がかからないよう、必要最低限の協力はしなければならないでしょう。

✤　✤

Q66 親子並行面接では、面接中に起きたこと、聞いたことのすべてをもう一方の担当者に伝えたほうがよいのでしょうか。

A66 必要なことは伝え合うが、必ずしもすべてを伝える必要はない

協働の観点から言えば、多くを伝えるほうが望ましいと言えます。しかし、独立性の観点から言えば、起きたこと、クライエントが言ったことのすべてを報告することはありません。子どもが語った秘密をすべて親担当者が知らねばならないとも思いませんし、逆もそうです。これは子どもの心の秘密、親の心の秘密だから、今は「相方」にも言わずにおこうと思うなら、それはそれで大事にしたらよいことです。とりわけ、クライエントの中で親離れ、子離れ、自己と他者の境界といったテーマが動いているときには、セラピスト間で独立性を守ることが重視されるように思います。思春期以降の子どもの場合に、セラピスト間で事後の話し合いをほとんど持たずに進めている例もあります。クライエントから「これはもう一方のセラピストには絶対に言わないで」とはっきり言われることもありますが、その場合は言わないのが基本でしょう。なぜ言ってほしくないのかを尋ね、話し合っているうちに、クライエントの

ほうから「やっぱり言ってもらってもかまわない」と言い出すこともありますが。

ちなみに、親子並行面接では協働が大事だからといって、互いの記録を勝手に読んだりしてはいけません。インテーク時に親子がそれぞれに書いた相談申込票などがあるなら、それを最初に見せ合うことは必須でしょうが、その後の記録を見せ合わねばならないことはありません。そこは独立性を守るべきところです。

すべてを伝える必要がないということは、逆に、これは伝えておいたほうがよさそうだということをピックアップして伝えるということです。そのためには、だらだらとした情報の羅列にならないように、セラピストの中で情報をまとめ上げる作業がまず必要です。親担当者から子ども担当者への情報で言えば、「子どもの状態や変化についてはそのまま伝える。親自身の成育歴、心情については必ずしもすべてを伝える必要はない。ただしそれが子どもの問題の背景として、子どもの状態に影響を与えていると考えられる場合は伝える」といったあたりでしょうか。最後の点が、匙加減を要するところです。

✤　✤

Q67

子ども担当者です。親面接で語られたことについて親面接者から聞くと、その情報に引きずられそうな気がするので、聞かないほうがよいような気もします。それよりも子どもと先入観をもたずに会うほうがよいように思うのですが。

A67

多方面からの情報を抱えて立体的な理解をする

子どもから聞く前に親からの情報を聞いたら、それに引きずられる気がするというのもわからないではありません。しかし、引きずられずに情報を抱え、物事を立体的に考えることはできるはずです。遊びの中で直接に観察できる子どもの姿があり、それを親面接情報から得られる子どもが体験した出来事に関する情報、子どもについて語る親についての情報などと照合して、子ども像を作り直します。次にまたプレイルームに入って、自分が見たもので子ども像をさらに作り直します。見立てはその繰り返しの中で練り上げられるものです。

さて、「親から情報を聞いてしまったら、実は聞いていると子どもに正直に言わないといけないように思う」と言った人がいましたが、聞いたことを抱えきれずに漏らしてしまうことがこの場合の正直さなのではありません。言わずに抱えるほうが、むしろ心のエネルギーを使うこともあるでしょう。それはセラピストとして必要なことです。また、親情報としてすでに聞いていたことを、子どもが自ら話したときにどう反応すればよいかと気にする人もいますが、初めて聞いたかのように過剰に演技する必要はありません。〈そうなんだね〉と自然に返せばよいと思います。

✤　✤

Q68 遊戯療法を担当しています。母親面接はかなり年長の先輩がしているのですが、話し合いをしてもどうも意見が言いにくく、結局先輩の意見に合わせてしまいます。

A68 親担当者と子ども担当者は対等な協働セラピストである

相談機関によって異なるでしょうが、一般には年長、もしくは経験年数の長い心理士が親面接を担当し、若手が子どもを担当することが比較的多いと思います（子どもを年長の心理士が担当し、親面接を初心者が担当するという並行面接の形がもっとあってもよいように思いますが）。親担当者と子ども担当者はどれだけ経験年数に差があったとしても、たとえ教員と大学院生の関係であっても、上司と新人であっても、その個別事例に関しては対等な関係です。思ったことは下手に遠慮せずに「子ども担当の立場から言うと」と言って話し合いましょう。互いに敬意を払いながらであれば、言えるはずです。親担当者が年長である場合、子ども担当者が委縮しないように親担当者のほうが特に配慮すべきでしょう。親担当者が職場内や実習先でスーパーヴァイザーを兼ねるという形をとっているところもありますが、この論理からすれば望ましい形ではありません。親担当者とスーパーヴァイザーでは役割が異なりますから。それがあまりよくないとわかってはいても、職場の人的体制の面から、やむをえずそうしているところもあるでしょうが。

✤　✤

Q69　並行面接でコンビになってから、セラピスト同士の関係が徐々に悪くなってきました。もともと仲が悪かったわけではないのですが、最近では顔も合わせたくないような気がしています……。

A69　親子関係がセラピスト同士の関係へと転移している場合がある

もともと仲が悪くなかったのに、コンビを組んでいると仲が悪くなってくることがあります。考え方ややり方が一致しないためにそうなることもあります。あるいは、親担当者は自分のクライエントである親の気持ちに沿い、子ども担当者は子どもの気持ちに沿っているうちに、子ども担当者は「親がもう少しちゃんとしてくれれば。そのためには親担当者がもうちょっとちゃんとしてくれればいいのに」という思いが出てきたり、親担当者も反対に「子ども担当者がしっかりしてくれれば」という気持ちを抱くようになってくることがあります。自分のクライエントに同一化するためにそうした気持ちが起こることは稀ではないので、十分な自覚が必要です。

さらに言うと、親子の関係がセラピスト同士の関係に転移していると考えられる場合もあります。なぜこんなにセラピスト同士の関係がこじれているのかと考えたときに、セラピスト同士の間に流れる否定的な感情が、実は親子の間に流れている否定的な感情と同型のものだと気づく場合がそれです。例えば、子ども担当者が親担当者から何か言われる度に「放っといてほしい」というような感情を抱くとき、振り返ってみると、それはクライエントである子どもが親から自立しようとして反発していることの反映だとわかることがあります。セラピスト同士の関係を俯瞰して見ることを通して、親子の関係が見えてくるのですから、やはり距離を置いて眺めるというのは大事なことだとわかります。「なんだか、親子の関係が私たち二人の関係に反映しているようですね」ということがセラピスト同士で余裕をもって話し合えたら、その分セラピーが前進するのではないでしょうか。

10 父親面接・兄弟の扱い・祖父母面接

Q70 母子並行面接を続けていますが、父親にも参加してもらったほうがよいのではないかと考えています。父親の来談をこちらから誘ってみるというのはどうなのでしょうか。

A70 実際に来るかどうかは別だが、誘うことはあってよい

親子並行面接では、実際には母子並行面接となることが圧倒的に多いのが現状です（中には父子並行面接もありますが）。父親が子どもの心の問題について関心をもち、子どもと直接関わることで、子どもの心に変化が生じることもありえることです。それはまた、父親が母親を支える役割を取ることにもなるでしょう。セラピストとしても、父親が心理療法の場に来てくださることで、父親のパーソナリティや子どもへの態度や夫婦関係についての理解が進みます。

子どもの問題には両親ともに取り組んでもらう必要があると考えれば、父親の来談を促すことはもっと行われてよいのではないでしょうか。筆者は可能性を考えた上で、〈お仕事もお忙しいでしょうが、一度お父さんにも来ていただくことはできないでしょうか〉というような言い方で母親を通して父親の参加を促すことがあります。夫婦同席でもかまいませんし、夫婦が交代で来ることもありえるでしょう。

来談を促せば父親も来ることがありますし、それによって父親の子どもの問題への取り組みの意識が高まることは多いと思います。最初は職業人としてのペルソナを崩さずに話すという感じだった人が、次第に父親としての苦悩を吐露するようになることもあります。そういう姿に接すると、表に出す機会に恵まれない父親の苦悩に耳を傾けることの重要性に気づかされます。また、父親のほうも決して子どもと関わることから逃げているのではなく、むしろ関わりたいのだが、蚊帳の外に置かれている気がしてうまく関われないでいるということもあります。例えば、「この前、主人から『お前は子どもをうまいこと手なずけたなあ』と言われました」と語った母親がいました。外出しても二人の子どもがいつも母親の側に行きたがることを寂しく感じているようだとのことでした。親面接に参加することで、父親の自尊心も高まり、取り組む姿勢が積極的になることも期待できます。

ただ、父親の来談を促して実際に父親が来るかどうかは別の話です。母親が父親に言っても、嫌がって何らかの理由をつけて来ない父親もいるでしょうし、子どもにしっかりと関心をもち、家では母親とともに取り組んでいても、忙しくて来談できない場合もあるでしょう。その場合は無理はしません。

Q71 母子並行面接の場に、父親を誘わないほうがよい場合とはどういうときでしょうか。

A71 母親の同意が必要

父親を誘うことはもっとあってよいとは思いますが、父親を誘うことはいつも良いことだと主張するものではありません。母親面接をずっと続けてきて、そこに父親も参加するようになるというのは、母親面接の枠の変更を意味しますから、慎重さは必要です。母親の話を聞く機会がそれだけ減ることになりますし、特に母親が子どものことだけでなく、自分自身のことや夫婦関係のことを話している場合には、父親が入ることでその枠が乱され、母親が守られた中で自分について考えることが難しくなります。面接の趣旨が変わってしまいますので、父親を誘うには母親の同意が必須です。「父親にも参加してもらうことはこの母親面接の趣旨とは違う」と考えるのであれば、そもそも父親を誘うことを提案すべきではないでしょう。

母親に提案しても、母親が「そんなふうに誘っても来るような人じゃありません」と、セラピストの提案をその場で断り、父親に伝えることすらしない場合もあります。それはそれで、父親、母親それぞれのパーソナリティや、夫婦関係のアセスメントには役立ちますが。

✤　✤

Q72 母親面接を継続していますが、こちらが提案したわけでもなく、ある回に母親が突然父親（自分の夫）を連れてきて一緒に部屋に入っていいかと尋ねました。この場合、父親にも入ってもらうほうがよいのでしょうか。

A72 父親が来ることになった経緯を尋ね、それに応じて対応を考える

まず父親も来ることになった経緯を聞きましょう。母親が来るように言ったのでしょうか、それとも父親のほうが一緒に行くと自ら言ったのでしょうか。そして、この変化はこの面接経過の中で一体どのような意味をもつのだろうかと考えます。なるほどと納得できれば、一緒に入室してもらい、父親の話を聞くでしょうし、納得がいかなければ応じないこともあるでしょう。

母親が連れてきたかった場合もあれば、母親は気乗りしなかったが、父親が行きたいというから仕方なく連れてきた場合もあります。後者だろうと推測される場合には、次の回に、〈実はあまり一緒に来てほしくなかったのかもと思っていましたが〉と取り上げてみましょう。母親が父親を一度セラピストに見せて、どう思ったか感想を後日聞かせてほしいと望んでいる場合もあります。父親が母親からカウンセリングの話を聞き、不満を感じて乗り込んできたのではないかと思われることもあります。また、よくよく話を聞いてみると、父親自身も何らかの苦しみを心に抱えていて、内心では自分も受けたいと思っているような人もいます。父親が自分のことを含めてセラピーを受けたいというのであれば、全体をどのような構造で進めるかを考えないといけません。

✤　✤

Q73 母子並行面接になると思っていたのですが、母親の話では、父親も仕事の都合がつく日があれば行ってもいいと言っているとのことでした。来られるときだけという構造でいいのでしょうか。もしかしたら一回きりかもしれませんし。

A73 緩い枠を設定して柔軟に対応することも必要／一回でも意味をもつことはある

こうした場合、緩やかな枠を設定することも必要です。「共働きなので、来られるときには二人で、仕事の都合でどちらかが無理な場合は片方だけで来たい」と希望された夫婦がありました。親面接者は私が一人でやらねばなりませんでしたので、回によって、母親のみ、父親のみ、両親揃っての三パターンがありました。子どもを遊戯療法に連れてきてもらうことがまずは大事ですし、母のときは母の話を、父のときは父の話を、両親揃ってのときは両親の話を聞こうと、こちらの聞く構えを変えれば、特に混乱するようなことはなく、むしろ多角的に関われるというメリットを感じました。あるいは、基本的には自営業を営む父親が毎回来て、夜勤のある母親が来られるときだけ来るという構造を取った事例もあります。乳児期のことなどは母親にしかわからないこともありますから、回数は少なくてもよいので母親にも来てほしいとこちらからお願いした結果でした。これらは「緩やかな枠を設定している」のであって、枠を設定していないのとは違います。枠が緩やかな分、セラピストには個々の回がそれぞれに意味をもつように柔軟な対応が求められるでしょう。

一度父親に来てもらったら、ずっと続けて来てもらわねばならないと考えることはありません。たとえ一回きりであっても、その後、父親が息子に対して自分の態度を変え、一緒に遊ぶ時間を少しでも持ち、男性モデルとして振る舞うようになることで、男の子が変わった例もあります。また、最初に会ったときは頼りない印象を与えていた父親が、何ヵ月か経って二回目に来られたときに、子どもの問題をずいぶんしっかりと考え、妻である母親を支えるように変わっていて驚いたこともあります。一度心理療法の場に来たことが、父親にとって変化のきっかけになったということなのかもしれません。

✤　✤

Q 74

母子並行面接を行っている母親から、次回は誰も預かってもらえる人がいないので、遊戯療法を受けている子どもの妹を一緒に連れて行きたいという電話がかかってきました。どう対応すればよいでしょうか。

A 74

クライエントである兄姉と一緒にプレイルームに入れることはできない

親子並行面接でクライエントである子どもの弟妹が来た場合、四つの方法が考えられます。

コラム

親子並行面接でクライエントの弟妹が来た場合の四つの考え方

①弟妹には待合室で待っていてもらう
②託児の担当者をつけて、第三の部屋で託児をする
③弟妹は親面接室に一緒に入ってもらう
④兄姉のプレイルームに入って一緒に遊ばせる

①の一人で待っていられるなら待っていてもらう方法が最も簡単ですが、年齢が幼ければ一人で待つのは無理かもしれません。一人で待っておいてもらう場合でも、何かあれば受付の人に言ってねと声をかけておくなどの配慮をしておくとよいでしょう。

①が無理な場合、②が次善の策です。親面接にも、兄姉の遊戯療法にも影響を与えなくて済むからです。ただし、空いている部屋があり、託児を担当できるスタッフがいるという条件があります。

さて、②も無理な場合、③と④ではどちらが望ましいでしょうか。④のように弟妹をクライエントである子どもと同室させることはできません。そんなことをすれば、もはや遊戯療法ではなく兄弟で楽しく遊ぶ場になってしまいます。それならば、母親面接の部屋に同席してもらう③のほうがまだマシです。確かに、母親は弟妹が一緒にいると話しにくいこともあるでしょうし、母親の話を聞いたり不安げな様子を見ることで弟妹が心配するなど、弟妹によくない影響を与えることも懸念されます。しかし、弟妹をプレイルームに同席させることはできないのでやむをえません。①も②も無理な場合は、親面接の部屋に同席してもらうことになる旨を親に伝えて、了解を得ておくのがよいでしょう。

✤　✤

Q75　親子並行面接の間、別室でその子の四歳になる弟の託児をしているのですが、回数を重ねるうちにこの子にも心理的な問題があるように思えてきました。弟のほうも遊戯療法として関わってかまわないでしょうか。

A75　合意もないまま勝手にセラピーにしてしまうことはできない

託児の際に気をつけねばならないことは、弟妹はあくまでも託児であって、セラピーの対象ではないということです。託児をすることで、子どもの心、発達、遊びについて勉強になることはたくさんありますので、学ばせてもらえるのはありがたいことです。しかしそれはやはり託児としてであって、親と兄姉のセラピーが終わるのを待つ間、相手をするだけの関係にすぎません。
場合によっては、託児の過程において弟妹も心理的な問題を抱えていて、セラピーが必要だと思えることもあるでしょう。そのときは、親担当者、子ども担当者と相談し、親と弟妹の同意を得て新たにセラピーとしての契約を結んでから行うべきです。心理療法は同意に基づいて行うものだからです。同意なしに勝手に弟妹をクライエント扱いしたり、弟妹のカルテを勝手に作るようなことはあってはなりません。

Q76　うちの施設には一人しかセラピストがいません。兄と弟の両方の遊戯療法を自分が担当しないといけないのですが、その影響が心配です。

A76　隠す必要はない／その時々で、両方を大事にしていることを伝える

施設に一人のセラピストしかいない場合、兄と弟の両方の遊戯療法を同じセラピストが担当するようなことも出てきます。影響を避けるために、二人とも遊戯療法を受けていることを隠そうとする人もいますが、兄弟間で話をするときに話題に出る可能性は十分にありますから、隠すことにあまり意味はありません。こうした場合には、双方に対してその事実を伝え、兄のセラピーのときは兄のことを一所懸命に考えるし、弟のセラピーのときは弟のことを一所懸命に考えるということを説明するのも一つの方法です。これがこの場合の構造なのです。こう説明したところですべてが丸く収まるわけではなく、兄弟双方にさまざまな感情が湧くかもしれませんが、それでもはっきり言わず曖昧なままであるために起きる混乱や不信感よりはマシだと思います。はっきりと説明した上でなお表現される思い（例えば嫉妬や独占欲、対抗心）については、セラピーの中で扱えばよいことです。

Q77 「親が来所することができないので、私が孫を連れてきたい」と祖母が申し込んできました。やはり親に来てほしいと思うのですが。

A77 親が来所できない理由を確認する／祖父母が連れてきてくれるのはありがたいこと

まずは「親が来所できない」理由を確認しましょう。よくよく話を聞けば、同居もしているし、親が来ることがまったく不可能ではないということもあります。それならば、一度は来ていただくほうが望ましいでしょう。中には祖父母が親を連れてきたがっていない場合もあります。祖父母と親の関係は必ずしもよいとは限りませんから、精神的に不調な親を関わらせたくないとか、セラピストに見せたくないというようなこともあります。逆に親に無理させたくないとかばおうとしているのかもしれません。家族関係についてアセスメントをして、祖父母の親に対する思いにも目を向けましょう。

とはいえ、親が実際に来るのが無理な場合もあります。母親が離婚して実家に戻り、祖父母と同居しているが、働きに出ているため母親が連れてこられない場合や、同居しているが、親に精神疾患があってあまり動けず養育が困難なため、実質的に祖父母が養育している場合、離婚して実家に戻っていた親が再婚のために実家を出た際、子どもを連れて行かなかったために祖父母が養育している場合など、いろいろな例が考えられます。親がどうしても無理な場合に祖父母が連れてきてくださるのは、大変ありがたいことと言えます。

確かに、孫についての詳細な情報を得ようにも、親でないとわからないことはあるでしょう。孫の成育歴について尋ねても、祖父母からすると「その頃は同居していなかったのでわかりません」と答えるしかないこともあります。ただ、以前から福祉機関とつながっている事例であれば、そこが把握している可能性もありますし、学校が把握していることもありえます。情報収集のためには他機関連携も考えてみましょう。

Q78 親が現実的な理由から来所することができず、祖母が毎回連れてきて面接することになっています。どんなふうに話を聞いていけばよいでしょうか。

A78 孫育ての辛さや心配の訴えに耳を傾ける／祖母自身の生きてきた道とこれからを思いやる

一般に、祖父母は孫と交流することで、自分たちの人生を継承してくれる可能性を感じたり、孫のもつ生命力に感化されたり、子育ての良い時期が思い出されることによって幸福感を覚えたりするところがあります。しかし、孫のことでカウンセリングに来る祖父母は、孫育ての辛さや心配を訴えに来るわけですから、それに耳を傾ける必要があります。

「本来なら親がやるべきなのに」と自分の子どもやその配偶者の「無責任さ」に対して不満を漏らすこともあるでしょう。娘に精神疾患があって子育てが十分にできない場合でも、「病気だということはわかります。それはそれで可哀想だけど、でも気の持ちようなんじゃないかという思いも正直言ってあります」と語る人もいます。「子育てのときほどには私に大きな責任はないはずだ」と思いながらも、「誰かがやってあげないと孫が不憫だ」と思って責任感から動いている方もおられます。娘には任せておけないので、私が引き取って代わりに育てたほうが娘の悪影響を受けずに済むのではないかと思ったり、しかし孫がそんな母親でも懐いているのを見ると、自分の出る幕ではないと思ったり。

無理して孫育てをしてはいるが、でもやはり大変だと感じることもあるでしょう。体力的な負担を訴える方もおられます。「自分たちも今はまだ孫を育てられるだけの体力はあるが、この先、何年か経って弱ってきたら孫はどうなるんだろう」と不安に思うこともあるでしょう。孫が興味を示していることに、まったく興味関心がもてないこともあるでしょう。子どもを育てたときの育児観で躾をしようとしても時代の変化のためにうまくいかず、「最近はそんなことを小さい子に言っても、全然聞こうともしません」と嘆くこともあるでしょう。中にはそうした感情が高じて、孫に対して暴言や暴力に及んでいる祖父母もいます。

夫が定年退職を迎えたら、時々孫育てを楽しみながら自分のしたいことをしようと思っていたのに、計画が狂った。いっそのことすべて放り出して一人で暮らそうかと考えたり、しかしそれはいくら何でも現実には無理なので、半日だけ「家出」をして、おいしいものを食べて買い物をして帰宅したり。

このように祖父母は、祖父母としてどこまで口を挟み、手を出し、どこまでで収めるかという点でさまざまな心の揺れを経験していきます。セラピストはその揺れに付き合い、ちょうど良いバランスを一緒に見つけていく作業をしていくことになるでしょう。

さらに話を聞いていくと、孫をめぐる父方祖父母、母方祖父母間の綱引きの話が出てきたり、孫の話を離れて、祖母が夫である祖父との結婚の経緯や、祖母自身が嫁いだときの嫁姑関係の話などが語られることもあります。「私のこれまでの人生は間違っていたのだろうか」と自己否定的な語りをする人もいます。

要は祖父母の孫育ての労をねぎらいながら、孫の置かれた心理社会的状態やその変化について情報を得て、孫育てが継続するように、また祖父母—孫関係が良好な状態を保てるように支援することです。ただし、祖父母に共感するあまり、親を蚊帳の外に置いたり、一緒になって親を非難したりすることのないよう気をつけましょう。また、負担軽減のための福祉的な支援が受けられることを祖父母が知らないのであれば、その情報を提供することも必要です。

第五章 遊戯療法の見立てと方針

子どもの状態像を把握し、陰に陽に伝えられる子ども自身の「主訴」に耳を傾け、個々の遊びや言動に引っかかりをもって心理的な意味を読む。親などから聞き取った成育歴や家族歴の情報と照合してその理解をさらに深めるが、子どもの遊びは単なる事実の再現ではない。個々の理解をまとめ上げたものが見立てであり、見立てに基づいて方針が立てられる。セラピーの方針は目標、構造、方法の三つからなる。

11　状態像の把握と子ども自身の主訴

Q79 **子どものインテークをするに当たって、子どものアセスメントをしっかりしておくようにと言われました。どういうところを見ておけばよいのでしょうか。**

A79 **まずは観察を通して状態像を押さえる／子どもが抱える問題によって見るべきところは異なる**

子どもがすることの一つひとつにとても上手に合わせてついていき、一見的確に応答してはいるが、子どもがどのような子どもで、自分とクライエントが何をしていて、どこに行こうとしているのかがよくわからないために、遊びが表面的に流れていってしまっている事例を目にすることがあります。遊びが遊戯療法となるためには、見立てと方針をもちながら進んでいく必要がありますが、それはインテークのときから始まっています。

子ども担当者ができることは、言葉のやり取りによるアセスメントと観察によるアセスメントです。三章でも多少触れましたが、もう一度取り上げましょう。まずは、プレイルームに入るまでの子どもの様子を観察しましょう。待合スペースでの親子の様子、距離はどうでしょうか。ピッタリとくっついて絵本を読んでもらっているでしょうか。ガミガミと怒られっぱなしでしょうか。セラピストとの出会いのとき、セラピストの挨拶に子どもは挨拶を返したでしょうか、視線は合ったでしょうか、恥ずかしそうにしていたでしょうか。親と別れるとき、子どもは離れがたそうにしたでしょうか、すっと離れられたでしょうか、あるいは妙にあっさりとしていたでしょうか。セラピストとプレイルームに向かうとき、どちらが先に歩いていったでしょうか。あるいは駆け出していったのでしょうか。

次は、プレイルーム内での様子を観察しましょう。部屋の中に入ったら、すぐに玩具の棚に駆け寄って玩具を触りはじめるか、静かに部屋の中央に移動して部屋全体を見渡しているか、入室したものの扉の近くに立ち尽くしたまま動こうとしないか、それとも部屋の中を見るだけで自分は入ろうとしないか、などさまざまな反応があります。その後、セラピー時間の終了まで一つひとつ、しっかりと観察することです。

最後は、セラピー後の親子の様子を観察しましょう。親と再会したとき、子どもはどんな様子を見せたでしょうか。親に抱きついていったでしょうか。プレイルームでは大人しかったのに、急に親に対して偉そうな態度を取るでしょうか。帰っていくときの親子の様子はどうでしょうか。手をつないでいたでしょうか、親のことを振り返ることもなく走り出したでしょうか。

子どもが抱える問題（親の主訴）に応じて、見るべきことも違ってきます。例えば、言葉の遅れを主訴としているのであれば、セラピーの中で発話はみられるでしょうか。一語文か、二語文か、それ以上でしょうか。助詞は入るでしょうか。構音や、耳の聞こえに問題はないでしょうか。セラピストの言葉は理解しているでしょうか。

緘黙症の子どもの場合、言葉を発する場所と発しない場所の境目は子どもによって違います。また、言葉を発しないこと以外は普通に過ごしている子どももいれば、全身に緊張をみなぎらせて、言葉以外のコミュニケーションもまったくとろうとしない子どももいます。セラピー場面でも喋らない子どももいれば、セラピー場面では喋る子どももいます。同じ疾患でも状態像は皆違います。個別性を大切にしてこそ、そのクライエントの抱えている精神生活が見えてくるというものです。

発達障害の疑いのある子どもが、セラピーの中で何度か「こわいー」という言葉を発したとします。それがどんな意味をもつのかを知るには行動観察が必要です。その「こわいー」はその場に合っているでしょうか。それとも場面に特に関係なく、外的な刺激があったわけでもないのに言うのでしょうか。声には感情がこもっているでしょうか、それともロボットみたいな機械的な言い方でしょうか。どんな表情で言うのでしょうか。体に緊張は見られるでしょうか。セラピストに助けを求めるそぶりはあるでしょうか。他にはどのような感情の言葉を使えるのでしょうか。

✣　✣

Q80 うちの相談機関では、インテークの前に相談申込票に記入してもらいます。記入するのは親なので、親の主訴はわかりますが、子ども自身の主訴ってあるのかなって、ふと思いました。

A80 子ども自身にも記入を求める／子どもの発話や遊びの中に現れる

相談申込票は、特に小さい子どもの場合、実際に記入するのは親であることが多いと思います。そこには、親の子どもに対する願いが書かれています。親の主訴が子どもにとってもそのまま主訴である場合もあるでしょうが、子どものほうは別のことで困っている場合もあるでしょう。あるいは、困っているのは親のほうだけで、子ども自身は特に困っていないこともあります。ですから、子ども自身の主訴を聞く必要があります。子どもの心理療法は決して「親の主訴に合わせて子どもを変える」作業ではありません。子ども自身が主体なのです。

では、子ども自身の主訴はどうすればわかるでしょうか。一つは、文章が書ける年齢の子どもには、もう一枚別の相談申込票用紙を渡して、子ども自身にも書いてもらうことです。親とは違う相談内容を書く子どももいますし、結局は親に言われたことをそのまま書いたな、と思わされる例もあります。

二つ目は、子ども自身に語ってもらうことです。子どもには〈どんなことで相談に来たのかな〉とは聞きませんが、〈今日は誰に何て言われて来たのかな〉と経緯を聞くと、自分の意思なのか親の意思なのかは多少わかります。自ら来たことがわかったら、〈何かうまくいかないことがあるのかな〉と直接に尋ねると「朝になるとおなかが痛くなって、学校に行けないの」とか「家にいるのが辛い」といった答えが返ってくることもあります。しかしいつも言葉で語られるとは限りません。その場合、無理にでも答えさせることが大事なのではありません。

三つ目は、セラピストが子どもの遊びの中に主訴を見つけ出すことです。子どもは、たとえ幼い子どもであっても、自分が心の中で苦しいと感じていることを遊びの中に表現します。短いが印象的な一言が主訴の表現である場合もあります。したがって、子ども自身の主訴はセラピストが「これがこの子の主訴なのではないか」と読み取る必要があるわけです。これはインテークの時点で明らかになるとは限らないので、数回をかけてこの子自身の主訴は何だろうと考えてみる必要があります。

✣　✣

Q81 子ども自身の主訴を遊びや発した言葉の中に見出すというのは難しいように思います。それは例えばどのようなところに現れるのでしょうか。

A81 子どもは遊びの中で心の苦しみを何かに託す／ふと漏らした言葉が主訴の場合がある

単純なところでは、例えば子どもが遊びの中で「ここ工事中」と言うことがけっこうよく見られます。これは「今、セラピーで心の修復に取り組んでいるのだ」という意味にもとれます。心理療法はまさに「工事中」なわけですから、そう考えれば納得です。あるいは電車の玩具で「電池がないねえ。こっちもないねえ」と残念そうに言う子どももいます。「心のエネルギー切れ」なのでしょうか。パトカーと救急車と消防車がけたたましいサイレンを鳴らしてやってくる場面を繰り返すのであれば、「おうちが大変なの。サイレンを鳴らして急いで駆けつけてね」なのかもしれません。

ある子どもはセラピーの中で、「電話をかけたけど、相手が出なかった」という場面を繰り返し演じます。出なかった場面をわざわざ繰り返すのは、それがやりたいことだからなのでしょう。相手が電話に出ないことを通して、「自分が伝えたいことが相手に伝わらないんだ」と訴えているのかもしれません。相手が誰なのかも気になるところです。例えば、一一〇番をしたのに出なかったのであれば、「警察に通報したいほどなのに、伝わらなくて困っている」という意味なのかもしれません。自宅に電話したのに家族が誰も出ないのであれば、「家族にわかってほしいことがあるのにわかってもらえない」という意味なのかもしれません。それならば、この「伝わらなくて辛い」というのがその子の主訴なのでしょう。その子の遊びに、電話の他にもトンネル、排泄、道といったテーマが現れたとします。共通点を探すと、「通じる」という言葉が浮かびます。「通じる―通じない」という軸の上で物事が進んでいるかのようです。おそらくは、気持ちが「通じる」ということと関連しているのでしょう。

ある三歳の子は、セラピーの終わりの時間が近づくと、部屋の時計のほうを見て、いつもうんざりした様子で「あーあ」と大きな溜息をつきました。〈もっと遊びたかったのかな〉とセラピストは尋ねてみますが、反応はありません。実際、終わりの時間になって退室渋りをするわけではなく、時間通りに部屋を出て行きます。しかしまた次の回も、終わりが近づくと同じように溜息をつくのです。やがて、この子の溜息には、「あーあ、現実に戻って、またあのお母さんと付き合わないといけないのか。もううんざり。でも仕方ないな」という気持ちが込められているように思えてきました。これがその子の主訴なのかもしれません。母親は近所でも、幼稚園でもたびたびトラブルを起こす人で、近所に住む舅姑（その子から見れば父方祖父母）ともうまくいっていませんでした。この溜息は、そうした母親と付き合わねばならない現実への嘆息なのです。

小学校低学年のある男児は、チャンバラをしようと言ってセラピストに刀を渡し、自分も別の刀を手に取りました。そして、かかって来いとばかりにポーズを決めます。ところがその子が持つ刀は、セラピストに渡したものより一回り小さく、刃の部分は誰か他の子が折り曲げたのか、ガムテープで補修されていました。玩具籠の中には、セラピストのものと同じ大きさの、壊れていない刀がありますꓸ。その子がそのことに気づいていないはずはありません。勝つことが目的ならそっちを選ぶのが自然でしょう。なぜあえて壊れた小さな刀を選んでいるのでしょうか。どうやら、「僕はいっつもこんな不利な状況で闘っているんだ」というのがこの子の主訴のようでした。正反対の形をとる子どももいます。自分は大きな刀を持ち、セラピストに小さな刀を持たせるのです。これもまた、セラピストに「これでは勝てっこない。理不尽だ」という自分が普段感じている思いをセラピストに味わわせようとしている姿なのかもしれません。

ボードゲームをして何度も負け、「あーあ、まただあ」とか「もう最悪！」などと大声で繰り返し嘆く子どもは、自分が普段いかに悲惨な状態であるか、あるいは過去のある時期にいかにひどい体験をしたかを表しているとも考えられます。

こうしたことは、子どもの遊びやふと漏らした言葉を心の表現として受け止め、その「遊びの言語」を大人にもわかる言語に翻訳する作業と言ってもよいでしょう。

✤　✤

Q82　母親からの情報では、子どもは以前いじめられていたそうですが、子ども本人はいじめのことをセラピー場面で一言も言ったことがありません。ということは、もう気にしていないと考えてよいのでしょうか。

A82　言葉で言わなくても遊びの中で表現することがある

いじめられていた子が、セラピーでは自分が受けたいじめについて何も語らないとしましょう。しかし遊びの中でセラピストに意地悪をし、そのためにセラピストが辛くなってくることもあります。あるいは、セラピストは普段は特に意地悪な人ではないのに、なぜかこの子とのプレイではクライエントに対して意地悪な態度を取りたくなってしまうようなことがあります。クライエントはそれに対して反論できず、不快な顔をするだけで黙って固まっています。なぜそんなことが起きるのでしょうか。これは、クライエントのいじめにまつわる話が、セラピストとクライエントの関係の中に再現されてきていると考えられます。つまり、クライエントはいじめに関して発話としては語っていなくても、「遊びの言葉」としては語っているのです。現在もいじめられているのか、過去のいじめの話なのかはこれだけではわかりませんが、この場合、いじめに関することがクライエントの主訴の一つだと受け取るべきでしょう。

12　個々の遊びの意味を読む

Q83　遊びの意味というのは、「こういう遊びはこういう意味」というのが大体決まっているのでしょうか。

A83　遊びの意味は個々の事例によって異なる／複数の意味を抱える

よく現れる遊びがあるかと問われれば、ないことはありません。しかし、表現されたものが何を意味しているかは、その個々の事例によって異なります。安易に一般化することはできません。例えば、人が入れるビニールトンネルは時には洞窟探検の隘路《あいろ》になり、時には二人の出会いの場所になり、あるときは産道になり、あるときは気管や気道になり、あるときは腸管になります。

紐は、おんぶの紐（愛着を示すもの）になり、洗濯物干しのロープ（汚れを落とすためのもの）になり、拘束具（不自由さを表すもの）になり、電話線（離れた人とコミュニケーションをとるためのもの）になります。この場合、電話は「離れているけどつながっている、つながっているけど離れている」という人間関係のつながりを、あるいは逆につながりの難しさを意味します。

警察とパトカーが登場するとき、警察は守りなのでしょうか。何かを取り締まり、捕まえて懲らしめる懲罰者のイメージでしょうか。パトカーなのに人をはねて平気なのだとすれば、善と悪が混交して混乱した状況が表現されているのでしょうか。

親を亡くした子どもが遊びの中にお化けを登場させるとき、それは生き返ってほしい願望なのでしょうか。それとも生き返ってきたらお化けとして現れるようで怖いという恐れなのでしょうか。

動物といっても、獰猛な野生動物か、人に手なずけられた家畜かによっても意味合いは異なるでしょう。キリンが登場した場合、それは「高いところから見守っている」という意味なのでしょうか。見守ってほしいという願望なのでしょうか。見守ってもらえているという安心感なのでしょうか。あるいは、自分のほうが見守っている側なのでしょうか。それとも、「高いところから監視している」という意味でしょうか。実際に監視されているように感じているのでしょうか。それとも、「首を長くして待つ」という意味なのでしょうか。それとも、何か首にまつわる外傷体験があるのでしょうか。

同じ玩具を使ってもその意味は個々の子どもによって違いますし、同じ玩具を使っていくうちにその意味合いが変化していくこともあります。遊びの意味は個別に理解すべきものであって、「こういう遊びはこういう意味」というのが最初から決まっているわけではありません。確かに、しばしば登場する表現様式、表現されるテーマというものもあるでしょう。ですから、子どもがこういう玩具を使ってこういう遊びをしたときにこういう意味をもつ場合があったという例に数多く触れることは、読み取る力をつけるのに役立つと思います。ただ、それを参照しながらも「この事例の場合はどういう意味か」を考えるのでなければ個別の意味は見えてきません。

読みとしては一つだけでなくいくつかの可能性を挙げることが大切です。また、複数の意味合いのうち、どれか一つだけ選ぶことを課題とするわけではありません。

Q84 遊びの意味を個別に読むなんて、どうすればできるようになるのでしょうか。

A84 引っかかりをもつこと

セラピーの枠の中で、あるいは枠をめぐって展開されるクライエントの言動一つひとつの意味を読むためには、子どもの言動にセラピストが引っかかりをもつ必要があります。どんなベテランでもすぐに意味がわかるとは限りませんし、終結しても結局よくわからずじまいということもありえます。ただ、引っかかりをもつ態度をもたない限りは意味は見えてきません。

引っかかりとは、「あれ、どういうことだろう」「これは何をやっているのかな」「ここにはどんな気持ちが表れているのだろう」という感覚のことです。他にも「何でこんなことを言ったのかな」「何でこんなに激しいのかな」「普通はこういうふうにすると思うんだけど、どうしてそうしないのかな」「いつもならここでこうするのに今日はどうしてしなかったのかな」「私はどうしてこんなに悲しくなったのかな」といった疑問として湧いてくることもあるでしょう。もちろん子どもはそんなことを意識してやっているわけではなく、こちらがそうした意味をもつものとして読み取るということですが。

最初のうちは引っかかりをもつだけでも大変です。子どもの言動に心理的な意味があるなどと思えず、素通りしてしまうこともよくあります。あるいは、突然の出来事に意味もわからぬままともかく対応を迫られ、事後的に意味を探るしかないことも少なくないでしょう。引っかかりをもち、そこにどんな意味があるのかを言語化できるようになることは一朝一夕にはいきません。多くの事例に触れ、事例検討会やスーパーヴィジョンでその表現されたものの意味を一つひとつ丁寧に読み取る機会をもちながら、自身の経験を地道に積んでいくほかありません。すぐにはわからなくても温め続けていると、意味が後から見えてくることがあるものです。

✤　　　✤

Q85 引っかかりをもつためには、遊びのどういうところに着目すればよいのでしょうか。

A85 玩具のもつ象徴的意味／ふとした言葉や動き／反復／これまでとの変化／偶然の出来事／セラピストに湧いてきた感情

一つは玩具のもつ象徴的意味ですが、これに複数の意味合いがあり、個別的に理解すべきであることについてはすでに述べました。

子どもがふと口に出す言葉に注目してみましょう。毎回使用している部屋に入るなり、中を見渡して、「この部屋、何か変わった?」と言った子どもがいました。実際には何も変わっていないのですが。にもかかわらず子どもがこう言ったのだとすれば、その言葉は子ども自身の心の変化を表しているかもしれないと考えてみます。言葉だけでなく、子どもの行動がとても印象に残る場合があります。ある子どもは、玩具を棚の奥から取り出したとき壁際で虫が死んでいるのを偶然に発見し、しばらくの間惹きつけられたように死骸を凝視していました。何に惹きつけられていたのでしょうか。死そのものでしょうか。後にわかってきたことですが、誰にも気づかれずに死に、そのまま放置されている姿に惹きつけられていたのです。その子は親からのネグレクトを経験していて、自分が誰にも見つけられずに放置されることを恐れており、それがその虫の姿と重なったのでしょう。

子どもが繰り返し発する言葉にも注目しましょう。「やっぱりな」を連発する子どもがいました。不幸なことがあっても「想定の範囲内だ」ということにしようとする防衛なのでしょうか。あるいは「僕にはわかる」という万能感の表出なのでしょうか。あるいは「どうせやっても仕方がない」ということの確認なのでしょうか。

言葉の反復だけでなく、遊びの反復もあります。繰り返すということはそこに未消化な思いが表現されていると考えてみます。そして、同じテーマの遊びを繰り返しているようでかすかな変化が見られる場合もありますので、その変化を見落とさないようにしましょう。前の回よりも、言い返し方が少し弱くなったなあというような変化です。逆に、見かけは同じ遊びではなくても、よくよく見てみれば同じテーマの遊びをしているということもありますので、この点も注意深く観察することが必要です。

ジャンケンをして何かを決めようとするが、偶然にも数回続けてアイコになり、二人で「あれー」と驚き合うようなことがあります。これは、二人のライヴァル性を表しているのでしょうか。それとも、二人の力が対等になってきたことを表しているのでしょうか。こうした偶発的な出来事の意味についても考えてみましょう。

セラピストの中に湧いてきた感情についても注目してみます。例えば、遊びを見ていると、「こうしてもいいのに」とか「そこまでしなくてもいいのに」といった感情が湧いてくることがありますが、それは何に反応しているでしょうか。あるいは、クライエントがトイレに行き、その扉の前で一人で待っている間、セラピストの心の中にはどんな感情や連想が湧いていたでしょうか。自問してみましょう。

わざと難しいことをしようとしてやはりできず、「難しいなあ」という台詞を繰り返す子どもがいました。セラピストにすれば、もっと簡単なレベルのことをやったらいいのに、という思いがありました。この場合に大切なことは、〈こうすればもっと簡単にできるよ〉とアドヴァイスすることではありません。「難しいなあ」という言葉に込められた思いを受け取ることです。難しいことを達成したのでなければ「やったー」という達成感が味わえない気がするのでしょうか。いつも難しいところに自分を追い込まないといけないような気がしているのでしょうか。あるいは、自分が普段実際に難しい局面に追い込まれていることをセラピストにわかってほしいのでしょうか。〈難しいなあ〉と返してみてもよいでしょうし、〈なんでわざわざそんな難しいことをするのかなあ?〉と単刀直入に問いかけることもできるでしょう。

Q86 遊戯療法の中で子どもが「他の子も来てるの？」と尋ねてくることがあります。あれはどういう意味なのでしょうか。

A86 子どもがふと発する言葉の意味には多くの可能性が考えられる

　ふと、こんなところに来ているのは自分だけではないか、自分はとても特殊なのではないかと不安になったのでしょうか。あるいは、他の子が来ている痕跡を見つけて、自分だけではないのだと安心したのでしょうか。あるいは、前に作ったものがなくなっているのは、他の子が壊したのではないかという被害的な空想を抱いているのでしょうか。つまり自分の空間は守られているのかと保障を求めているわけです。

　他の子は何をしているのだろう、そして自分はなぜここに来ているのだろう、そもそもここって何？と疑問をもちはじめたのでしょうか。他の子に関心を向けずにきた子が、関心を向けはじめたのでしょうか。どこかにいるかもしれない自分の「仲間」、自分と同じ似姿の子どもの存在を想像しているのでしょうか。

　他の子も来ているのだとすれば、セラピストはその子と自分のどちらにより愛情を向けているのだろう、自分のことは大事に思ってくれているのだろうか、と疑問をもったのでしょうか。その背後に兄弟との葛藤が絡んでいることもありえます。

　ちなみに「他にも来ている人はいるんですか」という質問は、スクールカウンセリングでも大学の学生相談でも耳にします。その質問の意味を想像するだけでなく、可能であれば〈どうして？　気になる？〉と本人に確認してみましょう。

Q87 遊びや話が突然変わることがあります。あれはどういうことなのでしょうか。

A87 遊びや話の変化は心の状態や動きの表れである／次の遊びへの移行を記録しておくことが大切

大人のカウンセリングで話が突然変わることがあるのと同様に、子どもも突然遊びや話を変えることがあります。ある子どもが、さっきまで大事にしていた人形をぞんざいにその場に落として次の遊びに移ったとしましょう。弟妹に対する嫉妬かもしれませんし、これまで自分自身が無造作に扱われてきたことの表現なのかもしれません。

「＊＊は怖い」という話をした後、その話をすぐに引っ込めた子どもがいました。語ることでその怖さに直面し、それ以上語ることを避けたのでしょうか。あるいは、語った後の気持ちを落ち着けているのかもしれません。

セラピーの途中で、子どもが急にふと真顔になることがあります。何か別のことを思い出したのでしょうか。それとも、これ以上やると自分の攻撃性が溢れ出しそうで怖くなったのでしょうか。

遊びが目まぐるしく変わるということもあります。それは興味関心の高さや幅の広さを表しているのでしょうか。一つのことに長く集中するだけの力が乏しいのでしょうか。どの玩具にも十分な興味がもてずにいるのでしょうか。一つの遊びを広げることが難しいのでしょうか。

移行の仕方にクライエントの心の状態や動きが表れるのだとすれば、子どもの心の理解のためには、遊戯療法の記録を書く際、遊びの移行の仕方についても書いておくことが必要だということがわかります。何をして遊んだかを箇条書きのように列挙していくだけの記録を目にすることがありますが、それだけでは大事なことが抜け落ちてしまいます。

Q 88 クライエントが遊びの中で私に対して、「お母さんは」と言った後ほんの一瞬間があって、「先生は向こうを向いてて」と言い直しました。私のことを「お母さん」と呼び間違えたようですが、どうしてだろうと思いました。

A 88 言い間違いや勘違いに心が表れる可能性がある

こうした言い間違いには引っかかってみましょう。その遊びの中で母親像に関わる何かを表現しようとしていて、側にいるセラピストを母親に見立てたとも言えますし、セラピストの中に母親的な要素を見ているとも言えます。その母親とは現在の母親かもしれませんし、過去の母親かもしれません。あるいは自分の母親ではなく、もっと広く「母親的なもの」かもしれません。

子どもが「前回」のことを「昨日」と言い間違えることがあります。一週間が短く感じられたのでしょうか。前回を昨日のことのように生々しく覚えているということなのでしょうか。それとも、昨日何かあったのでしょうか。

ある子どもに〈家族は何人?〉と尋ねたところ、「七人」と答えました。〈誰がいるの〉「えーと、お母さんでしょ、お父さんでしょ、……あれ、六人だった。何でだろう」〈何でだろう〉。もう一人は誰だったのでしょう。こうした勘違いにも、子どもの心が表れます。

子どもが「玩具籠の中の電車と車を全部出して」と言うので、セラピストが次々に出していきました。全部出したところで、〈A君、これでおしまいだよ〉と声をかけたところ、「え!?」と驚きの声を上げ、一瞬の間があった後、「なんだ、ここに来るのがおしまいなのかと思った」と言いました。この子はなぜこんなふうに受け取ったのでしょう。もし、この子が重要な大人と突然の別れを強いられたり、預かり先が点々としてきた過去をもつとすれば、「人と安定した関係を結ぶことはできない、終わりは突然にやってくるものだ」と思っていても不思議はないでしょう。そうした恐れを日頃から抱いているだけに、その恐れが現実のものとなった、と瞬間的に思ったのかもしれません。ついでに言えば、言い間違いや勘違いではありませんが、毎回の終わりに「本当に来週も先生が担当なの？」と聞いてくる子がいました。これも他者の存在の不確かさへの不安、恒常性に対する疑いを表しているのでしょう。

✣　✣

Q89 遊戯療法の中で、子どもが私に聴診器を持たせ、「（心臓の音を）聞いて」と言いました。その後、逆に「（私の心臓の音を）聞かせて」と言って、今度は自分が聴診器を持って私の心音を聞く遊びをしました。あれは何だったんだろうと気になっています。

A89 「存在の問い」を発している

心音を聞くのは、生きているリズムや雑音の有り無しを確認する行為です。「私、生きてる？」「先生は生きてる？」ということでしょうか。つまり、この聴診器遊びは生きていることの確認であり、自分の存在やセラピストの存在を問う意味合いをもつものと考えられます。

遊びの中でセラピストに食べ物をお腹いっぱい食べさせてお腹を膨らませ、「妊娠」させる子どももいます。これも産むこと、生まれることを問いかけているのかもしれません。「なんで母さんが父さんと結婚したか知ってる？」という形で間接的に自分が生まれてきたことを問いかけることもあります。あるいはもっと直接的に「何で死んだらだめなの？」「人は何で死ぬの？」「死んだらどうなるの？」と突然言葉で問うてくる子どももいます。子どもは遊びの表現を通して、あるいは言葉で、私はそもそもなぜ生まれてきたのか、生まれてくることを望まれていたのか、死んだらどうなるのかと自分の存在を問います。こうした意味でこれらは「存在の問い」と呼ぶことができます。

常日頃からこのような問いを発することをしない大人でも、病気になって自分の死を意識したときや身近な人が亡くなったとき、生き方に迷ったときなどに急に意識することがあります。あるいは、そうした問いを抱えていることを思い出すといったほうが適切かもしれません。
幼い子どももまた自分が生まれてきたことや死について考えを巡らせることがあります。とりわけ、施設に暮らす子どもたちの遊戯療法では、こうした問いがよく発せられるように思います。施設に預けられたことで見捨てられたのではないかという不安を抱えていたり、実の親を知らないとか、自分が誰の子であるのかはっきりしないといった出自の不明瞭さが関わっていたりするからなのでしょう。あるいは、虐待を受け、親から「殺すぞ」と脅されたり、実際に包丁を体に当てられたなどの死の危険を経験した子どもの場合にもこうした問いは発せられます。母親が父親に暴力を振るわれているのを目撃したとき、子どもは息をひそめていたでしょうか、それとも息が荒くなっていたでしょうか。心臓は高鳴り、止まるのではないかと思うほどだったでしょうか。目は泳いでいたでしょうか、それとも点になっていたのでしょうか。身を固くして耐えていたのでしょうか。まさに「私、生きてる？」という瞬間です。見捨てられること、自分の出自がわからないこと、死の危険に晒されること、これらは存在の問いをより鮮明にします。彼らはいわば心の中に自分の存在についての大きな疑問符を抱えているのです。そうした存在の問いは、愛着の修復や怒りの感情の処理といった情緒的な問題には還元できないものです。

✤　✤

Q90　セラピストに目をつぶるように言い、プレイルームの中に何かを隠して見つけさせようとする遊びをする子どももいますが、それにはどのような意味があるのでしょうか。

A90　かくれんぼは存在を認められる遊び

プレイルームにさまざまなミニチュアの玩具を隠したり、砂場に何かを埋めたり、箱庭の砂の中にビー玉を隠したりなど形はさまざまですが、隠したものをセラピストに見つけさせようとする子どもがいます。これはあたかも自分自身が見つけられることを望んでいる「かくれんぼ」のようなものです。実際、自ら隠れる等身大のかくれんぼ遊びをする子どももいます。残念ながらプレイルームの中ではすぐに見つかってしまいますが。

かくれんぼは見つけられないようにする遊びですが、見つけてもらう遊びでもあります。自分の存在に気づいてもらう遊びと言ってもよいでしょう。幼い頃、かくれんぼをして隠れているとき、特に夕闇が迫る頃、見つかるのは嫌だけどこのまま誰も見つけてくれなかったらと考えて不安を覚えたことがある人もいるでしょう。そう考えると、この遊びには、「見つけてもらえないのではないかという不安」が表現されていると考えることもできます。

見つけてもらうことは他者から存在を認められることであり、それによって自分の存在を確かに感じることができます。「俺はどこへ行くときも手帳を持ち歩いている」とセラピストに言い、顔写真の付いた手帳を見せて、「これがあれば道端で倒れて死んでも大丈夫」と言った子どもがいました。その子は親からネグレクトを受けていました。自分の存在を認めてもらえない不安を常に抱えていて、そのために身分証明書を携帯しているようでした。それは、私の存在は社会の中で認められているのか、世界は私を受け入れてくれているのかという問いかけでもあります。一人暮らしの高齢者の中には、自分の名前と住所、離れて暮らす息子や娘の名前と住所を書いた紙をいつも鞄の中に入れておいて、外出時に持ち歩いているという人がいます。若い人は「一人で行動していて突然道端で倒れて死んだとき、これはどこの誰々だと同定してもらえるかどうか」というような不安を普段から意識してはいないかもしれませんが、絶対に大丈夫かと改めて問われると、実際には誰でも不確実な状況にあることに気づくと思います。現に死亡しているところを発見されたが身元がわからず、「警察は身元の特定に全力を挙げています」といった報道がなされることがあります。それでも多くの人はなぜか、たぶん大丈夫だろうと楽観的に考えて暮らしているのですが、一方でそうした不安を身近に感じながら生きている人がいることを知る必要があります。

形は違いますが、自分や他の子の名前が学校で間違えられたり、忘れられたりしたことへの不満を語るクライエントがいます。名前を間違えられるとか忘れられるというのは誰にとっても不快なものですが、それは自分の存在を認められていないように感じるからです。普段から存在を認められていないのではないかという疑いをもっている子どもたちにとっては、その疑いが現実のものとなるように感じられるでしょうから、とりわけ敏感に反応するのも無理はありません。

✤　✤

Q91 ごっこ遊びで子どもは母親役になり、私に子ども役を演じさせて、厳しくあれこれと指図してくるストーリーが展開されています。何度も繰り返される中で私は辛くなってきて、その子に会うのがだんだん苦しくなってきました。でも、「やめて」と言うのも違う気がします。

A91 私が取らされている役割は何か／セラピストの感情を手がかりとする

セラピーの中で展開されることに応じて、セラピストの心もさまざまに動きますから、次のセッションの日が来るのが鬱陶しく思えるようなこともあるものです。それ自体はおかしなことではありません。大事なのは、なぜ自分の中にそういう感情が湧いてくるのかを考えてみることです。その遊びの中で、あるいは遊びにおける二人の関係の中で、セラピストが取らされている役割は何でしょうか。すると、実はセラピストが覚えている感情は、普段この子どもが支配的な母親に対して生活の中で抱いている感情なのではないか、この子は家庭の中で日々息苦しさを感じているのではないか、というような理解が生まれてくることがあります。必要なことはなぜ自分の中にそういう感情が湧くのかを考えることであって、その遊びを止めることではありません。

子どもがプレイルームの中に囲いを作り、小さな家に見立てます。そこにセラピストを入れて閉じ込めます。家の中から外は見えません。子どもは家の外でドンドンと何やら大きな音を立てます。セラピストは閉じ込められた不安や、外の様子がわからない不安から、思わず〈何も見えないよう〉と口に出します。さて、その子どもの母親に精神疾患があって、家から一歩も出られない状態だとしたらどうでしょう。セラピストが覚えた不安は、外の様子がわからない母親自身の不安でしょうか。自分の外での様子を母親がわかってくれないことで感じている子ども自身の不安でしょうか。それとも子どもが母親の状態に覚えている不安でしょうか。

ある子どもは、遊びの中で裁縫をしていて、誤って針で指をついてしまい、血が出てきたという場面を作りました。セラピストは、その手当てをする役を取ろうとしました。ところが、子どもは「何をしてるの！　そんなことしなくていい！」と怒ったように、半ば呆れたように言いました。セラピストにしたら手当てをするという援助者の役を取れると思って喜んで手当てをしようとしたのですが、感情的に拒否されて落ち込み、何もしてあげられないと無力感を覚えていました。その子は、両親からのネグレクトを体験していました。「怪我をしても容易に手当てなどしてもらえない世界に私は生きているの」ということを表現しているのかもしれません。手当てをする「良い人」の役をさせてもらえずにセラピストが感じた辛さは、子どもが体験している辛さを反映しているのだと考えることもできます。

✤　✤

Q92　箱庭を使って遊んでいる子どもです。唐突に大変なことが次々と起きていくのですが、ストーリーが支離滅裂でこちらが混乱することが多く、ついていくのがやっとです。正直わけがわかりません。

A92　一見支離滅裂でも、何か一貫した意味があるかもしれない

確かに、支離滅裂なストーリーでセラピストが混乱することもあるでしょう。しかし、一見支離滅裂のように思えるストーリーも、別の角度から見てみれば一貫したものが見えてくるかもしれません。

ある子どもが箱庭にミニチュアの家と人を置いて、「真夏の太陽が照りつけています」と言います。セラピストが〈暑い暑い〉と応じると、子どもは砂を家や人にかけはじめ、〈雪が降ってきました〉と言います。セラピストは混乱して、〈え、なんで？　夏なのに雪？〉とそのまんま返します。子どもは「で、火山も爆発する」と言うので、セラピストは〈えっ、それは大変〉と驚いて言います。この場合、セラピストが最後に図らずも放った〈えっ、それは大変〉という言葉がヒントになりそうです。確かにストーリー自体は支離滅裂とも言えますが、想定外のことも含めて次々と大変なことが起きていると考えれば一貫しているとも言えるでしょう。この場合、大変だと言っているのはセラピストのほうですが、普段、このクライエントは「大変なことが起きた」とか「起きたらどうしよう」と恐れ、不安を覚えているのではないでしょうか。そこで遊びの中で「大変なこと」を起こし、セラピストに恐れや不安を感じさせ、セラピストの口から「大変だ」と言わせているのです。つまり、クライエントは自分が普段感じている恐れや不安を、セラピストの心の中に投げ入れています。それをセラピストが感じ、口に出してくれたおかげで、クライエントは心がいくらか安らぐように感じているのかもしれません。

✤　✤

Q93

子どもが親面接者のことを話題にすることがあります。これにはどういう意味があるのでしょうか。

A93

どんな空想が働いているのかを考える

そこから親面接者に関して子どもがどのような空想を抱いているのかを窺い知ることができます。面白そうな人だと思っているのでしょうか、怖そうだと思っているのでしょうか、得体の知れない人だと思っているのでしょうか。それは誰かに似ているのでしょうか。

母親と親面接者の関係をどのように思っているのでしょうか。親面接者は母親と一緒になって自分と自分のセラピストを迫害してくる人だと思っているのでしょうか。父親と離別している子どもであれば、母親面接者が男性である場合、親面接者が代理的な父親像になってきているのでしょうか。

自分のセラピストと親面接者の関係をどのように思っているのでしょうか。二人は「いい仲」なのではないかといった空想を抱いているのでしょうか。自分のセラピストと親面接者はきっとうまくいっていないはずだという空想でしょうか。それとも……。

親面接者に対するこうした見方には、その子が普段から抱いている、空想に彩られた対人的な認知や態度が現れていると考えてみましょう。

13　成育歴や家族関係と結びつける

Q94　子どもの診断名や成育歴、家族関係、あるいは日々の生活の様子などの情報は親からどの程度集める必要があるのでしょうか。親が話したいことを話すのを遮ってまで聞いたほうがよいのかどうか。可能な範囲で客観的データを集め、事実関係を明らかにした上でセラピーを行う／情報収集をすることに罪悪感を覚えなくともよい／無いものねだりはできない

A94　見立てのないところに方針は立ちません。見立てをするには情報が必要です。主観的な推論をするには、客観的な事実をできる限り資料として集めねばなりません。心に関することで客観的な事実とは何か、それは厳密な意味でどこまで客観的と言えるのかと突き詰めれば難しいことになりますが、それでも客観的であろうとする態度が不要であるとは思いません。その態度がなければ、独りよがりの思い込みから抜け出すことができなくなります。いつ何が起きたのか、現在はどのような状態であるのかなどはしっかりと把握すべきです。そうしたことが明確になることで心理的な意味合いの理解がより妥当なものへと近づいていきます。例えば、両親の年齢がわからなければ、あるいは祖母が父方か母方かわからなければ、家族関係のアセスメントは十分にはできませんし、話を聞くにもイメージしながら聞くことが難しいはずです。

より客観的な資料としては、母子健康手帳を持ってきてもらって乳児期の発達を確認するとか、過去に他機関で受けた検査があるならその検査結果を請求するとか、すでに他機関で援助を受けていたならその機関の見立てや援助過程に関する情報を求めるとか、すでに診断が下りているなら診断名を確認してきてもらう、などが考えられます。

親の記憶に頼らねばならないこともありますが、そのことをわきまえた上であれば、それもまた重要な資料です。例えば、言葉の遅れがみられるという場合、初語はいつで何と言ったのか、乳幼児健診で遅れを指摘されたか、医療機関や療育機関に通ったことがあるかなどは、親情報がなければわかりません。また、「言葉が一度出ていたのだが、弟妹の誕生とともにまた出なくなった」というエピソードが親から語られたのであれば、弟妹の誕生がその子の心に与えた影響を考えながらセラピーを進めることになるでしょう。その事実を親がどう受け止めていたかという主観的情報も併せて得ておきましょう。

これはセラピーを進める上で必要なことをしているのですから、「親には話したいことがあるだろうにそれを妨げて申し訳ない」と思う必要はありません。どちらも大切なことなのです。親に〈お話しになりたいこともあるでしょうが、今日はもう少しお子さんの成長の過程についてお話を伺ってもよろしいでしょうか。お子さんのことをご一緒に考えていくためにはこれも必要なことですので〉とその意図を丁寧に説明すれば、多くの場合協力してもらえます。ただし、もちろんバランス感覚が要ります。より詳細な情報を得ようと考えていた回の冒頭で、親が「実はちょっとした事件が起きて」と語ったのであれば、今日のところは情報収集を後回しにして、まずはその「事件」の話を聞こうとするでしょう。

さて、資料集めが必要だと言っても、それには必ず限界があります。必要な資料が集まらないからといって、「援助しようにも、資料がこれだけしかないなら何もできません」とは言えません。限られた資料であっても、それをもとに推論し検証していかねばならないのが我々の仕事の現実です。「無いものねだり」はできません。

Q95 親から詳細に聞き取った成育歴情報はどのように活用すればよいのでしょうか。

A95 定型発達と比較する／成育歴上の出来事が子どもの心に与えた影響を考える

成育歴情報の利用の仕方の一つは、発達の標準と比較することです。身体的な発育、言語発達、知的発達、社会性の発達を明らかにしていきます。その中で遅すぎたり、あるいは逆に早すぎたり、あるはずのものがなかったりという点をチェックしていきます。乳幼児健診で何か指摘されたかや、幼稚園や保育園での様子も参照すべき項目です。そうした過去の一時期の様子が、現在の問題と関わりがあるのかないのか、あるとしたらどのように関連しているのかを考えてみます。

しかし、臨床心理学的な視点はそれだけにとどまりません。その子が母胎内にいるときから現在までに体験したことの中で、心理的な面で影響を与えてきたと推察されることをピックアップしていきます。出生時の危機的出来事、生後の病気やケガのような身体的な苦痛もありますし、引っ越しのような物理的環境の変化や、家族にとって重要な人物の死、弟妹の誕生といったその後の家庭生活に影響を与え続けることになった出来事もあるでしょう。両親の間でずっと繰り返されてきた暴力や、母親と姑の間の確執、親の精神疾患といった、日常的で持続的な生活環境のこともあるでしょう。そうしたことは子どもの心にどのような苦しみを与えてきたのでしょうか。

心の苦しみが子どもの心身の状態や行動に与える影響は実にさまざまです。食欲不振や嘔吐など摂食に関すること、夜尿、昼間遺尿、遺糞など排泄に関すること、夜驚症や夢中遊行など睡眠に関わること、指しゃぶり、チックなど習癖に関わること、人見知りや緘黙などコミュニケーションに関わること、盗みや他児への暴力など「非行」に関することなど、枚挙に暇がありません。こうした現象は、子どもが何らかの苦しみを心に抱えているサインだと考えてみます。

母親から「死ね」と言われ、実際に包丁で脅されたり、首を絞められたりしたことがある小学生の男児が、学校でクラスメイトの首を締めたり、窓から突き落とそうとしたりして問題になっているとしましょう。無論この行為は止めねばなりませんが、その子がそうした行為をしなくても済むようになるには、その行為がその男児にとってどのような意味をもっているのかを理解する必要があります。自分が「死ね」と脅されたことの意味を、かつては受動的な立場にあったこの子が今度は自分が能動的立場に立つことによって問いかけているのかもしれません。周囲にその意味を受け止めてもらえたとき、この子はきっとこの行為をやめることができるでしょう。

最初に挙げた発育上の標準からのズレは、脳神経系の要因だけでなく心理的な要因からも起きえます。逆に、すべてを心理的な要因だけで説明することもできません。器質的な異常や内分泌系の異常、他の身体疾患の影響なども考慮すべきです。

どれだけ事実を詳細に聞いたとしても、事実の収集自体が目的なのではありません。肝心なのは、その事実を通してその子が何を体験し、その中でどんな思いを抱き、それがどのような形で表れてきたのか、そのストーリーを読み取って、その子が感じてきたことをその子の視点に立って感じようとすることです。

✤　✤

Q96 遊戯療法での子どもの遊びと、成育歴情報を具体的にどうつなげて考えたらよいのかがわかりません。

A96 心の苦しみと結びつけて考える

ある子どもは、遊戯療法の中でセラピストを同伴者にして冒険のストーリーを繰り返し展開していました。一つの困難を乗り越え、セラピストがよかったと安心していると、また次の新たな困難がやってくるというものでした。親からの情報によれば、その子は、生後三ヵ月で先天的な異常が見つかり、手術を受けていました。それはその子にとってまさに危険を冒す体験だったでしょう。生後三ヵ月の手術のとき、その子は心にどんな不安を抱き、それに打ち克ってきたのでしょう。その体験はその子の心にどのような傷跡を残しているのでしょう。その子が遊戯療法の中で表現している冒険の物語は、その頃に体験し、今も心に残っていることを表現しているのだと仮に考えてみます。そのことを表現せずに前に進むことはできないということなのかもしれません。

大きな積み木で家を作っていき、結構複雑で大きな家ができたにもかかわらず、バランスボールをぶつけて壊し、未練もなく次の遊びに移る子どもがいました。この子の成育歴を見ると、母親に精神障害があることで両親が離婚し、父親に引き取られたものの父子だけでは生活できず、親戚の間をたらい回しにされて育ってきたことがわかりました。この家を作って壊すという作業は、「僕の家はどこ？　僕の家族って誰？」という問いのように感じられます。

子どもが遊戯療法の中で前回遊んでいた玩具を探すのですが、どうしても見つかりません。だんだんと不安な表情になってきますが、「消えちゃったんだね」と妙にあっさり引いて、その玩具に関心を示さなくなります。この子の親が失踪していて、現在も居所がわからない状態だとしたらどうでしょう。セラピストは妙にあっさりというところに引っかかりを覚えます。見つけられないものはあっさりと諦めるしかない、それが得策だというのがこの子なりの防衛なのでしょう。あるいは、自分自身が見つけてもらえないという感覚をもっているのかもしれません。

子どもが遊びの中でセラピストを「ワッ」と言って驚かせ、「心臓を止めてやる」と脅かしたとします。まさに死の威嚇です。そしてこの子が親から虐待を受け、実際に親から包丁で脅かされたことがあるとすれば、それはその子自身が驚かされ、脅かされてきたことの表現かもしれません。そう考えると、この子が成長の過程で感じてきた恐れの感情がより深く理解できると思います。セラピストは〈びっくりした！　心臓が止まるかと思った！〉と返した後、〈＊＊ちゃんもびっくりして心臓が止まりそうになったことある？〉と直接尋ねてみることもできるでしょう。実際にそう返すかどうかはともかく、扱うべきテーマはこういうことです。

親が入水自殺を遂げた子どもが箱庭で水の表現にこだわったり、母親が縊死で自殺した子どもが遊戯療法の中で紐に関心を示したりすることがあります。この場合、水や紐は親の自殺に対する問いかけとして受け止めるべきものであり、周囲から事実をどのように聞かされているかだけでなく、その事実をもとにその子が膨らませている空想に丹念に耳を傾ける必要があります。

✤　✤

Q97　胎児期やもの心がつく前の乳児期に体験したことを後に子どもが表現するというようなことは本当にあるのでしょうか。

A97　仮にそう考えてみる／覚えていなくてもどこかに残っていることはありえる

プレイルームにビニールトンネルを伸ばして置き、頭からくぐって出てきたり、足から出ようとして途中で動けなくなったりといった表現をする子どもがいます。この子が出生時に死の危険に晒されていたとしたらどうでしょう。その際の体験を遊戯療法の中で再現し、心に収め直そうとしていると考えることもできます。

ハイリスクな出産についてその子は親などから聞かされているかもしれませんし、何も聞かされていないかもしれません。後者であれば、子どもは出生時に自分が体験したことの記憶を表現しているのかもしれません。それは、「自分の身が覚えている」といったレベルの記憶です。こう考えたほうが子どもの苦しみがより理解できるのであれば、仮にそう考えてみる価値はあります。成育歴と結びつけて考えることは一つの試みなのです。

ある子どもは箱庭や描画で、細い道や細い道路、停止信号などを表現することを繰り返していました。その子は生後間もなくの頃、飲んだミルクを吐き出す症状がみられ、先天的な消化器系の異常が見つかって治療を受けていました。ミルクが下に流れていかず逆流していくときの内臓感覚、吐き出したミルクの匂い（嗅覚）、吐くときの全身の筋緊張、不安げな母親の声（聴覚）、その子は感覚器官を通じてそのような体験をしていたと推察されます。そうした感覚器官を通した体験が心のどこかに残っていて、それが後年になって表現されたとしても不思議なことではありません。意味づけられていない「未消化」な体験は繰り返し表現の出口を求めるものです。そうした未消化なものを表現するための舞台と方法を与えることが心理療法だという言い方もできるでしょう。

✤　✤

Q98

ある子どもは人形遊びをしていて、そこに母子が登場するのですが、その母親人形はとても意地悪です。でも、現実の母親はパッと見、そんなに意地悪な人には思えません。これはどう考えたらよいのでしょうか。

A98

遊びは外的現実の単なる再現ではなく、空想の表現、もしくは空想と現実の入り混じった表現である

子どもの遊びは現実の出来事の再現であるだけなく、心の中の世界の表現でもあります。外的現実を忠実に再現しているかのように思われる場合もあれば、すべてが空想の産物である場合もあります。ほぼ現実の生活で起こっていることに自分の空想を一部混ぜ込んでいる場合もありますし、自分の空想を生活の中の現実の一断片を借りて表現している場合もあります。これは、表現内容を読むときに気をつけねばならない点です。人形遊びで母子のやり取りが演じられるとき、それは現実の母子関係を反映しているかもしれませんし、その子の心の中の母親イメージが表現されているのかもしれません。あるいは、現在のではなく過去の母子関係が表現されているのかもしれません。場合によっては、その子自身の内的な二つの側面が母子の形を取って表れたといった見方も可能でしょう。現実の親はきっと実際にそういう人なのだと単純に思い込まないように注意しましょう。

例を挙げます。クライエントは小学校低学年の女児。一年前に父親の浮気が発覚し、父親は母親から激しくなじられ、家を出て行って結局離婚となりました。セラピーの流れを見ていくと、この子がその現実をどう受け止めているのかが表現されてくるかもしれません。あるとき、人形遊びで学校の場面を作り、女性の教頭が授業中に騒いでいた児童を汚い言葉で激しく責め立てます。セラピストはそれを見ていて、「いくら何でもそこまで責めなくても」と思います。しばらくしたある回では、母親の人形が出てきて、子どもの人形が母親人形を突然包丁で刺します。〈エッ？　お母さん刺されたの〉「エヘヘ」。普段その子が見せたことのない表情で不敵に笑うので、セラピストは気味が悪く感じます。

何が起きているのでしょうか。ここでは、大人のカウンセリングの例に置き換えて考えてみましょう。クライエントは四〇歳の女性です。治療関係が深まってきた頃、クライエントは原家族の話を始めます。子ども時代に母親と二人暮らしだったことはインテークのときに聞いていましたが、小学校低学年のときに父親が浮気をしていることがばれ、母親から激しくなじられ、家を出て行って結局離婚となったのがその理由だと初めて打ち明けます。〈そのことを今どう感じていますか〉と尋ねると、「母は可哀想だし、一人で私を育てるのは大変だったと思う」と答えます。何回か後、「確かに悪いのは父です。それは間違いないこと。でも、母もあそこまでひどい言い方をしなくても……」と以前とは違う気持ちを語ります。さらにまたしばらく後の回で、「私は父のことが大好きだった。だから父を追い出した母のことが憎らしい…（涙）…でも、苦労してきた母にそんなことは言えません…（涙）…」とずっと心の底にあった思いをようやく吐露します。子ども時代から大人になるまでどれほど複雑な思いを抱えてきたかがわかります。浮気の一点だけを取り出せば父親が悪いのは明らかでも、その他の面ではどちらが悪いと単純に言えるものではないし、好きかどうかとなれば善悪とはまた別の話です。

遊戯療法に戻りましょう。子どもも遊戯療法の中で子どもなりの仕方でこうした重いテーマに取り組んでいます。「間違った」ことをした児童を「正しい」教師が罵倒するのを見てセラピストが覚えた「そこまで責めなくても」という感情は、母親が父親を激しくなじるのが聞こえていたときにその子が感じていた気持ちかもしれません。母親人形が子ども人形に包丁で刺されたのは、父親を追い出した（ようにこの子が感じている）母親に対する恨みの感情の表現なのかもしれません。しかし現実の母は娘を一人で育てている立派な母です。こうした一筋縄ではいかない複雑な気持ちをどう抱え、どう処理したらいいのかがわからないという子どもの苦悩に二人で取り組んでいくのが遊戯療法です。

Q99 **子どもが言ったことが、事実か空想かわからないときはどう判断したらよいでしょうか。**

A99 **まずは事実だとしたらと仮定して話を聞く／詳細を具体的に聞く**

親や教師などに確認できるならそうすればよいわけですが、それでもわからないこともありえます。その場合は子どもの話から推察していくしかありません。事実のように語る子どもに対して、これは空想かもしれないという慎重さは必要ですが、いきなり事実ではないと決めつけるような態度では、心理療法にはなりません。「事実かどうか五分五分くらいかな」という態度でも、子どもの側から見れば信じてもらえていないというふうに映るかもしれません。まずは、それが事実だとしたらという仮定に立って話を進めてみましょう。具体的に聞いていくことで、詳細がどのように語られるかに注目します。事実でなければ細部に矛盾が生じることもありうることです。

性的な被害にあったという話の場合は特に慎重に、二次被害にならないように配慮しながら具体的に聞きます。その際、顔をしかめたくなるような生理的嫌悪感がセラピストの側に生じるかどうかも一つの指標になりえます。単なる空想ならば聞いていても生理的な嫌悪感までは湧かないかもしれません。もちろんこれだけを指標にするわけにはいきませんが。犯罪被害に関わる話の真偽を確かめることが目的であるならば、より専門的な面接を受けてもらうことになるでしょうが、まずはそこにつなぐかどうかの判断が求められます。

一方で、空想の話をして、それに懸命についていったセラピストに対して「先生、本当に信じたの？」と言った子どももいました。皆が一〇〇％信じてくれることを求めているわけではないので難しいものです。

Q100　自分自身が子どもの遊びを理解する際に親面接情報と結びつけすぎているように感じることがあります。どこまで親面接情報を取り入れたらよいのかわからなくなってきました。

A100　現実に起きていることを確認しその影響を見る／親面接情報を横において、子どもの遊びの流れ自体を見る

親面接情報があるなら、遊戯療法の内容をそれと照らし合わせて総合的に査定を進めるほうが望ましいと思います。子どもの日々の様子に関する親からの情報を聞くことで、最近現実場面で起きたどんな出来事が子どもの遊びに影響を与えているのかがわかります。あるいは、遊びの中に現れた表現が過去の出来事とつながっているとか、逆に過去の現実の単純な反映ではなさそうだということがわかってきます。遊戯療法の事例発表の資料には親面接情報を併記することが一般的ですが、それはそれによって遊戯療法の意味がわかりやすくなることがあるからです。

ただ先ほども述べたように、子どもが遊戯療法の中で表現することは、外的な出来事のそのままの再現ではなく、内的な空想、願望、イメージ、感情が入り混じったものですから、親面接情報で得られた事実関係と照らし合わせて考えればすべてが理解できるというものではありません。例えば子どもがビニールトンネルに入り、足から出ようとして途中で動けなくなったという表現をした場合、まるで出生場面が表現されているかのような印象を受けますが、親からの情報で出生時には特に異常がなかったとしたらどうでしょう。それならば、その遊びは現実の特定の出来事の再現やその心理的影響を表現したものではありません。もしかすると、生まれてきたことの困難を象徴的に表現しているのかもしれません。

また、親面接情報は親の視点から語られたものにすぎません。子どもが体験した「客観的事実」と言っても、親の記憶に残っている事実です。記憶に残っていても親にとって不都合なことは語られないかもしれませんし、語られても自分の感情に彩られた「事実」かもしれません。

子どもについての見立ては親面接情報を参照しながらするものですが、親面接情報だけで見立てるものではありません。中には子どもと会っているのに、子どもとの関わりの中からではなく親面接情報だけで先に見立てを作り上げ、それに合致する情報を遊びの中から拾い集めるといった形になっている事例も見られます。それでは親面接情報を超える見立ては出てこないでしょう。子どもも担当者が会っているのは子どもですから、子どもの目線に立って物事を見ようとする必要があります。親面接情報を参照する際には、遊戯療法の読みと親面接情報からの見立てとが合致するか否かを確かめながら進んでいき、合致しないならその意味を考えてみましょう。

子どもの遊びを親からの情報と結びつけて考える理解の仕方だけをしていると、その子の遊びの独自の流れがかえって見えにくくなるという面もあります。自分が親面接情報に引きずられすぎているように感じたときは、むしろ親面接情報を横において、子どもとの関わりの中での引っかかりを一つひとつ大事に読み込み、子どもの遊びの流れを丹念に追う作業をしてみましょう。

✤　✤

Q101 家族関係を読むというのはどうすればよいのでしょうか。

A101 引っかかりをもつ／繰り返されているパターンを見つける

ここでは二点挙げるだけにとどめますが、一つは親子の言動をしっかりと観察して、引っかかりをもつことです。例えばカウンセリングの申し込みをしてきたのは父親だったけれども、実際に来談したのが母親だった場合、それはどのような夫婦関係や親子関係を意味しているのでしょうか。面接と面接の間に、子どもに内緒で子ども担当のセラピストに直接電話をかけてくる母親は何を望んでいるのでしょうか。セッションの前、プレイルームに移動しようとする際に、子ども担当者を呼び止め、「次は二回休みになるので、息子にそう言っておいてください」と言った母親がいました。セラピストをまるで伝言役のように使っているわけですが、母親はなぜ自分で子どもに言わないのでしょう。言えないのでしょうか。この場合は、〈あれ？　なんだか私、伝言役みたいですね。ご自分でおっしゃるのは難しいんですか？〉と尋ねてみるのも一つです。

もう一つの読み方は、家族関係の中で繰り返されているパターンを見つけることです。例えば、娘がお母さんに気持ちをわかってほしいという思いをもっているとします。わかってくれるときもあるので、またわかってほしいという期待が高まります。しかし、母親はさらに求められるとうんざりしてきて、「それくらいのことで」とか「いつまでそんなことを言っているの」みたいに言います。すると、娘はやっぱりわかってもらえていない、また最初からやり直しだと思います。とはいえ、母親は母親で「この子には特別なことをしてあげている」と思っていますし、実際そうしていることもあります。〈お互いに相手のことを思っていながら、なぜか気持ちがずれてしまっているんですね〉と伝えるのも一つの伝え方でしょう。

あるいは、ある別の親は「子どもの意見を尊重する」という一見正しい信念をもって行動しています。そこで子どもに意見を求め、その通りにします。しかしうまくいかなかったら、「あんたがこうしたいって言うからこうしたのに」と言います。他方、子どもから見れば、自分の意見を表明したらそれだけで決まってしまって、物事が実現してしまう怖さがあるのではないでしょうか。それはまた、うまくいかなかった場合に責任を取らされる怖さでもあるでしょう。この場合親は「子どもの意見を尊重する」と言いながら、実は親としての責任が不明瞭で、子どもにその責任を負わせようとするところがあります。つまり、「親は子どもの意見を尊重しているのだから親として良いことをしていると思い、子どもは親としての責任を見せてほしいと思っている」というパターンが反復されているのです。

14　セラピーの方針

Q102　遊戯療法の方針はどう立てればよいのでしょうか。

A102　情報をもとに見立てをし、見立てをもとに方針を立てる

セラピーの方針は個々の見立てに基づいて立てられるものです。そして見立ては、そのクライエントについてのさまざまな情報をもとに立てられるものです。観察情報（遊戯療法及びその前後）、検査情報、第三者情報を集め、「標準」や「定型」とされるものと照合して状態像を押さえます。引っかかりをもち、クライエントの他の言動、そのセラピー全体の流れ、成育歴、セラピーの外で起きたこと（家庭や学校での様子）などと照らし合わせ、セラピストに湧いてきた疑問や感情も手がかりにしながら、クライエントの言動一つひとつの意味が少しずつ明らかになってきたら、今度はそれを組み立て、いくらか立体的な心理学的理解へとまとめ上げる作業をします。それが見立ての作業です。この理解はあくまでも仮説的理解にすぎませんから、その後に得られる他の情報とも照らし合わせて、不断に修正を続けていく必要があります。

この見立てに基づいて、「これから私はこのクライエントとどのように関わっていこうか」と考えます。これが方針です。方針には、セラピーの①目標、②構造（曜日、頻度、誰と来るか、機関内協働、他機関連携など）、③方法（技法）が含まれます。

✤　✤

Q 103

セラピーの目標はどのようにして設定すればよいのでしょうか。虐待された子どものセラピーをしていますが、問題行動がいろいろとありすぎて、何を目標にしたらよいのかわからなくなってきました。子どもにどうなりたいと尋ねても「わからん」の一言です。

A 103

目標を立てるには、「この事例は何がどうなったら終わりになるのか」と考えてみる

目標の設定が難しい場合には、「この事例は何がどうなったら終わりになるんだろう」と考えてみましょう。それがこの事例のゴール、つまり目標です。目の前の出来事一つひとつの意味や、その対応に追われて方向性を見失っているときには、こう考えてみると大きな方向性が見えてくるかもしれません。木を見るだけでなく、森を見る感覚です。これは何も、セラピストが子どもをどこかに導いていくということではありません。導いていこうとしてもその通りになるものではありませんし、そもそもその子の生き方を決めるのはセラピストではなくその子自身です。しかし、その子が自分の生き方を自分で選択する自由が増すようにその子を援助するとすれば何が必要なのか、と考えてみるのは私たちの仕事です。

万引きで捕まったことが何度かある、勉強は授業中もそれ以外もほとんどしない、友達を小突いたりしてトラブルになることがあるなど、症状や不適応行動が多彩であれば、確かにどこに焦点を当てたらよいのかがわかりにくくなるのはわかりますし、症状をなくすだけでなく生活を長年にわたって支えていかねばならない職場であれば、「終わり」が見えないように感じるのも無理はありません。そうした場合は、「とりあえず一〇年後にこの子はどうなっていたらよいのだろうか」と考えてみることもできます。例えば、二〇歳を過ぎて情緒的にそれなりに安定し、仕事に就き、新しい家族をもって、虐待することなく子どもを育てられる大人になることかもしれません。それがセラピーの大きな目標です。どうしたらそうなれるでしょうか。現在の不適応行動の背後にあって、この子の自立の足を引っ張っている力は何なのでしょうか。この子はその影響からどうすれば抜け出すことができるでしょうか。それがセラピーの方針になります。

✤　✤

Q104 **人の嫌がることを言って他の児童たちから嫌われ、学級で糾弾されて以降休みがちになり、結局不登校になった小学生を担当しています。人の嫌がることを言わないように、と親も学校の先生方も指導しているようなのですが。**

A104 **見かけの行動の背後にある気持ちを酌み取り、それに応じて目標を立てる**

人の嫌がることを言わないようにするというのは基本的に正しいことです。では、どうすれば言わなくても済むようになるでしょうか。そのためには、その子はなぜ人の嫌がることを言うのか、言わざるをえないのかを考えてみる必要があります。人の嫌がることを言うという行動の背後にどのような心理が働いているのでしょうか。子どもの心の動きが明らかになってくれば、セラピーの中でセラピストの関わり方も違ってくるはずです。

可能性は一つではありません。複数の可能性を思いついて検証してみる態度が必要です。そんなことを言うと人が嫌がるということがわかっていないのでしょうか。それは経験不足によるのでしょうか、それともそうしたことをもともと理解しにくい子なのでしょうか。いずれにしても、この場合は相手の表情などから相手が嫌がっていることに気づくような練習が有効かどうか探ることになるでしょう。

クラスで注目を浴びたい気持ちが強く、嫌がることをするという方法でしかそれを表現できないのでしょうか。それならば、嫌がられることなく注目を浴びられる別の方法を考えていく必要があります。今はそれが難しいから嫌がられる方法しかできないのでしょうけれど。

人から迫害される危険を感じており、それに対する防衛として「くさい、うざい、あっちいけ」などと言っているのであれば、そのような攻撃的な言葉を発しなくても、安全感、安心感を保てるようにというのが目標になるでしょう。そのためには、まずセラピストとの間でそうした安全感を体験することが必要です。

羨ましくてその羨望の対象を破壊しようとしているのであれば、「自分は自分でよい」と思えることが目標になるかもしれません。

嫌がることをする相手に実は近づきたいし気持ちをわかってほしいのだけれども、うまく近づけないのでしょうか。それならば、近づいていったときに相手が受け入れやすい方法を身につける必要があります。まずはその欲求をセラピーの中でストレートに出し、少しずつ相手が受け止めやすい形に変形させながら、それを受け止めてもらう体験をすることです。その体験を積み重ねることで、相手にとって受け取りやすい形で伝えられるようになれば、もはや嫌がらせや虚言のような形で表現しなくても済むようになるはずです。

Q105 **衝動が抑えられず、暴力的な行動をとる子どもです。攻撃性をコントロールできるようになるというのがこのクライエントの目標だと思うのですが、攻撃性はどうすれば抑えることができるのでしょうか。**

A105 **コントロールとは、抑え込むだけでなく適応的な出し方を身につけることでもある**

攻撃性をコントロールするというのは、抑え込んで出さないようにするということだけではありません。上手に出していく、つまり適応的な出し方を身につけていくということでもあります。

このことを発達的な観点から考えてみましょう。人から嫌なことをされたときに、相手の子の腕に噛みついた小学校低学年の子どもがいます。腹が立ったのでしょうが、「噛む」というのは、出し方としては「動物的」です。噛むよりは、歯ではなく手で「叩く」ほうがまだ人間的でしょう。「つかみかかる」の「つかむ（摑む）」は「手噛む」かもしれません。歯で噛んでいたのを手で噛むようになるのは、攻撃性（攻撃欲動）がいくらか昇華された姿です。

ただこれだけではまだ十分とは言えません。手で叩くよりも言葉で「非難する」ほうがより人間的です。言葉の暴力というのもあって、そのほうが心理的な痛手が大きい場合も中にはあるでしょうが、無言でいきなり殴りかかられることの恐怖を想像してみれば、言葉で非難されることのほうが一般的にはより人間的だと言えるでしょう。会議で他の出席者に対して激しく非難の言葉を浴びせた人が、会議後に「あの人、えらく噛みついていたなあ」などと噂されるようなことがあります。ここでいう「噛みつく」は言葉で噛みつくのであって、歯や手で噛むよりも攻撃性がさらに昇華された形と言えるでしょう。

そして最終的に、言葉で噛みつくよりも、自分の言いたいこと、わかってほしいことを明確に伝えることのほうがより人間的です。暴力的にならずに伝えるのです。あるいは、言っている内容はけっこう攻撃的でも、ユーモアを交えた言い方をすると、相手も周囲も思わず吹き出してしまうことがあります。それを聞いて、相手は「誰々さんには敵わないなあ」と言って折れてくれるかもしれませんし、周囲からも「上手に言ったなあ」と褒められるかもしれません。

このように私たちは攻撃性を昇華して、より適応的な方法で攻撃性を出すことを子ども時代から少しずつ身につけていきます。適応的な方法で攻撃性を出すというのは大人になっても必ずしも簡単ではなく、怒りすぎて反省したり、抑えすぎて後悔したりすることもありますが、大人になってからでも少しずつ成長していけることです。

コラム

攻撃欲動の昇華の段階

①歯で噛む
②手で叩く・つかむ（手噛む）
③言葉で噛みつく・非難する
④言いたいことを相手が受け取りやすいような形で明瞭に伝える

✤　✤

Q106 発達障害が疑われている子どものセラピーをしています。確かに障害を疑わせる言動は見られますが、親がけっこう高圧的なため、子どもは叱責されることが多く、環境の要因もあるように思えます。発達障害かどうかでセラピーの方針も変わると思うのですが。

A106 方針が一八〇度変わるわけではない／発達促進だけでなく心にも目を向ける

見立てのために、まずは観察情報、検査情報、第三者情報から、発達障害であることを窺わせる要素と、発達障害でないことを窺わせる要素をそれぞれ列挙して表にしてみましょう。診断がつく、つかないにかかわらず、その子の特徴を明らかにするのに役立ちます。

次に、発達障害だけではなく環境要因の影響にも目を向けてみましょう。一人の人間の行動に影響を与えているのは決して一つの要因だけではありません。先天的な要因と環境の要因が混在し、それが複雑に絡んでいるということも少なくありません。発達障害自体は親の養育態度が原因ではありませんが、発達障害以外の環境要因が子どもの状態に複合的に影響を与えているということはありえます。発達障害の診断が下りている場合であっても、他の要因にも目を向ける必要があります。例えば、母親が母方祖父母から暴力を振るわれているのをその子が目撃したといった場合もあります。先天的なものか否かの二者択一ではなく、それぞれの要因がどのように影響しているかをよく見てみましょう。

さて、もし発達障害だったらセラピーの方針はどう変わるのでしょうか。発達障害の診断が下るなら発達促進的に関わり、発達障害でないならば受容的に関わるというほどに、方針が一八〇度変わるというものではありません。もちろん、能力としてできなかったことができるようになることも大事です。しかし、当然ながら発達障害の子どもにも心はあります。障害をもった子どもの心に目を向けなくてよいということにはなりません。こうした子どもは表現が苦手なために、心で思っていることをうまく伝えられず、周りも受け取り損ねてしまいがちです。それをきめ細かく受け止めてもらう体験を積み重ねていくことはその子が人と関わる力になっていくはずです。

例えば子どもが箱庭で町を作り、怪獣が現れて町が破壊されてしまいます。そして「怪獣だ」と指をさされ、総攻撃を受けます。その怪獣は哀しげです。セラピストには、「ただ歩いているだけなのに、結果として町が破壊されてしまう哀しみ」が表現されているように感じられます。その怪獣は町を積極的に破壊してはいません。ただ普通に歩くだけなのに、破壊になってしまうのです。発話の形では表現されないけれども、その子は心の中に「僕は普通にしているだけだよ。なのに、誰もわかってくれない」というやりきれなさを抱えているのかもしれません。

あるいは、生まれかけたものが隕石の衝突や火山の噴火などによってあっけなく破壊されていくような混沌とした世界の物語を何度も繰り返す子どもがいます。そうした遊びに接すると、これほどまでに凄まじい物語を心の中にもっているのだと圧倒される思いがしますし、それでもそこに少しずつ秩序が生まれてくると心が成長してきていることが感じられます。

逆に心の内面にばかり関心を向けて、発達面の状態像や変化についてのアセスメントを看過している事例に接すると、一体どういう子どものセラピーをしているつもりなのだろうと思えてしまいます。発達の遅れがみられるならば、遊びを通して関わることが発達の促進にもつながっているかどうか、しっかりと変化の査定をしていくべきです。

✤　✤

Q107 子どもが人に対して強くなるというような変化は遊戯療法によって可能なのでしょうか。

A107 秘密の練習場として機能する

例えば、学校で大人しく、周りからもそう見られているため、なかなか同級生の輪の中に入れない子どもがいたとします。周囲の子どもたちの間で何かはやっていることがあっても、見ているだけで加わることはできません。加わろうとしても、「お前は下手だからだめ」などと言われて除け者にされてしまいます。しかし他児がしていることに関心を向けてよく観察しています。

その子はセラピーに来ると、学校で観察するだけで自分は参加できなかった遊びをセラピストを相手にやってみます。セラピストは受け容れてくれます。うまくいかずに落ち込めば、セラピストが支えてくれます。あるいは、セラピストが失敗すると、「下手だなあ」と言って「強い子」の役割を取ります。次に学校に行ったとき、たとえ遊びに参加できなくても、見ているときの心の余裕は違うでしょう。もしかしたらそうした心の変化が周囲の子どもたちに伝わるときが来るかもしれません。

この場合、プレイルームはある意味、心の強さを身につけるための秘密の練習場と言えるでしょう。こういう場所がその子になかったら、と考えてみるとその意義はよくわかるのではないでしょうか。

第六章 遊戯療法の実際問題

遊戯療法は遊びを通した心と心のやり取りである。そのやり取りは、時に楽しく、時に厳しく、時に激しく、時に物静かに進む。セラピストは基本的に受け容れようと努めるが、制限をかけるべきときもある。セラピーの中では、セラピストもさまざまな感情体験をする。それを自覚することで乗り切れることもあるし、セラピーを前に進めるヒントが得られることもある。

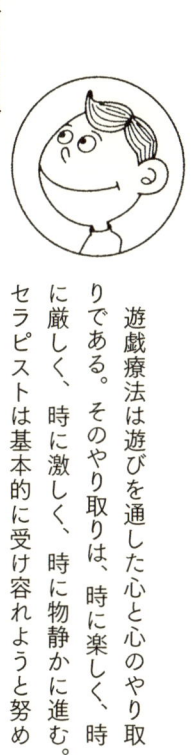

15 関わり方

Q108 一回毎のセッションの始まりには何と言えばよいでしょうか。また、終わりには何と言えばよいのでしょうか。

A108 〈今日も五〇分までね〉／〈時間になったから終わろう〉

始まりの際、最初のうちは〈今日も五〇分までね〉と時間の確認をしますが、回数を重ねてクライエントも心得てくれれば、何も言わなくても始まるものです。終わりの際は、〈五〇分になったから終わろう〉と言うだけです。いずれにしても、時間で区切られているのだということをクライエントに理解してもらうことが重要です。

インテークのところにも書きましたが、子どもが遊びに夢中になっているときに、突然終わりになるのは心の収まりが悪いですから、五分前や一〇分前に〈あと五分（一〇分）ね〉と言って注意喚起をしておきます。そのほうが時間が来たときの切り替えがスムーズにいくでしょうし、回を重ねる中で自分自身でも時計を見てあと何分だと意識するようになってきます。その時間の区切りが心の作業を集中して行うための舞台を作ります。

✣　✣

Q109 遊戯療法では子どもへの言葉かけはどの程度したほうがよいのでしょうか。沈黙していたほうがよいのか、たくさん話しかけたほうがよいのか。

A109 言葉かけはするが「けたたましく」ではない／沈黙も、発話によらない情緒的交流も大切

大人のセラピーでも、ポンポンと言葉のやり取りをしていく形で進む事例もあれば、一人語りのように進んで時折セラピストが口を挟む程度という事例もあれば、言葉少なに沈黙やノンヴァーバルな交流を大切にして進んでいく事例もあります。どれもが重要なことです。どんな言葉のかけ方をするかについて、五つにまとめてみます。

一つにはその子が手に取った物や指示した物の名前を口に出す形があります。子どもが電車を指差したら〈電車だね〉、みかんを取ったら〈みかんだね〉と物の名前をセラピストが言います。子どもがそれをまねして「電車」「みかん」と口に出すようになることもあります。セラピストの言葉かけは子どもの語彙を増やして言葉の発達を促すことにもつながっていきますが、それだけのことではありません。子どもは自分のしていることが言葉になって返ってくることで、言葉と出会い、他者の存在を感じているとも言えるでしょう。

二つ目として、〈こうだね、こうなったね〉と状態や状況を描写する形もあります。〈なかなかうまく乗らないねえ〉とか〈水浸しになったね〉とそこで起きていることを言葉で描写することは、子どもに自分の外で起きていることを他者と共に観察し、共有する体験になります。ちゃんと見てくれていることを確認することにもなるでしょう。

三つめの形は、子どもの表現に対して気になったことを指摘したり、疑問を差し挟んだりすることです。見ていてセラピストが引っかかったことについて、〈あれ、ここだけ柵が開いてるんだ〉とか、〈この道路は行き止まりだね〉とか、〈お母さん、行っちゃったね〉と「突っ込み」を入れるのです。子どもはそこにそんな突っ込みが入るとは思っておらず、セラピストが注目したことに驚き、何かを考えるかもしれません。あるいは、わかってもらえているという安心感につながるかもしれません。

四つ目の形は、それをさらに進め、子どもの心の中で起きていること（心の動き）を推察して、「もしかするとこんな気持ちなんじゃないかな」と伝え返すことです。子どもにすれば、自分の心の中で起きていることが言葉で伝えられる体験であり、自分の心の動きが言葉で表現されうることを実感することになります。それは言葉の世界への信頼とも言えるでしょう。言葉の遅れがみられる就学前の子どもの例を挙げます。ある時プレイルームの中で滑り、バランスを崩して転びました。他の子どもならびっくりし、痛くて泣きだしてもおかしくない状況です。ところが、その子は泣かず何も言いません。必死にやせ我慢をしているという様子でもありません。セラピストは〈びっくりした？〉と言葉を添えました。するとしばらく待ってその子は「……びっくりした」と小声で言いました。初めてその言葉を口に出した様子でした。セラピストが〈びっくりした？〉と問いかけたとき、クライエントの中では自分の心に湧いてきた感情と「びっくりした」という言葉が出会い、感情が名づけられたのだと思います。名づけられることで、その感情は出口を見つけます。われわれの仕事の一つは、クライエントが抱えている名づけえぬモヤモヤした感情が出口を見つけられるように工夫を重ねているのだという言い方もできるでしょう。表現の出口をもたなければ、その感情は心の中に滞留してしまいますから。

五つ目の形として、セラピストが自分の中に湧いてきた感情を口に出すこともあります。先ほどの場面で、〈びっくりした？〉と尋ねるのではなく、〈あー、びっくりした〉とセラピスト自身の感情を口に出すこともできるでしょう。子どもはその表現を取り入れると同時に、セラピストという他者にも感情があると理解するかもしれません。私には心というものがあり、同様に他者にも心があるという気づきです。

子どもが発話をしないならこちらもまったく言葉を発しないかというとそんなことはありません。無口な子ども、あるいは言葉の発達が遅くてセラピー中も発話が少ない子どもであっても、場合によってははけっこう話しかけます。とはいえ、どんな場面でもどんどん言葉かけをするほうがよいという意味ではありません。けたたましく話しかけるのはむしろ、非言語的コミュニケーションを邪魔することすらありえます。言葉のやり取りが乏しくても、その背後で情緒的なやり取りやイメージのやり取りが行われているならそれでかまいません。

コラム

子どもへの言葉かけの五つの形

①子どもが手に取った物や指示した物の名前を口に出す
②状態や状況をそのまま描写する
③子どもの表現に対して気になったことを指摘したり、疑問を差し挟んだりする
④子どもの心の中で起きていること（心の動き）を推察して伝える
⑤セラピストが自分の中に湧いてきた感情を口に出す

Q110

場面緘黙症の子どものインテークをしました。その子はプレイルームでも喋りませんでしたが、継続には合意しました。これからどうやってセラピーを進めていけばよいでしょうか。

A110

発話がなくても交流はできる／スケッチブックを使って筆談をすることも

その子は、発話がなくても交流を求めているでしょうか。交流を求める気持ちが少しでもあるなら、セラピーは成立します。無言でビーズを使って何かを作る子もいますし、ボードゲームをする子もいます。言葉は発しなくても笑顔を見せる子どももいます。

話し言葉はなくても書き言葉なら豊富にもっていて、紙やホワイトボードに何かを書きたいと望む子

どももいます。その場合、スケッチブックを用意しておくこともできます。紙を一枚ずつ用意してもかまいませんが、スケッチブックだと文字を書いても図や絵を描いても毎回の積み上げ感が出ますし、前に書いたことを必要に応じて容易に振り返ることができます。セラピストも書き込む場合には、二人の交流の記録が残ります（ちなみに、スケッチブックを用いて筆談で交流する方法は聴覚障害者との心理療法でも使えます）。

全身に緊張感を漂わせ、一見交流を望んでいないように見える緘黙症の子どもであれば、まずは安全感をもってもらえるような雰囲気作りが要ります。セラピストには静かな落ち着いた対応が求められるでしょうが、クライエントが動かないからといってセラピストも黙っていたのでは気詰まりがして余計に緊張するでしょうから、適度に話しかけたり玩具を手に取ってみたりして自分がどんな人かを見せるようにすると、警戒心がとれて子どもも動きやすくなると思います。

✣　✣

Q111　子どもから唐突に「先生はAとBとどっちが好き?」みたいに質問されることがあります。とりあえず答えるのですが、その答えでよいのかどうか自分でもよくわかりません。

A111　質問の意図を尋ねる／答えた後の反応を確かめる／クライエントの答えを聞く

たとえ簡単に答えられる問いであっても、私たちがやっているのは心理療法ですから、その問いがどういう意味をもっていて、その問いにどう答えるとどうなるのかをよく考えて答える必要があります。〈え、どうして?〉とクライエントの意図を尋ねるのも一つです。意図を尋ねた上で答えることも答えないこともあります。答えるにしても、答えてから尋ねるか、尋ねてから答えるかはそのときによります。

そして、セラピストの答えを聞いてクライエントがどう思ったか、反応を確かめます。納得した様子のときもあれば、答えにがっかりというときもあるでしょう。〈今の答えを聞いてどう思った?〉と直接訊けば答えてくれるときもあるでしょうし、「別に」しか返ってこないときもあるでしょう。最後に、〈＊＊君はどっちが好きなの？〉とクライエント自身の答えを聞きます。そもそもそれが言いたくてセラピストに質問した可能性もあるからです。

答えるときも、質問の意図を尋ねるときも、反応を確かめるときも、クライエント自身の答えを聞くときも、すべてセラピストとしての意図をもって、つまり現在の見立てに基づいて行う必要があります。ただし、セラピスト自身が自分の意図を超えた言動をとる場合がないわけではありません。思わずこう言ってしまったというような場合です。その場合も、事後的に自分の中からなぜそうした言動が出てきたのか、それがクライエントが取り組んでいる心の課題とつながっているとしたらどういうつながりか、自分の意図を超えた言動がそのセラピーの過程にどのような影響をもたらしたかをさらに考えていきます。ただの遊び、ただのおしゃべりと違って、セラピストとしての専門性をもって関わるとはそういうことです。

✤　✤

Q112 ごっこ遊びで、「次に何て言うか、自分で考えて」とセラピストに台詞を言わせようとする子どもがいます。セラピストはどこまでストーリーづくりに参加してよいのか迷ってしまいました。

A112 ストーリーはクライエントが作る／セラピストのストーリーをあえて投げ入れることもある

ごっこ遊びでは、クライエントが台詞を言った後で、「次は＊＊＊って言って」「次はこう言うんだよ」とセラピストの台詞をすべて指定してくることがあります。その場合はクライエントの指示に従って物語を展開させればよいわけですが、台詞の指定をしない子どももいます。〈この後どうなるの？〉と尋ねても、「自分で考えてよ」と言われることもあります。こうした場合にセラピストが自分で台詞を考えたらクライエントの意図をかき消してしまう恐れがありますから、〈何て言えばいい？　教えて〉とか〈どうなるかは、＊＊君がわかっているはずだよ〉と聞き返すやり方があります。これが「セラピストの空想を混ぜない」という原則が最も徹底された形と言えるでしょう。

とはいえ、常にそこまで徹底した態度を取るかと言えば、そうでもないと思います。セラピストが自分の考えでストーリーをつないでいくこともあります。一方では、そのセラピストの提案をすっと受け入れる子どももいます。セラピストのコミットメントを感じて安心するのかもしれませんし、依存的な態度の表れなのかもしれません。他方、セラピストが提案してもそれとは違うことをする子どももいます。セラピストからすれば考えろと言われたから考えたのにと肩透かしをくらったような気分になるかもしれませんが、子どもからすればそれはセラピストのストーリーであって、自分のストーリーではないと感じたのでしょう。

セラピストがその時点での見立てと方針に基づいて、あるいはある種の直観に基づいて、クライエントのストーリーに自分のストーリーをあえてつないでいくことで、クライエントが何らかの新たな体験をしてセラピーの展開が変わるということもありえます。これはセラピストの空想を混ぜ合わせることとどのように違うのでしょうか。セラピストのその直観がクライエントの空想に応じて生まれてきたものだとすれば、セラピストは決して勝手気ままに遊んでいるのではありません。セラピストはクライエントの遊びに対して意識的無意識的に反応します。そして、その反応をクライエントはその場で体験します。それがクライエントの心に響くものであるとき、クライエントは自分のストーリーにそれを取り入れ、ストーリーに変化が生じます。

もちろん、実際にそのようになっているか、その反応をしっかりと見ながら進める必要があります。また、セラピストはなぜそのように振る舞ったのか、どのような意図（無意識的な意図も含めて）からであったのかを後で振り返るのも大切なことです。そこにはセラピストのその子どもの心に対する認識や思いが込められているのでしょう。

Q113 **ごっこ遊びで、「じゃあ交代。今度は先生がこっちをやってね」と役割を交代することがよくありますが、あれは何をやっているのでしょうか。**

A113 **両方の立場を取ってみる／セラピストに両方を体験させる**

役割交代をすることで、子どもは両方の立場を取り、両面からの見方を経験し、その中で両方の感情を体験しているのでしょう。ゲシュタルト療法でクライエントが二つの椅子の間を移動するかのごとく、役割交換する中でいろいろ試してみて、新たな体験をしていると言ってもよいでしょう。

あるいは、セラピストに両方を体験させることで、自分の辛さをセラピストにわからせようとする試みであることもあります。実際、「この子はいつもこんなことを感じているのかもしれないな」とセラピストが気づかされることもあります。

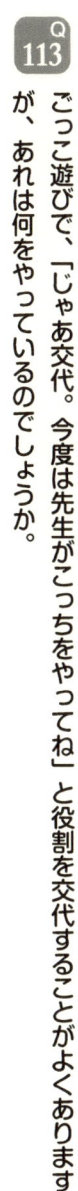

交代の順番を見ていると、先にセラピストに怖いことをやらせ、セラピストの反応を見て大丈夫であることを確認してから自分もやってみるということもあります。「毒味」のように……。

Q114 **子どもは自分の好きなマニアックなゲームの話や芸能人の話をしていて、とても楽しそうです。しかし、雑談っぽい話に合わせているだけでよいのだろうかと不安になります。**

A114 **その子が大切にしていることを大切にする／どんな心の作業をしているのかを全体の見立てに照らして自覚する**

一見雑談のように思える話も、まずは信頼関係形成のために必要です。信頼関係のためには、その子が大切にしていることを大切にすることです。自分が好きなことを尊重してくれる人とけなす人とでどちらが信頼感をもちやすいかを考えてみればよくわかると思います。自分が大切にしていることに肯定的な関心を向けてもらえるかどうかが、相手に心を開いてもよいかどうかを推し量る一つの判断材料になるものです。

何もクライエントが好きなものを自分も好きにならねばならないことはありません。クライエントがそれが好きだということを尊重すればよいのです。クライエントが好きなものに関心がもてなくても、それに関心をもっているクライエントに関心をもつことならできるはずです。そうすれば、クライエントは自分が尊重されていることを感じるでしょうし、それが自尊感情を高めることにもつながると考えられます。

しかし、それは単に信頼関係形成のためだけではありません。ゲームが好きならゲームの話をとことん聞きますが、それをその子の心の中の世界の表れ、あるいはその子が住んでいる世界の表れとして聞くのです。ゲームの中の主人公も、語られる歌手も、皆その子の心の中の住人であり、クライエントはその住人と交流しています。セラピストはその交流を、あたかもクライエントが現実世界の中の実在の人物と交流しているのと同じように聞き、セラピーに活かしていきます。

自分のことを直接語ることが難しい子どもは、自分の思いを登場人物に託して語ります。人間関係のつまずきを抱えながらその気持ちを語れない子どもは、登場人物同士の人間関係に託して語ります。例えば、ゲームの話の中に戦いや契約や裏切りなどのテーマが出てきたとします。セラピストはその機会を捕まえて〈なんで？　そんなのあり？〉〈それってストレスたまるよな〉などとコメントし、さらにその反応をまた取り上げていきます。そのやり取りの中で子どもは新たな体験をし、それを自分のものとしていくでしょう。その感触がセラピストにあれば、ただ遊んでいるだけではないかという心配は不要になると思います。一見他愛もない話をすることを通して二人でどんな心の作業をしているのかを、全体の見立てに照らしてある程度自覚しながら進んでいきましょう。

Q115 雑談っぽい話をしていると、子どもがポロッと自分の思いを語ることがあります。そういうとき、どこまで聞いたらよいか迷ってしまいます。

A115 自発的に出てきた話は丁寧に聞けばよい／焦って根掘り葉掘りにならないように

一見雑談にしか聞こえない話を続けていた子どもが、ある時、本人の主訴らしきことや家族への思いなどをポツリと語ることがあります。例えば、箱庭の玩具をいじりながら一見他愛もない話をしていたかと思ったら、ポツリと「飼っていた犬が死んだ」と言った子どもがいました。そういうとき、クライエントのほうから急に話を深められたことに戸惑いを覚えることもあるでしょう。中には、大事な話だと思ったものの、〈そうなんだ〉の一言で終わらせてしまったという初心セラピストもいます。どこまで深めてよいかがわからなくてスルーしてしまったということでしたが、本人が自発的に話し出したことなのですから、質問を交えながら丁寧に聞いていったらよいと思います。〈そうなんだ〉の一言で終わらせてしまったら、せっかく話しはじめたのに聞いてもらえなかったという体験になるかもしれません。

他方、セラピストが「ようやく自分の思いを語ってくれた」と喜んで飛びついたり、「もう二度と話してくれないかもしれないから今のうちにいろいろと聞いておかなくちゃ」と焦って聞きすぎたりすると、クライエントにとっては、「根掘り葉掘り聞かれた」、「話しすぎた」という体験になるかもしれません。話をさらに深めようとして、「質問が難しすぎる」と子どもに言われたというセラピストもいました。その子には負担が大きすぎたのでしょう。雑談として語られたものは雑談として聞かれることを欲しているでしょうから、変に重たく取りすぎないように気をつける必要もあります。

要はこの二つの間でバランスを取ることです。せっかく話し出したということを大切にしながらクライエントの話を聞き、「これ以上はちょっと」というサインを感じたらすっと引きましょう。

Q116 プレイルームでセラピストと交流することをせず、ずっとゲーム機で一人で遊んでいる子がいます。いくらなんでもこれではセラピーとは言えないのではないかと思うのですが。

A116 玩具に遊ばれてしまわないように気をつける／子どものモチベーションを査定する

ボードゲームであれ、カードゲームであれ、コンピュータゲームであれ、ゲームで遊んでいてもそれが有意義な心の作業になっているならそれでよいと思います。ゲームを通して人生の浮き沈みや、お金、職業、家族、勝負、運、努力、リスクにまつわるクライエントの思いが語られ、それがセラピストに受け止められ、それに二人で取り組んでいるのであれば、それはゲームを通して遊戯療法をしていると言えるでしょう。コンピュータゲームでも、二人で協力したり競争したりしながらクリアしていくことにセラピーとしての意味が感じられる場合もあります。

しかし、「玩具に遊ばれてしまっている」ような事例も中にはあります。コンピュータゲーム（家庭用ゲーム機）には、下手をすれば玩具に遊ばれてしまい、ただの時間の消費になりかねない面があることは否めません。その理由でコンピュータゲームをプレイルームに置くのは一般的に言って適当ではないと思います。

その子がセラピストとの関係を切ってコンピュータゲームを五〇分間、一人で黙々としているのであれば、その子はそもそもセラピーを受けるモチベーションをもっているのでしょうか。どう思ってここに来ているのでしょうか。セラピストに背を向けて一人で黙々とやっているなら、そのこと自体を話題に取り上げる必要があると思います。もしかすると、いつも自分がそうやって誰かに背を向けられていることを表現している姿なのかもしれません。

16　受容と制限

Q117　**電話番号とかどこに住んでいるのかとか個人的なことを尋ねてくる子どもがいますが、どこまで答えてよいのかがわかりません。個人的なことを聞かれて答えなかったら、傷つけることにならないか心配です。**

A117　**答えてもらえなかった際の気持ちを話し合う／交流の欲求に応える**

セラピストの自己開示については、まとめて言えば、①質問の意図がわかっていて、答えるのが自然なときは答える。②質問の意図がわからないときは、すぐに答えずに「どうして？」と先に意図を問い返す。③質問の意図ははっきりしないが、答えてもよいことならば先に答えてから「どうして？」と意図を尋ねる、となると思います。

自分の話をするのであれば、なぜ今自分の話をするのか、何をどこまで話すのかについてセラピストとしての意図がなければなりません。セラピストが調子に乗って自分のことをベラベラしゃべったのでは、どっちがクライエントかわからなくなります。クライエントの遊びに付き合うのに疲れたり、対応に行き詰まったときにそういうことになりやすいものです。

内容によって答えられるものと答えられないものを分けることも大事です。「きょうだいはいるの？」は場合によっては答えられますが、「住所書いて」という要求にはどんな場合も応じることはできません。「電話番号教えてよ」と何度も食い下がられて対応に困るようなこともあるでしょう。もちろん教えることはしませんが、教えるか教えないか二者択一だけの話ではありません。〈答えられない〉とただ繰り返すのではなく、架空の番号を言って遊びにするという方法もあります。〈じゃあ言うよ。三七の五九六三〉「ありがとう」〈なんて覚えるか知ってる？〉「え？」〈みなご苦労さん〉「それってほんとの番号？」（笑）。質問そのものには答えないけれども、交流したい欲求には応えるわけです。電話番号を知りたいというのは交流の欲求なのかもしれませんから。

答えてもらえなかったことに対して、「拒否された」とショックを受けるクライエントもいるでしょう。悲しく思ったり、腹を立てたりすることもあるでしょう。答えない理由を説明しても納得してくれないかもしれません。その場合はそうした気持ちについて話し合うことです。場合によっては、愛着対象から過去に拒絶されて傷ついたという話が出てくるかもしれません。その痛みを乗り越えるのを支援するのが我々の仕事です。

一度答えたらどんどん聞いてくるようになったという場合もあるかもしれません。そのときは、〈私のことばっかり聞いてくるね。どうしてかな〉とそのこと自体を話題に取り上げるのも一つでしょう。

✤　✤

Q118　子どもが前回の終わりに「私、来週誕生日」と言って帰りました。クライエントに「誕生日おめでとう」は言ってもいいのでしょうか。セラピー関係から外れる気がするのですが。

A118　言って悪いことはない／誕生日を伝えたことの意図やそこに含まれた感情を聞く

もちろん心理的距離に対する配慮は必要ですが、誕生日を祝ってはいけないということはありません。「おめでとう」と言ってもらえることは自分が大事にしてもらえているということの証です。覚えていてくれた、これまでこんな体験をしたことはなかったという、新たな満足体験を得ることがクライエントを前に進めることもあります。そうしたからといって、治療関係が台無しになるということは普通はないと思います。逆に、何も言わなかったり、忘れていたとしたら、「もういい」とふてくされるかもしれません。たとえそれが前にも人から忘れられた負の体験を思い出させることになり、それに治療的な意味があるとしても、それをあえてすることもないでしょう。

わざとやらなくても、以前の誕生日の時に嫌な思いをしたといったことがクライエントのほうから語られることもあります。まるでその話をするために誕生日を教えてくれたのかと思えるほどですが、出てきた話は大事に聞きます。

さて、言葉でおめでとうと言うだけでなく、何かプレゼントを用意しないといけないのではないかと思う人もいるようですが、そこまでする必要はありません。プレイルームの中にホワイトボードがあるなら、そこにバースデーケーキの絵を描いて、一緒にお祝いすることもできます。

クライエントに誕生日を問われて答えたら、お互いの誕生日が二日違いであることがわかったため、「今度の誕生日のとき、プレゼントを持ってくる」と言ったクライエントがいました。プレゼント交換をすることがセラピーとしてプラスの意味をもつと思えるなら、絶対にやってはいけないということはありません。あまり高いものにならないように金額を決めるとか、あるいは新たに買うのではなくて家にあるものを持ってくるといったルールを決めておくとよいでしょう。

✣　✣

Q 119

男性セラピストです。小五の女子児童が膝の上に座ってきたり、肩車をせがんできます。まだ幼い感じの子ですが、身体接触するのはどうなのかなという思いがあります。早くに亡くなった父親の代わりを求めているのかとも思うのですが。

A 119

足りないものを埋めるのには限界がある

三歳の子どもであれば、抱っこしたり、抱え上げたりという身体接触は十分にありえることです。子どもが「あれ取りたい」と言えば、〈取ろうか？〉「いや、自分で取りたい」〈うん、わかった。ヨイショ〉と言って持ち上げることは、おかしなことではありません。あるいはセラピストが座っている上に腰かけて、何か作業をすることもあるでしょう。とはいえ、必要以上にはしませんし、セラピストの欲求からするのではありません。

思春期ならどうでしょうか。そうした身体接触の要求に応じるべきでないのは明らかです。では、何歳が境目か。そんなことはあらかじめ決まっているわけでも、誰かが決められるわけでもありません。年齢だけでなく、関係によっても決まることです。幼い感じの子とはいえ、セラピストが何となく迷いを感じるのであれば、やるべきではないでしょう。「エー、やってよ」と食い下がられても、〈ムリムリ〉と突っぱねるのがよいと思います。幼稚園の頃に父親が亡くなっていて甘えられなかった分を取り戻そうとしているのではないかと推測されるような場合も確かにありますが、そうした心理的な意味合いが感じられるとしてもすべきではありません。足りないものをセラピストが代わりに埋めることはできないのです。要求が拒否されたとき、クライエントは自分の中の足りないものに向き合うことになります。セラピストの役割は、代理的に満たすことではなく、満たされない辛さを受け止めることです。

肩車を求められたら、人形二体を使って肩車させ、空想を広げることを提案してみてもよいかもしれません。〈肩車してもらったら何が見える？〉「幼稚園の頃、近くに公園があって、桜の木が一本だけあって、お父さんと見に行ったことがある」〈そうか、じゃあそのとき肩車してもらったら、桜の花がこんな近くに見えたかも〉「うん」。疑似的な体験をすることで、嬉しさと、今となっては叶わないことの悲しさが同時に訪れるかもしれません。大切なのはその感情を一緒にしっかりと味わうことです。

✤　✤

Q120 小学生の男の子がセラピーの途中で性器をポロッと出しました。「恥ずかしいからやめて」と言うとやめてくれましたが、これでよかったのかどうか気になっています。

A120 「人前で出すものじゃない」と言ってしまわせる

そうした行動の背景には性的な興味関心もあるでしょうし、近親者の性行為を目撃させられたり、自分が性的虐待を受けていたといった体験がある場合もあるでしょう。そして、他児との間で性に絡んだトラブルを起こしているような子どももいます。このような状況では、〈人前で出すものじゃない。しまっときなさい〉と言って、ともかくしまわせます。セラピストのほうが恥ずかしいからという理由づけをするのは、「人は相応しくない場所で性器を見せられたときには、恥ずかしくて不快に感じるのだ」ということを教えるという意味では一つの言い方だとは思いますが、相手を困らせることを目的にやっている子どももいますから、困っているという感情を見せることは、かえって子どもを刺激するかもしれません。「人前で出すものじゃない」という言い方のほうが、その点では中立的でしょう。

性的なしぐさをしたり、性的な言葉を口に出したり、性的な体験の有無をセラピストに直接尋ねてくるような質問も、それがセラピストをわざと刺激しようとする意図のもとに行われているのであれば、〈そういうのは答えないよ〉と言って、取り合わないのが一般的にはよいと思います。それでもしつこく聞いてくるなら、〈どうしてそういうことを聞いてくるのかが知りたいけど〉と行為の背後にあるものに目を向けさせる返し方もあるでしょう。

✤　✤

Q121

セラピーの中でオシッコやウンチの話ばかりする子どもなのでうんざりしています。ある時、ごっこ遊びで私にトイレでウンチをする役をやらせ、「ホントに脱いでよ」と言いました。要求には乗りませんでしたが、子どもは不満げでした。

A121 幼い子どもはある意味オシッコやウンチの世界に生きている／要求には乗らず、空想を広げる

口を開けばオシッコやウンチの話ばかり。ごっこ遊びでもウンチを投げられたり、食べさせられたり。そんなセラピーが毎回続けばうんざりしてくる気持ちもわかります。しかし、幼い子どもはある意味、オッパイ、ヨダレ、オシッコ、ウンチ、チンチンの世界に住んでいます（フロイトがその発達段階に口唇期、肛門期、男根期などという名前を付けたのも、そう考えると頷けます）。セラピストがその世界に徹底的に付き合うことを通してしか、そこから抜け出せない子どもなのであれば、付き合うほかありません。やがて欲動は昇華され、より文化的な世界へと発達を進めるでしょう。

とはいえ、「ホントに脱いでよ」という要求にそのまま答える必要はもちろんありません。ただ、実際に脱ぐことはしなくても脱ぐまねをすることはできるでしょう。〈これで脱いだことね。それでどうなるの〉と、クライエントの心の中にあるその先の展開を尋ねてみます。それでもさらに「ホントに脱いでよ」と言われたら、〈それは無理。本当に脱がなくたってお話は続くよ〉と答えるのも一つです。そうやって遊びの中でその子どもがもっている空想が展開されていくことが大切です。

実現できないことにはできないと言うだけでなく、空想を広げてもらいます。四歳の子どもが終了間際に「おうちに来て」と言ったことがありました。自分の家を見てほしいのでしょうか。セラピストへの甘えでしょうか。家族関係を何とかしてほしいのでしょうか。〈先生はここの先生だから行くことはできないよ〉と伝えるだけでなく、〈先生におうちに来てほしくなったの？〉〈先生がおうちに来たら、何をしてほしい？　一緒に何する？〉と空想を広げる質問をしてみることもできます。

ぬいぐるみの縫い目が破れてしまい、子どもが縫ってほしいと言います。しかし、針も糸もその場にはありません。その場合も、「無いから繕えない」と返すのではなく、見えない糸と見えない針で縫って、〈よし、これでできた〉という返し方もありえるでしょう。そうすることがよいかどうかはケースバイケースですし、子どもがそれを受け入れるかどうかは別の話です。壊れたものを現実に修復することに意味があるのであれば、次の回までに繕っておくという対応もありえます。

Q 122 **玩具の人形や怪獣を使って激しく戦わせたり、街をめちゃめちゃに破壊したり、時には「死ねー!」というような暴力的な言葉も聞かれます。そうやって攻撃性を発散させているならよいのかもしれませんが、本当にこのままでよいのかと不安にもなります。**

A 122 **発散だけでなく、攻撃的な遊びの背後にどのような苦しみがあるのかを理解する**

こうしたときに「発散」という言葉がしばしば使われます。心理療法にカタルシスの要素が大なり小なり含まれていることは確かでしょう。しかし、攻撃性をただ発散させればよいのではなく、子どもがなぜ攻撃的な遊びをそれだけ繰り返すのか、その攻撃的言動が何に由来するのかをしっかりと見てやる必要があると思います。

人が攻撃的になるときはどのようなときでしょうか。甘えが受け入れられないとき、人は恨みの感情から攻撃的になります。受動的攻撃の形をとる場合もあります。もともとは誰に甘えを受け入れてほしいのでしょうか。

強い羨望を抱いたときに、その羨望の対象を破壊したくなることもあります。なぜそこまでの強い羨望を向けざるをえないのかを考えてみる必要があります。例えば、セラピストに対する攻撃に、「自分は何もできないだめ人間だけど、セラピストは明るい性格で何でもできる人だから破壊してやる」というような思いが隠れていることがあります。

プライドを傷つけられたときに激しい怒りを向けることもあります。これは自己愛憤怒と呼ばれます。迫害される不安を覚えているとき、自分の身を守るために防衛として攻撃することもあります。防衛が過剰になって先制攻撃することもありますが、実は怖いから攻撃しているのです。一体何を(誰を)怖がっているのでしょうか。迫害してくるものが外にある場合も大変ですが、自分の内側からやってくる場合はもっと大変です。逃げようがありませんから。

こうして見ていくと、攻撃の背後には、何らかの心の苦しみがあるということがわかるのではないでしょうか。攻撃行動を減らすために大切なことは、その苦しみに耳を傾け、理解を示すことです。見かけの攻撃行動にだけ目を奪われるのではなく、その背後に悲しみや寂しさや情けなさなどの気持ちがある可能性を考えて会ってみましょう。

✤　✤

Q123 子どもが激しい攻撃的な行動をとるとき、止めたほうがよいのか、それともそれが表現したいことなら止めないほうがよいのかと迷うことがあります。止めなくてもよい条件というのはあるでしょうか。

A123 制限しなくてもよい四つの条件

例えば人形を残虐に殺すような激しい遊びをしているとき、セラピストが止めようとすると、クライエントが「止めたりしなくてもよい」という感じで強く制する事例がありました。こうした子どもに人や動物を殺すべきではないと教えることは無意味です。クライエント自ら、「これは必要性を感じて表現していることなのだから、心配しなくても大丈夫」と教えてくれているわけですから。これだとセラピストとしても安心して見ていられますが、このような例はむしろ稀です。多くの場合は、セラピストが自ら判断しなくてはなりません。制止しなくてもよい場合の条件は、次の四つにまとめられると思います。

①クライエント本人が自分の攻撃性に圧倒されてしまわないこと。出しすぎて一時的に意識を失ってしまうようなことがないようにということです。

②プレイルームでは激しいことをやっていても、その影響が日常場面へと流れ出ていきそうにないこと、実際に流れ出ていないこと。もしプレイルームの外に漏れ出ているのであれば、「プレイルームでは

激しい遊びをしてもいいけど、部屋の外に出たらおしまい」ということをもう一度伝えないといけません。目指すところは、プレイルームの中でそれだけ激しいことができたから、外の世界では下手に出す必要がなくなる、出すとしたら上手に出せるようになるということです。

③セラピストが抱えられる範囲内であること。セラピストが抱えられる範囲を超えて出すことは、二人にとって危険です。これについては次の設問で取り上げます。

④セラピストに、激しい行動の意味（これによって何を表現しようとしているのか）がある程度理解できていること。例えば、以前はそうでもなかった子どもが、ある時からセラピストに強い口調で次々に命令し出して、セラピストが困り果てているとします。しかしその命令に「僕の言うことを何でも聞いてほしい」という甘えの要素があると感じられたらどうでしょう。今まで抑えられていた甘えの欲求を表に出してきているのであれば、それは肯定的な変化とみなせます。甘えを攻撃の形でしか表せないことに切なさも覚えるかもしれません。そうすれば、単に制限するというのとは別の対応の仕方が見えてくるのではないでしょうか。

✣　✣

Q124　小学校一年生の男の子の遊戯療法をしています。最近赤ちゃん人形を投げつけたり、砂場に埋めたり、目に棒を刺そうとしたりといった行動がエスカレートしてきました。できるだけ受け容れようとしたのですが、結局〈もう限界〉と言って止めてしまいました……。

A124　器を大きくする努力は要るが、器には必ず限界がある

セラピストには、クライエントの心を受け容れる器を大きくする努力が必要ですが、それでも無限に受け容れられるようにはなりません。限界があるから器なのです。セラピストの抱える器を遥かに越えたことをクライエントがやろうとするときは、制限すべきです。自分の限界を超えてまで無理をすることは、クライエントにとってもセラピストにとっても、安全感を脅かされることになります。

セラピストが受け容れようと限界まで努力してそれがついに限界に達し、正直に〈もう限界〉と言ったとき、二人の間で何が起きたでしょうか。クライエントはどんな反応をしたのでしょうか。もしかすると、セラピストが発した〈もう限界〉という言葉は、クライエント自身が生活の中で感じていた「もう限界」という気持ちがセラピストに伝わって、セラピストの口から出たのかもしれません。

床の上に仰向けに寝転んで「(私の) お腹を踏んで」とセラピストに要求してきた小学校低学年の子どもがいました。その子は先天的に腸の病気を抱えており、乳児期に手術を受けたことがありました。また精神疾患をもつ母親に翻弄されており、不安に満ちた心の世界を次々と表現し、セラピストもそれを拾い、なんとかそれに応えようと必死でした。ですから、今回もそれがその子の表現したいことであり、その要求に応えることがセラピーとして意味のあることならば、言われた通りに踏まなければという使命感のような思いもありました（もちろん、踏むといっても足をお腹の上に添えるくらいですが）。しかし、さすがにこのときばかりはそうすることがあまりに辛く思えました。そこで、〈それはできないよ〉と正直に言いました。自分の受け皿が小さいためにその子の表現を制限してしまったようで、申し訳なく感じたことを覚えています。

すると、その子は「うん、わかった」と言ってすっと立ち上がったのです。意外なほどあっさりと。その遊びはそこまででした。この対応でよかったのかどうかはわかりません。ただ、その「うん、わかった」には、セラピストの限界を責めるようなニュアンスは感じられませんでした。むしろ、「ああ、この子はこういうことがわかるんだ」と聡明さを感じさせられる気がしました。知的障害があって、特別支援学級に通う子どもでしたが、この種の聡明さはそれとは無関係だということがわかります。そう思うとこちらには感謝の念すら湧いてきました。また、その子にしたらここまでだという限界が示されたこと、セラピストの正直な気持ちが聞けたことに安堵感を覚えたかもしれません。あるいは、自分の気持ちが真に伝わったという納得の気持ちだったでしょうか。

遊びの中でセラピストを直接的に攻撃して、とことん追い詰める子どももいます。セラピストに心の余裕がなくなり、ついに心の底から〈もうやめて〉と真顔で言ったとき、クライエントが追い詰めるのをやめることがありますが、それも自分がこれまで感じてきた思いが、セラピストに真に伝わったとどこかで思ったからなのかもしれません。

✤　✤

Q125　キャッチボールしているとき、子どもが思いっきり投げた速いボールが時々私の体に当たります。わざと狙ってやっているのではないかもしれませんが、顔に当たるとさすがに痛く、一度はあまりの痛みにうずくまってしまいました。

A125　当てないようにはっきりと伝える／セラピストの感じた痛みの意味を考える

ボール遊びやチャンバラなどで子どもが手加減せず、セラピストが痛い思いをするというのは時折見られる光景です。「受容が大事だから、やられっぱなしでも仕方がない」などということはありません。「顔に当ててはいけない」とはっきり言いましょう。それによって子ども自身が自己コントロールできるようになるならそれでよい話です。あるいは、「この刀はプラスチックで思いっきり戦ったら痛いから、こっちの柔らかい剣で本気でやろう」と、別のものを提案する方法もあります。セラピストがやられっぱなしで怪我をして、そのためにセラピーが続けられなくなったとしたら、セラピストにとってもクライエントにとってもまさに痛手です。

セラピストが本気で痛がっていると、健康度の高い子どもであれば、「あ、ごめん、大丈夫？」と気遣ってもくれるでしょうが、まったく意に介さずにフンと素知らぬ顔をする子もいます。あるいは、「ごめん」と口で謝りはするもののまったく気持ちがこもっておらず、すぐに「早くやろう。いつまで痛がっているの！」と怒ったように急かしてくる子どももいます。セラピストにすれば、体は痛いし、形だけ謝られても心は痛いし、セラピーをやめたい気持ちにさえなるかもしれません。虐待を受けていた子どもであれば、セラピストが感じる体と心の痛みは、もしかするとその子が虐待される中でずっと感じてきた痛みなのかもしれません。その子は、自分の痛みを理解してもらう機会をもつことが当時はできなかったでしょうが、今がその機会なわけです。セラピストが痛みを感じつつも見捨てずにいると、関係の修復を図ろうとする子どももいます。

発達障害的な意味で、言ってもすぐに力加減をコントロールできないとか、相手の気持ちに立つことができないというのがその子のもつ心理的課題なのだとすれば、本当に痛いのだ、これが今後も繰り返されるのなら辛い、という気持ちを根気強く伝えていかねばならないでしょう。

セラピストにボールがたまたま当たって、〈痛い。気をつけて〉と言うと、自分がしてしまったことに動揺し、固まってしまう子もいます。その場合は、〈びっくりしたね〉とその子の気持ちにコメントすることも必要です。

✤　✤

Q126 クライエントがバッター、セラピストがピッチャーで野球の勝負をしています。あまり強い球を投げてもと思って少し手加減して投げたら、クライエントに「本気でやってる？」と言われてしまいました。こういう場合は本気を出すほうがよいのかどうか……。

A126 個別に考えるしかない

その子が「本気でやってる？」と咎めるような言い方をしたのは、馬鹿にされたように感じたからなのかもしれません。セラピストは、本気で剛速球を投げたほうがよいのでしょうか。

本気を出したら、子どもの表情が途端に強張ったという例もありました。その反応を見て〈これが本気だよ〉と言うと、子どもは「ウン」と目を合わさずに言います。「びっくりしたけど、自分が言ったことだから」と口に出しては言いませんが、そんなふうに自分を納得させようとしているかのようでした。大人の本気がそこまでのものだとは思っていなかったのかもしれません。

まともに力を出して勝って喜んでいたら、「もう、大人げないな」と子どもに言われたというセラピストもいます。「あのなー、先生」〈何？〉「やりすぎ」〈だって、本気でって言ったやん〉「とは言ったけども……」〈そうか、僕が真に受けすぎたか〉。気を遣われて手加減されてはつまらない。でも、それにしたって、限度というものがあるだろうと言わんばかりに。

では、本気を出さずに力を抜いたほうがよいのでしょうか。手加減してでも、クライエントが勝つことの快感を味わうことが大切な事例であれば、手加減することもあるでしょう。どこにいても負け続けのように感じている子どもであれば、まず勝つ体験をして、勝利を味わうことも必要です。現実にはなかなか勝てない辛さをいずれは扱うにしても。

「本気でやってよ。子どもだからってなめてるでしょ」と言われるので本気を出すと、「何をムキになってるの！　大人げないな」と言われる。どちらが正しいかなど、最初から決まっているわけではありません。この子にとってはどうすることがより治療的なことなのかを個々に考えるしかないのです。

✤　✤

Q 127　クライエントがルールのあるゲームでズルをしてでも勝とうとするときがあります。容認したほうがよいのか、それともズルを指摘してルールに従わせるほうがよいのか、いつも悩みます。

A 127　ズルをせずにはいられない気持ちを考える

「ズルを容認したらこの子の将来によくない」と思って指導したくなる人もいるかもしれませんが、それは遊戯療法の方向性とは違います。といって、「ズルをどんどんしましょう」というわけではありませんし、「ズルをしても平気な大人になりましょう」というわけでもありません。つまり、容認する場合であってもそれは一時的容認であって、将来にわたって容認するわけではありません。

遊戯療法の場合、ズルをしてはいけないという道徳的な指導をする道ではなく、ズルをしたい気持ちを考えることを通して、ズルをしなくてもいられるようになってもらうという道を取ります。その子はなぜそんなにまでズルをしないとやっていけないのでしょうか。

ズルをしてでも勝つ快感をいったん味わい、自信をつけているのでしょうか。確かにまずは圧勝して自己肯定感を高めることが必要な子どももいます。あるいは、劣等感が強く、負ける自分を認められないのでしょうか。あるいは、ズルをしないとこの世の中ではやっていけないように感じているのでしょうか。つまり、勝つためではなく、対等な立場に追いつくためのズルです。本当は自力で対等になれたらよいのだけれど、自力では練習して努力してもうまくいかない、それならズルをするしかないというような理屈なのでしょう。その場合は、なかなか周囲に追いつけない辛さへの共感も必要になるはずです。

自分の心に直面する強さをある程度もっているクライエントなら、〈何でかなあ、どうしてそこまでして勝たないといけないのかなあ〉という言い方で、ズルをしてでも勝ちたい思いを見つめてもらうこともできますし、〈勝ち負けにそんなにこだわらなくてもいいよ〉と直接言う言い方もあるでしょう。

こんなふうにズルをしなければやっていけない気持ちを理解できれば、どんな場合も直ちにズルは許さないというような気持ちは薄れていくのではないでしょうか。

✣　✣

Q 128　ズルを容認するというのは、子どもがズルをしても見て見ぬふりをしたほうがよいということでしょうか。

A128 ズルをめぐるやり取りを大切にする

ズルの容認とは、ズルを放置することではありません。ズルを巡るやり取りはとても大事です。つまり、容認するにしてもやり取りをした上での容認です。「これとこれとこれだけ動かしていい?」〈エー、それはいくらなんでも多すぎ〉「じゃあ、これだけ」〈わかった。それだけだよ〉。ズルにも交渉力が要ります。そういうやり取りをする中で、子どもはズルに関して相手の手応えを感じていくはずです。

「一生のお願い」〈エー、一生のお願いって、一回だけよ。もうこれで三回目じゃない〉「でも、今回でほんとに最後」。この後、〈もう、しょうがないなあ〉と許容するか、〈もう絶対だめ〉と認めないかは、そのときの状況や二人の関係によります。セラピストが譲ることが意味をもつこともありますし、譲らないことが意味をもつこともあります。

何度もズルをされたセラピストがどんな気持ちでいるか、まったく気に留めない子どももいます。セラピストはそれでも受け容れなくちゃと思って受け容れていたけれども、繰り返されているうちに、あまりの理不尽さについにやる気が失せて遊びの手が止まってしまったという例がありました。「どうしたの、やらないの?」と問う子どもに対して、〈なんか、これじゃあどうやっても勝てないし、つまらない〉とセラピストが正直な気持ちを吐露したことで関係が変わっていきました。無論、これは起こそうとしてできることではないのでしょうが。

あるいは、あまりにズルが続き、いろいろと言葉かけをしてみたもののなかなかズルをやめないとわかったとき、セラピストのほうが「もういいや、この子の好きにやらせよう」と腹をくくったことで子どもがやがて変化していった例もあります。その子は、ともかく自分の気が済むまでやり切らないことには変わっていけなかったのでしょう。セラピストはそのプロセスを支えたことになります。

Q129 容認していたら、本当にいつかズルをしなくなるのだろうかという心配があります。

A129 やり取りをしているうちに変わってくる／「大目に見てもらう」体験も大切

確かに、容認していたら本当にいつかズルをしなくなるのだろうかと心配になるのもわかりますが、いつまでも同じということはありません。実際、しばらくすると（何週間、何ヵ月の単位かはわかりませんが）状況は少しずつ変わってくるものです。最初は、ズルを指摘しても「いいから、いいから」と軽くあしらわれ、セラピストがムッとしていたような例でも、子どもに余裕が出てくるとズルをしなくなってきたり、セラピストに有利な方法を教えてくれるようになったり、「ルールの通りに遊んだほうが楽しい」、「こんなズルをして勝ったってしかたない」ということに気づくようになってきます。セラピストが何度も一〇〇対一で負けていたのが、五〇対一になり、二〇対五になり、五対三になり、と徐々に点差が縮まっていくような例もあります。こうした変化のためにはある程度の時間が必要です。

別の面から考えてみましょう。自分自身の成長を振り返ったときに、自分は「ズルを認めてもらった」経験はないでしょうか。「ズル」と聞くとあまりいい感じはしないかもしれませんが、「大目に見てもらう」ならどうでしょう。子ども時代を振り返ってみると、自分がズルや理不尽な要求をしたとき、大人から「だめ」と強く制止されたこともあるでしょうが、時には「そこまで言うならわかった。でも今回だけだよ」と許容してもらった経験もおそらく多くの人がもっているでしょう。逆説的なようですが、ズルをしなくなるには、幼い頃に親しい人との間で「大目に見てもらう」体験が要るのです。その中で「よかった」と嬉しさや安堵感を覚え、それによって「でもこれは特別であって、いつも許されることではない」という理解を徐々にしていきます。さらに言えば、大人になってからでも、大目に見たり見てもらったりというのは多くの人が経験しているのではないでしょうか。

「もう、わかった。そこまで言うなら今回だけいいけど、でもほんとに一回だけだよ」と譲ってもらった経験がない子にとっては、大目に見てもらう体験は成長のために役立つはずです。ズルをしないように変わっていくためにこそ、大目に見てもらう体験が必要なのです。

17　セラピストの感情体験

Q 130　遊戯療法で子どもと遊ぶと子どもからエネルギーをもらってこっちも元気になると言うセラピストもいます。しかし私は、遊戯療法の後自分の心を揺さぶられることが多く、心が疲れ果てます。

A 130　自己に向き合う／セラピストの中に湧いてくる感情を活用する

一章にも書いた通り、遊戯療法は楽しく遊ぶことを目的にしているわけではありません。セラピストは自分の心を差し出してやり取りをするわけですから、時には摩擦も生じます。腹も立ちますし、会うのが嫌になってくることもあるでしょう。子どもの発した一言や行いによって、セラピストは自分自身が普段生活する中で蓋をしていた問いを意識させられ、それに直面化させられるようなことも珍しくはありません。

また、とりわけ過酷な人生を歩む子どもたちを前にすると、その問いの重たさにセラピストのほうが途方に暮れ、逃げ出したくなるような思いに駆られることすらあります。私たちがそこから逃げ出さずに踏みとどまるためには、私たち自身に「生きることの辛さを感じながらも、それでもなお人生に対して肯定感を保ち続けていられる強靭さ」が求められるでしょう。そして、自己に向き合う厳しさだけでなく、安全感、安心感を支え合う人間関係がセラピストにも必要となるでしょう。こう言ってしまえば綺麗事のようですが、やはり大切なことだと身に沁みて思うときがあると思います。

心を揺さぶられるのは、セラピスト自身が抱える心の課題が揺さぶられるからだけではありません。例えば、クライエントが一人で黙々と、まるでセラピストを寄せつけないかのように遊んでいて、セラピストが孤独感を味わうというようなことがあります。その孤独感こそ、クライエントが普段感じている気持ちなのかもしれません。〈なんだか孤独だなあ〉と独り言のようにつぶやいてみると、子どもが何らかの反応をするかもしれません。セラピストの中に湧いてくる感情を活用するという態度です。

Q131 **子どもと遊んでいると、何とも愛おしく思えてきて、何とかしてあげなくちゃという気持ちになります。親はどうしてこんなに可愛い子どもの気持ちをもっとちゃんと理解してあげないのかと、憤りさえ覚えます。**

A131 **親に対する感情を自覚する／セラピーが終われば親子がペアである**

そうした子どもに対する思い入れは、一方ではセラピーの原動力として働く面があります。そうした思いがまったくなければセラピーにはならないでしょう。ただし、それが「この親がこんなふうだから、子どもがこうなるのだ、子どもが可哀想だ」といった気持ちとなり、親を子どもの心を脅かす「敵」のようにみなすとしたらおかしなことです。これは子ども担当者が陥りがちな罠の一つです。「子どもの問題は親が悪いせいだ」といった単純な見方をするのではなく、その家族全体の苦しみに目を向けることです。

どんな親であれ、子どもの親はその人なのであり、自分が親になれるわけではありません。それが現実です。親子並行面接において、セラピーの最中、四者は図のBのような組み合わせになります。しかし、これを「親と親担当者」対「子どもと子ども担当者」の対立のようにとらえている子ども担当者を見かけます。子どもと親が対立しているようなケースで、子ども担当者が子どもに肩入れすると、こうしたことは起きやすくなります。ですが、現実にあるのは図のAの組み合わせです。セラピーの最中はBの組み合わせになっていても、セラピーが終わればAの組み合わせに戻らねばなりません。

　さらに言えば、「何とも愛おしく思えてくる」という感情がどこから来るのか、遊びの中でクライエントがセラピストに与えている役割は何なのかをしっかりと吟味してみましょう。その意味では、こうした感情が湧いてくるのは必ずしも当たり前のことではありません。

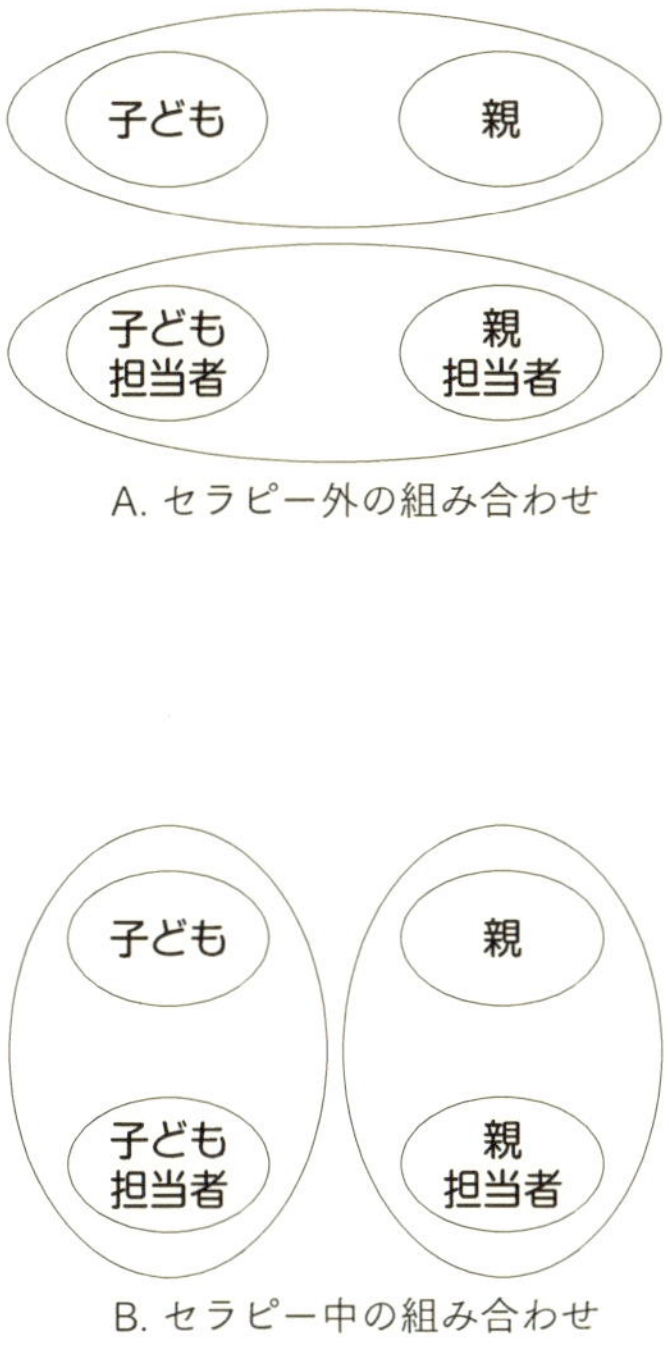

図　四者の組み合わせ

Q132

親担当者は「子どものこういう点は問題だ」と言いますし、事例検討会で発表したときも同様の指摘がありました。でも私はこの子は特に問題のある子ではないと思っています。そんなことよりも良いところを見て応援してあげるほうが大事だと思うのですが。

A132 心の中のネガティヴなものを出してわかってもらえることで初めてポジティヴになれる

子どもの問題点だけを見ずに、その子の良い部分も見るべきだという意味ならその通りです。その子のもつ健康な部分にもしっかりと目を向けるべきです。

しかし、良いところしか見ないということであれば、それは逆の極端に走りすぎです。例えば過去に反社会的行為を起こして捕まったエピソードがあっても、そんなことは大したことではないとばかりに見過ごそうとするのです。子どもを応援したいという気持ちのあまり、「この子には問題はない、健康な良い子だ」とみなしたがるのでしょう。それはアセスメントではなく、セラピストの願望にすぎません。「問題ばかり見ずに、ポジティヴな点も見ましょう」というのは、「うまくいかないところに目をつむり、問題が起きたとしてもなかったことにする」ということではありません。応援したい気持ちになるのはおかしなことではありませんが、良いところを褒めることしかしていないと、クライエントは自分の苦しみを語る機会を与えられませんし、たとえ思い切って語りだしても受け止めてもらえないことになりかねません。うまくいかない劣等感や、人に対する恨みや、やってしまったことに対する後悔の念など、ネガティヴな感情を心の中に抱えているのであれば、それを出してわかってもらえるということが、クライエントを前向きに支えることになるのです。ポジティヴな面を応援すれば支えになるという話ではありません。

アセスメントとして子どもの抱える「問題」を明らかにすることは、何もその子を「問題のあるだめな子」とみなすわけではありませんし、「そこが問題、ここが問題」とその子の問題点をあげつらうことではありません。その子自身が何に苦しんでいるかを明らかにすることです。その苦しみを共感的に理解し、その子の可能性を信じ、その子自身がうまくいかないことに直面しながらも、なお前向きに生きていこうとすることを支える態度が、この場合のポジティヴな態度の意味です。

Q133 子どもが何かを伝えたいのだということはわかるのですが、言葉をあまり発しないし、何かを言ってくれてもよくわかりません。聞き返してもわからず、聞き返される子どものほうもだんだんイライラしてくるようで、こちらも困惑しています。

A133 辛抱強く関わる／すべてをわかろうとしすぎない

相手にとってわかりやすい表現で伝えられない子どもは、相手にわかってもらえないため、結果的に受け止めてもらう体験が他の子に比べて乏しくなりがちです。場合によっては、わかってもらえないどころか叱責されてしまうことすらあります。そこがこうした子どものしんどさです。ですから、たとえ上手には伝えられなくても、その子のもつ考えや思いをしっかり受け止め、その子が伝えたいことを理解しようとすることが大切です。わずかであっても自分の気持ちや思いを表現したときに、それを受け止めてもらい、共有してもらう体験を積み重ねれば、表現する力もさらにつくでしょうし、それによって困ったときに適切に人を求めることもできるようになるでしょう。辛抱強く関わることです。

どうしてこの話の後にこの話が出てきたのかがわからないという場合でも、その子の中ではつながっていることもあります。後の話をとことん根気よく聞いてみると、つながりが見えてくることがあるものです。〈ああ、それであの話の後にこの話が出てきたのか〉と言うと、「そう」と嬉しそうな顔で子どもが答え、お互いに「通じた、通じた」という感じで喜び合う瞬間があります。何が言いたいのかよくわからなったことがようやくわかるときが来て、セラピストが思わず〈ああ、そういうことが言いたかったの〉と言ったところ、子どもに「そう。やっとわかった？」と返されたという例もありました。

とはいえ、どれだけ聞いてもやっぱりわからないこともあります。強迫的にすべてわかろうとする必要はありません。わかってもらえなかったことで、子どもは残念がるでしょうが、〈そうか、ごめんよ、ちょっとわからなかった。でも、またきっとわかることもあるよ〉と伝えてもよいかもしれません。

✤　✤

Q 134

ある回の終わり際に、「先生、お金もらってるの？」と聞いてきた子どもがいました。「お金のためにやっているのか？」と言われたような気がしたので、〈お金のためだけにやってるわけじゃないよ〉と答えましたが、子どもは腑に落ちない様子でした。

A 134

子どもの発言の背後にある感情を多面的に理解すれば、セラピストの感情も変わりうる

「先生、お金もらってるの？」という問いが、「お金のためにやっているのか？」という問いかけである可能性も確かにありますが、いつもそうだとは限りません。この場合は、おそらくセラピストのほうが被害的にとらえすぎているのでしょう。子どもが、自分がしてもらったことに関してセラピストに負担をかけているが、セラピストはちゃんとお金をもらっているのだろうかと心配になったという可能性もあります。それは自分にとって意味のあることをやってもらっていることをどこかで自覚していて、セラピストに感謝の念を抱いたり、それには対価が必要だとわかっているということなのかもしれません。

帰り際、受付窓口で母親が支払いをするとき、いつもは受付には寄りつかない子どもが珍しく窓口に顔を出して、「お母さん、ちゃんと払ってるの？」と口を挟んだことがありました。母親は気恥ずかしそうに、「アホ！　何言ってんの！（ちゃんと払っているに決まっているでしょ！）」と子どもをたしなめ、一同爆笑みたいなこともありました。

✤　✤

Q 135

子どもはやるかやらないか、二者択一で迷っているようでした。私は、子ども自身が結論を出せるように中立的な態度でと思っていましたが、どう考えてもやめておいたほうがよいように思い、迷ったあげく、「やめといたほうがいい」と言ってしまいました。

A 135

クライエントの反応をしっかりと見る／自分から出てきた言葉の背後にどんな気持ちがあるのかを吟味する

そう言う以外にないような気がして言ったのであれば、そうするしかなかったのでしょう。それがいわゆる「純粋性」「自己一致」の話です。ただ、自己一致していればそれでよいとか、自分なりに考えて言ったのだからよいという話ではなく、それがクライエントにどう映り、どのような影響を与えたのかは検証しなくてはなりません。すぐの反応だけでなく、次回以降の反応も含め、しっかりと見ることです。

熟慮の末に言う場合だけでなく、思わず言ってしまうこともあります。その場合も同様に、クライエントの反応をよく見ましょう。そして、「自分の口から咄嗟にその言葉が出てきたのは、自分がこのクライエントに対してこういう思いをもちながら会っているからではないか」と気持ちを吟味し、自覚を得るチャンスにしましょう。

✤　✤

Q 136

「人はどうして生きているの？」と突然聞かれてうろたえました。この子がそんなことを考えているとは思っていなかったというか。

A 136

安心して問える場があることが支えになる／問いに一緒に取り組む

うろたえたのはわかりますが、その子はおそらく「ここではこういうことを問うてもよいのだ」と感じているのです。こうした問いはいつでもどこでも誰にでも問うてよいわけではありません。「何を馬鹿なことを聞いてるの」などと言われたら、受け容れられずに傷つく危険すらあるからです。子どもたちからすれば、安心して問える場があるということが支えになるはずです。

答えることの難しい問いです。しかし、私たちの役割はそうした問いに答えることよりも、そうした問いに一緒に取り組むことです。その問いに一般的に答えることは難しいですが、私がどうして生きているのかならそれなりに答えられます。ですから、〈人は、は難しいけど、私の場合は、でもいい？〉と言って、ともかく答えてみるかもしれません。ただし、答えは私の中にも一つではありませんし、その時々でも変わりますから、私がそのときに思った答えでしかありません。

クライエントはセラピストの答えを聞いてどう思うでしょうか。答えた後に〈……っていう答えはどう？〉などと尋ねてみましょう。そして、〈＊＊ちゃんはどうして生きているの？〉と訊いてみましょう。セラピストに質問したのは、そういう問いを自分自身に対してもっているからなのかもしれません。どんな問いでしょうか。例えば、「私を産んだ人が私の存在を否定している」という矛盾を抱えながら生きている子どももいます。そうした矛盾を抱えながらも、自分を肯定し、前向きに生きていけるように支えることが、私たちの仕事なのでしょう。そのためには、私たちもまた自分の考えや言葉を鍛えておく必要があります。どうせいつか死ぬのに生まれてきて、なぜ生き続けているのか、を。

第七章

遊戯療法の枠が揺れるとき

クライエントの遅刻、退室渋り、次の回に続きをやりたいという要望、途中退室、玩具の持ち帰りや持ち込み、頻度の変更、セラピストの都合による休み……。セラピーの枠組みはあらかじめ用意されているものでも、誰かが用意してくれるものでもない。個々の事例の中で自らが作り、整えていくものだ。

18　始まりと終わりの揺れ

Q137 **このところ枠が曖昧になってきているのでそのことについて話そうと思うのですが、クライエントは遊びに没頭しています。それを遮ってまでするのがよいか、疑問があります。**

A137 **遊びの流れを止めてでも枠について話し合うべきときがある**

枠が揺らぐとき、セラピストの対応は、枠を守ってもらう方向と、枠を柔軟に（セラピーの目標に沿うように）変更する方向の二つに分かれます。枠を守ってもらうためには枠について改めて説明することになるでしょう。その際に大事なことは、確かにそのルールを最初に提示したのはセラピストであるが、これはいったん約束した以上、クライエントもセラピストも守らねばならないことなのだということです。枠の重要性が理解できていれば、枠の話をすることへのためらいは減るのではないでしょうか。

遊戯療法で枠の話をしようとしたが、子どもはそのまま遊び続けていて、こっちを向いてくれなかったという体験をするセラピストもいます。枠の話を始めるときは、〈ねえ、＊＊君、今日は大事な話があるんだ。こっち向いて聞いてくれるかな〉のような言い方で、いつもとは違った雰囲気でしっかり前置きをして言えば、聞いてもらえる確率は上がるでしょう。話があまり長くなると、「もういい？」と話を切ろうとする子もいますから、伝えるべきことを伝えたら適当なところで切り上げたほうがよいでしょうが。

Q 138 クライエントが遅刻をしてきた場合は、来所した時間から五〇分間すればよいでしょうか。

A 138 遅刻してきても延長しないことが原則／枠を守ることは手段であって目的ではない

遅刻してきた場合も、その分の延長をしないことが原則です。事情によっては延長を認めることも、機関によって、また個別事例の事情によってありえる話ですが、「どんな場合でも延長するのがクライエントに対して優しい対応だ」と考えるのであれば、それは違います。時間を守るように言うことは、「この時間はあなたと心の作業をする時間として私は大事にしているので、あなたにも大事にしてほしい」と伝えることだからです。もしクライエントの遅刻がこの時間を大事に考えていないということなのであれば、延長するのではなく、そのこと自体を話し合う必要があります。あるいは遅刻に心理的な意味が含まれているのであれば、遅刻を認めるのではなく、遅刻についてセラピーの中で取り上げます。例えば、ある施設の心理士は遊戯療法の他に、居住空間でも子どもに関わる機会がありました。その子は、居住空間で他の子どももいる場で会うと屈託なく関わってくるのですが、遊戯療法には遅刻をしてくるようになりました。他の子どももいる中では親しくできるが、二人だけの濃密な時間や空間を作るのが怖いために、二人きりになるのを避けようとしているような印象でした。もしそうであるならば、やるべきことは延長することではなく、二者関係での親しさの感覚を怖がらずに味わえるようになることでしょう。

さて、こんな場合はどうでしょう。冬の寒い日、クライエントが少し遅刻してやってきました。急な冷たい雨でけっこう濡れており、手も寒さで真っ赤でした。待合室には強力なストーブがありますが、プレイルームにはエアコンしかないので、風邪をひかないか心配です。さらに時間が短くなっても多少服を乾かしてから始めたほうがよいのか、それとも時間がもったいないからすぐにでも入るほうがよいのか。こうした場合、待合室にあるストーブで二、三分でも濡れた服を乾かし、温まってから始めるほうがよさそうだと思えば、そうして何も悪いことはありません。時間の枠を守ることは大事ですが、時間の枠を守ること自体が目的なのではありません。時間を守ることよりも大切だと思われる要因があるのならば、それを優先したらよいのです。「一度でも時間をずらしたらもう取り返しがつかない、二度と治療関係には戻れない」などと固く考えることはありません。

いつもと違う対応になるときは、その意図について言葉で説明しましょう。そして、今回の出来事がその後のセラピーの経過に何らかの影響を与えるかどうかを丁寧に見ていきましょう。悪影響とは限りません。偶発性を排除するのではなく、むしろ偶然の出来事をセラピーに取り入れ、それを利用していく感覚をもてばよいと思います。

✣　✣

Q139　終了の時間が来てもクライエントがなかなか部屋から出たがらなくて困っています。時には一〇分くらい攻防が繰り広げられます。

A139　時間が来たら終わりというルールを再確認する／退室渋りの意味を考える

〈時間だよ〉と告げても、「あと一回」、「あと三回」とズルズル引き延ばそうとする子どももいれば、セラピストの声かけを無視するかのように遊び続けようとする子どももいます。場合によっては、「次の時間帯にこの部屋を使う予約が入っているので早く部屋を空けないと」とか、「(自分が) 次の時間帯に他のクライエントとの面接予約を入れているのに」と焦ることもあるでしょう。

こうした退室渋りの場合、セラピストが時間の枠についてまだ十分に伝えていないのであればしっかりと伝える必要があります。伝えてはいるのだけれども、まだ回数が浅いため子どもが時間の枠について十分に理解できていないのであれば、再度伝えなければならないでしょう。

部屋から出るように言うときは、〈待合室に戻ったら好きな絵本があるよ〉のような何か他のもので釣るような言い方ではなく、時間だから終わりなのだという言い方をすべきです。そして、〈まだ遊びたいのかな〉と尋ねます。クライエントが「うん、もっと遊びたい」と言うなら、〈そうか、まだ遊びたいんだね〉とその気持ちを認めた上で、〈でも、もう時間だよ。時間が来たら、＊＊ちゃんも先生もそれを守らないといけないんだよ。だからまた来週遊ぼうね。先生、待ってるからね〉と言うこともできます。それでもまだ遊び続けようとするときは、空気を換える感じで「おしまーい」と大きな声で宣言したり、出口のところに行ってドアを開けて立ち、〈ハイ、出口はこちらー。また来週お待ちいたしておりまーす〉という言い方もあるでしょう。

次の時間帯にそのプレイルームを使用する他の予約が入っている場合は、必ず次の開始時間までに原状復帰して次の人に譲らなければなりません。砂や水を使って片づけが大変な状況になるならば、他のスタッフに応援を要請して短時間で片づけなければなりません。それでも無理ならば、砂や水の使用をあらかじめ禁じることも選択肢の一つでしょう。子どもの表現方法を限定することになりますが、自分が担当する子どもに自由に表現させることが、他児の遊戯療法の開始を遅らせることよりも優先されるわけではありません。それでも、次の時間帯に食い込む危険性がある場合は、あらかじめ次のセラピーの開始まで三〇分空けておいてもらうといった処置も考えられますが、それはその相談機関のルール次第でしょう。

ところで、その子はどんな理由があって退室渋りをするのでしょうか。単に遊びに夢中なのでしょうか。注意や気持ちの切り替えが苦手なのでしょうか。要求を認めてほしいという訴えなのでしょうか。お母さんに会いたくないのでしょうか。セラピストともっと長く一緒にいたいのでしょうか。セラピストに対する何らかの抗議の姿勢なのでしょうか。この子どもの退室渋りに込められた心の動きを考えてみる必要があります。

Q 140 **終了時間の直前になって、内的な表現と思われる遊びに子どもが入り込んでいます。このまま終わってもいいのかなと不安に思いました。**

A 140 **セッションの終わりが守りとして機能するように工夫する**

セッションの終わりが守りとして機能するように工夫すべきであるのは、遊戯療法の場合も同じです。とりわけ、心の中のファンタジーが溢れ出すような遊びをする子どもの場合、その子が自分自身のファンタジーに圧倒されたり、それが遊戯療法の枠外に漏れ出してしまわないように、非日常と日常の境目をはっきりさせ、現実に戻して終わるということが大事になります。

例を挙げます。ある小学校低学年の女児は、遊戯療法の中で内界のファンタジーを演じる遊びを毎回のようにしていましたが、中でもお化けがよく登場しました。ある回に、クライエントはお化けの役を取り、「おばけだぞー」と言ってセラピストを怖がらせようとしました。しばらくすると、今度は役割を逆にして、私に背後から〈おばけだぞー〉と言わせ、「怖い怖い」と怖がりました。そのとき、ほぼ終了の時間が来ていました。内界のファンタジーに圧倒されたまま終わるのは危険だと感じて、私は咄嗟にクライエントの前に回り、種明かしであるかのように〈おっちゃんでした〉と言いました（クライエントはその頃、私のことを親しみを込めて、「おっちゃん」と呼んでいました。私はまだ二〇代半ばでしたが……）。クライエントはその言葉に安心したのか、「もう一回やって！」と何度か言いました。安心して表現をするためには、守りとしての枠が必要なのです。

Q 141 **箱庭を作りかけの状態で、終わりの時間が来ました。子どもは「続きは次の回にするので、このまま残しておいて」と言います。他の子どもも使うので、〈残しておくのは無理だよ〉と言いましたが、不**

服そうでした。

A141　残しておけないが、次の回の直前に復元しておくこともある

まず、そのまま残しておくことは実際無理なことです。終われば原状復帰をしなければなりません。それを徹底して、次は新たな回としてまた一からスタートするという考えのセラピストもいるでしょう。あるいは、子どもが万能感をもっていて、次まで残しておいてと言えば残してくれるものだ、それが当然だと考えているのであれば、その要求に安易に応じないことに意味があるかもしれません。

とはいえ、次の回に続きをすることに意味があることもあるでしょう。〈この部屋は時間が来たら元の状態に戻すのが決まりなんだ。それに、このまま残しておいたらこの部屋を使う他の人に見られてしまう。だから、このまま残しておくことはできないよ。じゃあ、こうしよう。これを先生が後で写真に撮っておいて、次の回が始まるまでにこの形にもう一度復元しておくというのはどうかな〉。あるいは、セラピストが事前に復元しておくのではなく、撮っておいた写真を見ながら子どもに復元させるという方法もありえます。

描きかけの絵だったらどうでしょう。〈他の部屋で大事に保管しておくね〉と言って、次の回にセラピストが持ち込んでおくこともできます。もちろん「続きをする」と言っていても、次の回にその子が実際に続きをするどうかは別の話ですけど。

✤　✤

Q142　子どものセラピーが終わって待合スペースに戻ったのですが、親面接が終わっておらず、待合スペースで子どもと一緒に待っていました。すると、さっきの遊戯療法の続きのようなことを話し出したので、そのまま聞いていていいのかなと迷いました。

A 142

〈続きは次回〉と伝え、最小限の現実的な交流にとどめる

遊戯療法が終わったら、次回の確認と挨拶程度で、必要以上には関わらないというのが基本です。しかし、親面接が長引いて子どもに待ってもらう場合、一人で待てない幼い子どもであれば、待合スペースで一緒に待つこともありえます。そのときはできるだけ深い話をせず、遊びの延長にならないように配慮します。

〈さっきの遊びの続きはここではやらないよ。続きはまた今度、あのお部屋の中でね。ここではお母さんを待っているだけだよ〉と伝え、軽い交流にとどめます。待合室にある絵本を一緒に見たりすることもあるでしょうから、一切関わらないようにするというのは非現実的ですが、プレイルームの内と外で区別をしているのだということを伝えた上で関わるのと伝えずに関わるのとでは違いがあります。伝えれば、多くの子どもはそのことを理解できると思います。

とはいえ、待合室で子どもと二人で過ごす時間ができるだけ短くなるよう、親面接者になるべく時間通りに終わってほしいと伝えておきましょう。

✤　✤

Q 143

私の職場は建物の構造上の問題で、受付や待合室から面接室までの間に距離があるため、セッションの前後にどうしてもクライエントと一緒に移動する時間ができてしまいます。その時間をどう過ごせばよいのでしょうか。

A 143

浅い話に終始するよう努める

枠の原理から言えば、枠の外で話をすることは、心の中のものが枠から漏れ出すことになりかねません。だからといって移動の間、無言で通すのは不自然だし、無理なことでしょう。ですから、喋らないわけではないが、日常的な浅い話題に終始するように心がけます。もしセッション前の移動中にクライエントが大事な話を始めたなら、〈大事そうな話だから、それは部屋に入ってからゆっくり聞くね〉と言えばよいし、セッション後ならば、〈その話はあの部屋の中だけにしておこうね。また次の回に聞かせてもらうね〉と伝えます。こう言うことで、セラピストが部屋の内と外で区別しているのだということが伝わると思います。その区別が、クライエントにとって、心に集中して取り組む時間によって日常を生きる時間が侵食されてしまわないための守りになりますし、心に集中して取り組む作業の深みが増します。

ただし、移動の途中で起きたこと、話したこともアセスメントの対象にはなります。忘れずに記録を残しておきましょう。

19　途中退室・部屋の出入り・持ち込み・持ち帰り

Q 144　遊戯療法のセッション中に、子どもが終わりの時間よりも早く部屋を出ようとする場合は、どうしたらよいでしょうか。

A 144　出るのを止めて、出たいと思う理由を尋ねる／枠破りに心が表れる

五〇分のセッションなら、五〇分経つまでは部屋の中にいさせることが原則です。それがルールだと伝えていなかった場合は、そのときにちゃんと伝えましょう。これは何も、ともかくルールを守らせることが大事だという意味ではありません。そうやって枠を破ろうとするときに、子どもの心に湧いてきている感情を扱うことがセラピーを前に進めると考えているからです。子どもはその枠破りの行為を通して、何を表現しようとしているのかを、セラピストは理解する必要があります。

〈まだあと二〇分もあるよ。どうして出たいと思うの？〉と子どもに尋ねてみましょう。退屈に思ったのでしょうか。建物の中を探検したいと思ったのでしょうか。早く部屋を出ないと母親に置いて行かれそうな不安があるのでしょうか。あるいは、お母さんは元気にしているか、親担当者からいじめられていないかが気になったのでしょうか。遊びの中で自分の抱えている心の苦しみに触れかけたため、抱えられなくなって外に避難しようとしたのでしょうか。訊いてみれば、何かを答えてくれる子どももいます。「別に」「出たかったから」だけのときもありますが。

出るのを止めて話を聞くことで、子どもが早めに部屋を出ることをやめる場合もあります。中には、プレイルームの中の人形の頭をポンポンと軽くたたいて人形を慰めることで、自分の心を慰めた子どももいます。

✤　✤

Q145 枠を守ると言っても、子どもがセラピーの途中でトイレに行きたいという場合は行かせないわけにはいかないと思いますが。

A145 止めることはできないが、心の動きについては考えてみる

セラピーの途中で子どもが「トイレに行きたい」と言う場合、明らかに嘘である場合を除けば部屋から出さないわけにはいきません。特に心理的な意味をもたない生理現象のこともあるでしょう。ですが、このタイミングでトイレに行きたくなったことに心理的な意味合いが感じられる場合も中にはあります。あまり深読みしすぎてもいけませんが、心理的な意味があるとすれば何かと考えてみる価値はあります。

セラピストにそばにいてもらって、トイレットトレーニングのやり直しをしているのでしょうか。セ

ラピストとの関係に気詰まりを感じたのでしょうか。セラピーの中で直面したくないことに直面せざるをえなくなって、不安が高まって一呼吸置くために部屋を出たのでしょうか。セラピーの効果として、滞っていた体と心の流れがよくなってきたのでしょうか。トイレに行くことを口実に母親の部屋の前に行って聞き耳を立て、母親の様子を窺おうとしているのでしょうか。

最後の場合であれば、〈あれ、トイレに行きたいんじゃなかったの？　どうしてお母さんのところに行きたくなったのかな？〉などと取り上げることになるでしょう。

✣　✣

Q146　事前に部屋から出たいと言ってくれれば理由も聞けるでしょうが、突発的に部屋を出て行った場合はどうすればよいでしょう。

A146　ルールを再確認する／その行動の意味を考える

まずは追いかけて部屋に戻るように言うのが基本です。それはルールを守ることであると同時に、突発的に飛び出していくことによる危険から子どもを守るということでもあります。部屋に戻ったら、ルールの再確認をします。そして、〈どうして出て行きたくなったの？〉と子どもに問いかけます。子どもは何か答えるでしょう。それとともに、セラピストはセラピストでその行動の意味を考えます。衝動性を抑えられないのでしょうか。何か嫌なことを思い出したのでしょうか。ルールを守りたくないのでしょうか。セラピストへの抗議なのでしょうか。セラピストを困らせて楽しんでいるのでしょうか。

頻繁に起きればセラピストも心を揺らされるでしょう。部屋に戻そうとしてもなかなか戻らず、親面接の部屋に侵入していった子どもの例もあります。突然出て行かれて取り残され感を覚え、被害感が湧いてきて、追いかけるのが嫌になるなんてこともあるでしょう。確かに大変ですが、一体何が起きているのか、その子の成育歴や現在の状況、セラピーの経過と照らし合わせて考えてみましょう。セラピストが取り残された気持ちになったということに何らかのヒントがあるのかもしれません。

Q147 **遊戯療法でクライエントが家からシャボン玉のセットを持参して、「シャボン玉をしたいから外へ出たい」と言いました。〈それはできないから部屋の中でしよう〉と言うと、クライエントは怒ったように「じゃあいい」と言って結局やりませんでした。この対応でよかったのかどうか。**

A147 **要望に応じて枠を変更するかどうかを決める際には三つのことに留意する**

枠の原則からすれば、認めないほうが基本です。しかし、今回は認めるほうがよいのではないかということもあるかもしれません。どんな場合も絶対にだめとは言い切れません。ただし、要望を受けて枠を一時的に、あるいは持続的に変更する際には、以下の三点に留意する必要があります。

第一の留意点は、枠の変更の申し出の意味をセラピストがある程度わかっていることです。まずは、部屋の外では原則としてできないことになっていることを伝えた上で、どうして持ってきたのか、理由を尋ねます。その理由が納得のいくものであり、そうすることがその子にとって意味がありそうならば、セラピストの判断を説明して要望を受け入れることも、「ありえないことはない」という程度にはありえます。逆に、セラピストとの関係に息が詰まる思いがしていて、セラピストを外に引き出すために持ってきたのではないかと思われるのであれば、外に出ることを認めずにそのことを話題に取り上げるほうがよいでしょう。

第二の留意点は、枠を変更することによる危険性についてさまざまに配慮し、その危険をできうる限り減らすことです。外でシャボン玉をすることにいかにプラスの意味がありそうだとしても、やはりクライエントにとって守りは必要です。人目を避けることのできる空間が確保できなければ、外に出るべきではないでしょう。要は、この場合室外に出ることが「枠破り」ではなく、「枠の拡大」となるように配慮するということです。

第三の留意点は、変更したことの影響が、その後のセッションの中でどのような形で現れてくるのかをしっかりと見ることです。その後二人の関係が変わったということがあるかもしれません。良い影響か、悪い影響かはすぐに評価できるとは限りません。もしクライエントの状態が悪くなっているようであれば、〈この前外に出てから、かえって調子が悪くなったような気がするんだけど、自分ではどう思う?〉と尋ねてみることもできます。

応用問題を一つ。クライエントが絵を描きたいと言いますが、プレイルームの画用紙の在庫が切れています。子どもは「取ってきて」と言います。この場合、「セラピストが出て行くことで空間の安定性が崩れるので取りに行かない」のと、「今回は絵を描くことに意味がありそうなので取りに行く」のと、どちらが正しい対応でしょうか。どちらもありえます。どちらが正しいではなく、必要性や危険性をさまざまに考慮して、今回はこういう理由でこれを選ぶという自覚が大切です。その判断はけっこう瞬時に下さないといけません。取りに行く場合は、その間子どもを部屋に残していくことになります。危険はないでしょうか。時間はどれくらいかかるでしょうか。何と言って出て行けばよいでしょうか。部屋を出ている間、その子は何をしているでしょうか。何かをしておくように言っておいたほうがよいでしょうか。戻ってきたら、その子はその通りのことをして待っているでしょうか。実際にその子が何をしていたのかに注目してみましょう。そして、あのときはよいと思ってそうしたとしても、それがその後のセラピーにどのように影響したかを確認します。あのときやはり要求を受け入れて絵を描いてもらってよかったと思うこともあるでしょうし、あのとき部屋を出て行って以降、枠が緩くなったように思うので、やっぱりまずかったかなと思うこともあるでしょう。後者であれば、枠を立て直すことを考える必要があります。

コラム

要望を受けて枠を変更する際の留意点

①変更の理由を明確にすること
②変更に伴うリスクを低減すること
③変更した後どのような影響が見られるかを確認すること

✤　✤

Q148 **子どもが家からお気に入りの玩具を持ち込みたいと言っていますが、それは認めてもよいでしょうか。**

A148 **禁止はするが思いは受け取る／認めることもある**

原則として持ち込みは認めません。部屋の内と外、日常と非日常の区別をはっきりとさせることで、ただの遊び場ではない、家の延長ではないことを示すためです。伝え方としては、禁止というニュアンスをとりわけ嫌う子どもの場合には、〈持ち込みは禁止〉というよりも、〈この部屋ではこの部屋にあるもので遊ぼう〉という言い方のほうが受け入れられやすいように思います。一方、その言い方では持ってきてはいけないということが明確に伝わらない子どもであれば、〈持ってくるのはやめよう〉とはっきり伝えるほうがよいでしょう。

持ってこないように言うだけでなく、〈どうして持ってきたいと思ったの？〉と理由を尋ねてみましょう。セラピーが、あるいはセラピールームの玩具が退屈なのでしょうか。前章ですでに述べましたが、家庭用ゲーム機を家から持ってきてそれに没頭し、セラピストとの交流を断って五〇分間をやり過ごすのであれば、そもそもここに来ることの意味について話題にすべきです。

しかし、持ち込みをいつでも禁じるのがよいかというと必ずしもそうではありません。ある程度納得のいく説明が得られたら、あるいは説明はなくともそこに意味があると感じられたら、受け入れることもありえます。例えば分離不安の強い子の場合、家から持ってきた玩具を母親から渡され、それをプレイルームで触れたり遊んだりすることで、子どもが安心してプレイルーム内にいられるようになるのであれば、それを無下に取り上げないほうがよいでしょう。慣れ親しんだ対象に触れることを通して新規場面に慣れてきたら、〈そろそろこの部屋の玩具で遊ぼうか〉と切り出せばよいのです。ただし、もし親のほうが「これさえ渡しておけばこの子は大人しくしてるから」のように安易に考えているようであれば、そのこと自体は親面接で取り上げてもらう必要があるでしょう。

自分の持っているものをセラピストに見せてあげたい、あるいは見てほしいという場合はどうでしょうか。自分のしていることに関心を向けてもらい、理解してほしいということであれば、一度見せてもらうこともありえる話です。スマートフォンに保存した画像や、自分が熱中しているゲームやアニメの動画を子どもから見せてもらうことで理解が進むこともあり、それを一律に禁じることはないと思います。ただし、その後スマホに一人で没頭してしまうようなら〈それは今はやめとこう〉と言うべきです。

セラピーの中で自分の心を表現するためには、どうしても家にあるあの玩具が必要だけれども、プレイルームにはない。それで持ってきたいのだとしたらどうでしょうか。〈どうしても必要だと思ったんだね、じゃあ一度持ってきてみようか〉と言うこともあるでしょう。家庭用ゲーム機にしても、今まで自室にひきこもって一人でゲームをしていた子がセラピストと一緒に対決したいという場合、そこに対人交流に関心を向けはじめているという意味合いが感じられるのであれば、〈よし、勝負しよう〉と言うこともありえない話ではありません。

✤　　✤

Q149 遊戯療法でクライエントがプレイルームの玩具を持って帰りたいというときは、どう対応したらよいでしょうか。

A149 認めず、持ち帰りたい気持ちを尋ねる

玩具を持って帰りたいと子どもが言うとき、セラピストのすべきことは三つあります。一つは、持ち帰ることはできないというルールを説明することです。共用のプレイルームであれば、その玩具を他の子どもも使っているかもしれません。ある子がそれを持ち帰ることで、他の子がそれで遊ぶ機会を奪われ、その子の心の安定が失われることもありえます。具体的には〈持って帰ることはできないよ。それはここのおもちゃだから、ここで遊ぼうね〉と伝えます。

二つ目は、持って帰りたいのに持って帰れない辛さに共感を示すことです。例えば〈これ持って帰りたくなったのか。でも、ここの玩具は持って帰れないよ。残念だろうけど〉というような言い方です。

そして三つ目は、持って帰りたい理由を話し合うことです。その子は何を持って帰りたいのでしょうか。例えばミニカーを持って帰るのと、大仏を持って帰るのとでは意味が違うでしょう。また、持って帰ってどうしたいのでしょうか。それはある意味、その子の空想を聞くことです。誰かに見せたいのでしょうか、自分の部屋に宝物として、あるいはお守りとして置いておきたいのでしょうか。飾っておくのでしょうか、どこかにしまっておくのでしょうか。

中には、無断で持ち帰ってしまう子どももいます。持ち帰ったかどうかが確実にわからない場合はなかなか扱いが難しいですが、場合によっては本人に問いただすこともあるでしょうし、親面接者を通して親の力を借りることもあるかもしれません。

Q150 プレイルームの玩具ではなく、自分が描いた絵や作った粘土細工などの作品を持ち帰りたいという場合はどうなのでしょうか。

A150 持ち帰りたい理由を尋ねる／親に見せることの期待とリスクに配慮する

基本は、〈どうして持って帰りたくなったのかな〉と尋ねることと、〈ここで作ったものは、ここに置いておこう。先生がちゃんと保管しておくからね〉と伝えることです。実際、保管をしておいて、子どもが見たくなったときには見せられるようにしておきます。それまで作ったすべての作品を写真に撮ってアルバムにしておくという方法もあります。

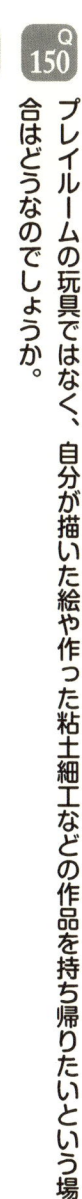

持ち帰りたい理由には、持って帰って自分の部屋に置いておきたいという場合と、親に見せたいという場合があると思います。他の誰かにという場合もあるかもしれません。了承を得る間もなく、子どもが「お母さんに見せてくる」と言って、バンと部屋を飛び出すこともあります。あるいは、箱庭作品を「お母さんに見せたいから部屋に連れてきたい」と言う子どももいます。「持って帰ってどうしてもお父さんに見せたい」と主張する子どももいます。それが、セラピーを保育所や幼稚園と同じような場所としかみなしていないために生じているのであれば、〈ここで作ったものはここに置いておくよ、先生と二人で大事にするものだよ〉と伝える必要があるでしょう。親に見せて「よくできたね」と褒めてほしいという期待を抱いている場合もあるでしょう。「親を喜ばせないといけない」と思っているのであれば、その気持ちを取り上げることが大切です。

自分の作ったものを見せることでしか、自分の思いを親に伝えられないように感じていることもあるかもしれません。この場合であれば見せることもありえると思います。ただ、見せたらわかってもらえるかもしれないという期待は裏切られるかもしれません。遊戯療法の中で子どもが作った物は、必ずしもその親がもつ子ども観や、自分の子どもにはこうであってほしいという理想像に合致するわけではありませんから。攻撃的なものやグロテスクなものを見せられた親が、不安になったりうんざりしたりで、無視やしかめ面といった反応を示すこともあります。褒めてもらいたかったのに叱られて、子どもはかえって傷つくかもしれません。親に見せること、持ち帰ることには、そうしたリスクがあることも考えておく必要があります。

✣　✣

Q151 子どもが「今度この部屋にきょうだいを連れてきたい」と言っていますが、こういう場合は何と言えばよいでしょうか。

A151 連れて入ることは断る／連れて入りたい理由を問う

連れてきたいと思う理由はいろいろあるでしょうが、枠がグダグダにならないよう、連れてくることは断るべきだと思います。断り方としては、〈この時間は＊＊ちゃんの時間だと思って、先生は大事にしているんだ。だからここに他の誰かを連れてくるというのは違うと思うな〉というような言い方もできます。

そして、〈どうして連れてきたいと思ったの？〉〈連れてきて何をしたいの？〉と尋ねてみます。何かしらの理由が聞けるかもしれません。連れてくることは認めないにしても、その思いは受け止める必要があります。子どもが遊戯療法の場はただの遊び場ではないことを理解できておらず、きょうだいにも見せたい、一緒に遊びたいと思っているのであれば、理解を深めてもらう機会としましょう。自分よりも妹のほうが大変だと感じているということもあります。あるいは自分よりも兄のことを心配している親に気を遣っているということもあります。兄姉から遊びの様子を聞いたり、一緒に来たときにプレイルームを覗き見したりして、弟妹が羨ましがって自分も入りたいと言ったときに、上の子が気を遣って「いいよ」と言ってしまうこともあります。しかし、普段から良い兄、姉として下の子に譲っているのであれば、遊戯療法でも譲ることはその再現になってしまいます。

遊戯療法に限らず、自分が辞めたいと思っているときに別の人を連れてきて、その人に自分の代わりを務めさせ、自分は身を引く、というようなこともあります。自分が辞めるときの負担感が軽くなるように感じられるからなのでしょう。

ちなみに、施設に入所している子どもの場合、施設内のプレイルームに同じく入所中の他児を連れてきたり、あるいは学校の友達を誘い入れたりといったことが起きえますが、この場合も対応はここに述べたことと同じです。

✤　✤

Q152 **相談室の近くの駐車場まで親の車で来たのですが、車からどうしても降りようとしないらしく、母親だけが相談室に来ました。そういうときは、車のところまで迎えに行ってもかまわないでしょうか。また、そうしたほうがよいのでしょうか。**

A152 **迎えに行くのは悪くはないが、無理に相談室に入れようとしない**

迎えに行くのは悪くはありません。子どもが車の窓を開けてくれて会話ができることもありますし、それも拒否されることもあります。二〇分くらいそうやって過ごしているうちに、車から出て相談室へと向かうこともありますし、最後まで車の中ということもあります。

それが一度だけの出来事で、次の回には何事もなかったかのように相談室に入ることもありますし、車から出てこないことが三、四回続くこともあります。それでも、また以前のように遊戯療法が再開することもありますから、セラピスト側にも辛抱が必要です。後になって、あれはセラピーの質的転換を準備する時期だったとわかることもあります。

大事なことは、何が起きているのかをそのセラピーの経過の中で理解することです。セラピストへの不満があるのかもしれませんが、理由はそれだけではありません。車で無理に連れてきた保護者に対する抗議なのかもしれません。セラピーで前の回に不用意に心を表現しすぎたために一度身を固くして、自分を守ろうとしているのかもしれません。「誰の意のままにもなるものか」と頑張っている姿なのかもしれません。

20　セラピスト側の都合による枠の揺れ

Q153 **私が他のクライエントへの対応のため、開始が五分ほど遅れてしまいました。怒っているかなと思って〈遅れてごめんね〉と言うと、あっさりと「いいよ」という答えでした。あまりにあっさりしすぎて、逆に腑に落ちない気がしました。**

A153 **怒らないのはどうしてだろうと考えてみる／遊びの中で怒りや不満が表現されることがある**

意外と怒っていないようだからよかったと安心することはできません。もし本当に怒っていないのであれば、怒ってもよさそうなところで怒らないのはどうしてだろうと考えてみましょう。寛容な自分を見せたいのでしょうか。怒りの出し方がわからないのでしょうか。怒りを出してはいけないと思っているのでしょうか。もしそのことが、クライエントの心の課題とつながっているのであれば、〈怒っているなら、怒ってくれてもいいんだよ〉と言ってみるのも一つでしょう。

言葉では「いいよ」と言っていても、プレイルームに入って遊びはじめると、遊びの中に怒りや不満が表現され、ああやっぱり怒っているんだな、と感じさせられることもあります。例えば、子どもがプレイルームに先に入って中から鍵をかけ、セラピストが中に入れてもらえなかったというような例があります。〈開けて〉「まだ」。その子にとって、このやり取りは先ほど自分がされたことです。

もっと無言のやり取りもあります。電車のレールをつなげ、途中に踏切をつなぎます。遮断機の前に車を置きますが、遮断機はずっと下りたままで車は待ちぼうけを食らっています。「長いなあ、まだかなあ」と子どもは口に出して言いませんが、車がそう言っているかのようです。

中には、それまであまり主体的に振る舞えていなかった子どもが、セラピストが遅れ、申し訳なさそうにしていることで優位に立ち、それから自由に振る舞えるようになったという例もあります。怪我の功名でしょうか。だからといってセラピストの遅刻が正当化されるわけではありませんが。

✤　✤

Q154 相談機関やセラピストの都合でセラピーを休みにする場合の対応の仕方について教えてください。

A154 いくらか早めに伝える／どのような影響が出るかをよく見る

休みの前には、突然ではなくいくらか早めに伝えることが、子どもの心の準備にもつながります。毎週通ってきている子にとって、例えば三週間休みになるというのはなかなか大きなことです。カレンダーを指差しながら〈ここと ここがお休みね〉と口頭で伝えます。私は、休みの日を紙に書いて渡すことを基本としています。

あとは反応をよく見ましょう。言われた途端に、あるいは少し時間が経ってから、急にテンションが下がる子どももいます。乱暴になる子どももいます。前にも長期休みを経験した子どもであれば、セラピストが休みの説明をし出した途端に、「はいはい、どうせまた休むって言うんでしょ」と吐き捨てるように言うこともあります。女性セラピストが産休に入ることを伝えると、生まれてくる子どもについてさまざまな空想を口に出すこともあります。子どもが「(生まれてくる子は)きっと男の子だ」と言うとき、その空想はどういう意味をもっているのでしょうか。あるいは、産休に入ることを伝えた後、大きくなったお腹をじっと見つめられ、ちょっと怖く感じたという人もいます。お腹を見つめるとき、子どもの中にはどのような空想と感情が湧いていたのでしょうか。

セラピスト個人の都合で休む場合、申し訳なさや後ろめたさから、自分が休むことの影響が悪く出ないでほしいと願う気持ちはよくわかります。しかしそれが、実際の影響から目を背けることになってはおかしなことです。関係が築けていたのなら影響は何らかの形で出るものだと考え、その影響をよく見てそれを活用しましょう。それがセラピストとしての責任を果たすということです。

セラピストの都合で休みになるとき、クライエントにとって休みは、セラピストの不在という意味をもちます。「セラピストには自分(クライエント)よりも大事なものがあって、それに比べれば自分なんか大事に思われていないのだ」と受け取って、腹立たしく、また寂しく思う人がいてもおかしくはありません。休みの翌週、セラピストに背中を向けて黙々と一人で遊び、セラピストが見ようとすると、「見ないで」とはっきりと拒否し、帰りもいつもなら「バイバイ」と手を振って帰るのに、挨拶もせずに帰った子どもがいました。セラピストの不在に傷つけられた姿です。セラピスト側に、どうしても休まざるをえないいかなる理由があったとしても。ただ、その子にはごく幼い頃に、親戚の家に一ヵ月間預けられた経験がありました。姉が病気になったためで、それ自体は仕方のないことだったと思いますが、母親と離れることは、その子にとっては今も傷つき体験として残っているようでした。つまり、セラピストの不在に傷ついてセラピストに見せた拒否の態度は、かつて預けられたときの傷つき体験の再演でもあるわけです。こう考えると、セラピストの不在をきっかけに再燃したクライエントの感情をどう扱うかは、セラピーの上でとても大切な局面だと言えるでしょう。

第八章 親面接の実際問題

親面接をする際に最も大切なこと、それは親を責めないことだ。親は「困った人」なのではなく、「困っている人」なのである。子どもについてのエピソードから子どもの心を一緒に検討するとともに、親自身の心情にも耳を傾ける。そして、親が抱く疑問に丁寧に答えていくためには、遊戯療法とは何か、親面接とは何かについて、考えを深めておく必要があるだろう。

21　親を責めたくなってしまうとき

Q 155
親面接をしていると、親は何で気づかないのだろう、なんでわからないのだろうと苛立ちを覚えることがあります。子どもが可哀想で、親を責めてしまいそうになる自分がいます。「この問題を誰も責めずに解決するにはどうすればよいか」と考えてみる／親は「困った人」ではなく「困っている人」である／親を支えることが子どもを支えることになる

A 155
親面接で最も大切な態度は何か。私の答えは、「親を責めないこと」です。これは別の言い方をすれば、セラピストの中に親を責めたくなる気持ちが湧くことがあるということです。

とりわけ若いセラピストの場合、年齢が子どもに近いために、親面接をしていても親の側に立てず、子どもに同一化して「親に問題があるのでは」という思いに駆られやすい面があります。では年配ならばすっとわかるかと言うと、子育て経験のある年配の初心セラピストが、子育てなんてこうすればうまくいくのにと言わんばかりに、その母親の「だめ」なところを見つけて指摘しようとすることも見受けられます。あるいは、これは年齢には無関係でしょうが、セラピストが自分の親との関係にコンプレックスを抱いている場合、それが親面接をする際に影響を与えることもあるでしょう。こうした逆転移感情には十分な注意が必要です。

親のカウンセリングをするときは、親がクライエントだと二章で述べました。親がクライエントだということは、カウンセラーは親に対して受容的、共感的であるべきだということです。親は「困った人」なのではなくて、子どものことで「困っている人」なのです。「子どもが非行を働いていて困っている」

と言って親が相談に来たなら、〈困りましたねえ〉と受け止めて、親身になってその話を聞くでしょう。時折、セラピストのほうが親の大変さに耳を傾ける間もなく、「子どもの非行の背後には親に何らかの問題があるに違いない、この親のどこに問題があるのだろう」といった思考に陥っている事例を見かけることがありますが、それでは親のカウンセリングにはなりません。

親は自分の子どもを支えます。親担当セラピストは子どもを支える親を支えます。スーパーヴァイザーは親を支える親担当セラピストを支えます。人を支える人はまた誰かから支えられなければなりません。つまり、支援の連鎖が必要です。こうした肯定的な支えの連鎖があってこそ、子どもも親も自己肯定感を回復できるのです。「話をしていくうちに、この子も結構良い子だと思えるようになってきました」と言った親がいました。それは親としての自信の回復、自己愛の回復です。こうした変化が生じるのは、支えの機能が働くからであって、責めたところで人は変わりません。「子どもの心理的な問題の原因は親にある。原因が親にあるなら、親が変わらないと子どもは変わらない」という見方に縛られがちであることを自覚して、「この問題を誰も責めずに解決するにはどうすればよいか」と、常に考えるよう心がけましょう。

✤　✤

Q156
親に対して責めずに共感するというのは具体的にはどう考えればよいでしょうか。

A156
親の気持ちを想像してみる／これまでの労をねぎらう

インテーク前の親の動きを想像してみましょう。子どもが心身や行動の面で何らかの不調をきたします。親は多くの場合、子どもの話を聞こうとしたり、叱ったり、なだめたり、助言したり、いろいろと試みますが、それではうまくいかなかったのでしょう。周囲の人に相談してみたりもしますが、「しばらくすれば元に戻るよ」と慰められはしても、一向によくなりません。あるいは体のどこかが悪いのかと思って小児科や内科に連れて行って診てもらっても、どこにも異常はないと言われます。そして、周囲の人や医師や教師から、「心の問題かもしれないからカウンセリングを受けてみたらどうか」と勧められます。そこで、親は自ら進んで、あるいは渋々承諾して、あるいは言われるままに、心理相談機関に申し込んできます。

親はどんな気持ちでいるでしょうか。一つは子どもに対する心配や不安です。今の子どもの状態を見て、子どもはどうなってしまったのか、これからどうなってしまうのかといった戸惑い、不安、恐れ、焦りの感情を覚えています。「いずれ私たち親が二人ともいなくなっても、この子は一人でやっていけるのだろうか」という将来への不安もあるでしょう。

次に、子どもをうまく育てられていないのではないかといった罪悪感や、親として何もしてやれない無力感を覚えているかもしれません。「他所の子は普通に育っているのに、うちの子だけどうしてだろう。私の育て方が悪かったんだろうか。いろいろ試みてもうまくいかないのは、自分に親としての能力が足りないからなのではないか」といったことです。

三つ目に、他者からの無理解・誤解・中傷への怒り、悲しみや情けなさなどがあります。その他者とは配偶者、自分の親兄弟、舅姑かもしれませんし、学校の教師かもしれませんし、近所の人かもしれません。「親の育て方の問題だ」と実際に言われたり、複数の人の異なる意見に挟まれてどうしてよいかわからなくなっているということもあります。

四つ目に、子どもとの関係についての不満や苛立ちがあります。いつまでも変わろうとしない子どもに苛立つこともあるでしょう。子どもから「何で離婚したのか」と責められて言い合いになったと報告したある親は、「私だって好きで離婚したわけではないのに、子どもに『お前のせいだ』と言われると腹が立つ」と語ってくれました。

必要なことは、まずこれまでの努力を労うことです。そして、子どもの問題に関わる親の気持ちを十分に聞きます。そうやって支えられれば親の心に余裕が生まれ、それが子どもの心に良い影響を及ぼし、それまでの悪循環が好循環へと変化していく可能性があります。

✣　✣

Q157　私が担当している母親は、いろいろと話してはくれますが、何か壁を感じています。心を開いていないというか。どうも、私から否定的なことを言われるんじゃないかと警戒しているように感じられます。

A157　カウンセリングに対する親のさまざまな気持ちを受け容れる態度を示す

先ほど「親は自ら進んで、あるいは渋々承諾して、あるいは言われるままに、心理相談機関に申し込んでくる」と書きました。親のモチベーションもさまざまです。話したい、聞いてほしいという意欲をもって自ら訪れた人の場合は関係がつきやすいでしょうが、そうでない場合は、何をしないといけないのか、何をされるのか、何がバレてしまうのかといった警戒心や猜疑心を抱くのは自然なことです。

何を言われるのか、否定されるのではないかと警戒して壁を作っている親に対しては、時間をかけて信頼関係を作るところから始めるしかありません。そのためには主訴を大切に聞き、親の気持ちに共感を示すことです。「カウンセリングに行ってみたら」と人から言われて腑に落ちないながらも来られた人には、〈ここに来るように言われてあまり納得はいかなかったけれども、ともかく来てくださったんですね〉と伝えるところから話を始める必要があるでしょう。親が求めるなら、可能な範囲で助言らしきこともします。とはいえ、できもしないことを助言して困らせることはしません。そうやって話を聞いていくと親の気持ちも緩んできて、次第に正直な気持ちを吐露してくるようになってきます。

「もう大変です」〈そら大変です。イライラすることもあるでしょう?〉「イライラなんかしたらだめなんですけど」〈いえいえ、イライラするのは当然です。しないほうが不思議〉「そうなんですか」〈そりゃそうですよ。イライラするときは普段どうやって解消しているんですか〉「物を投げたり」〈ほう、何を？〉「クッションですよ。ソファに投げて」〈ああ、それなら危なくないですね〉。

翌週、「実は置き時計を投げて割ったことがあって」〈おうおう、まあ怪我だけはしないようにしてください〉。さらに翌週、「実は子どもに手を上げたことがあって」〈あれ、あれ。それは大変〉。

もっと時間がかかることもあるでしょう。しかし、自分が子どもを叩いてしまうことがあるという事実を、こうやって自ら打ち明けてくださるというのはありがたいことだと思います。陰に隠れていかないわけですから。

信頼関係がある程度できても、気持ちをあまり語らない親の場合には、〈情景を思い浮かべながらお話を伺っていたら、お子さんも、それを見ていたお母さんも辛かったんじゃないかなあと思えてきました。お母さんご自身はどう感じておられたんでしょうか〉のように、こちらの気持ちを先に語ることで気持ちを語りやすい土壌を作るということもあります。あまり多用すると、先走った感じにもなりますが。

コラム

カウンセリングに来る親の心情の例

①子どもに対する心配や不安
②親としての罪悪感や無力感
③他者の無理解への不満や苛立ち
④子どもとの関係における不満や苛立ち
⑤カウンセリングを受けることへの不安、不満、警戒心、猜疑心

Q158 子どものことを受け容れてあげない親を見ていると、もどかしいような気持ちになります。何で子どもの気持ちがわからないんだろうと思ってしまうときには、どうすればよいでしょうか。

A158 子どもの気持ちを理解するのはそう簡単ではないと考えてみる／受け容れがたい気持ちの背後には事情があると考えてみる／親は親で自分の人生を生きている

子どもの気持ちがわからないことで親を責めることはできません。その一つの理由は、子どもは自分が考えていることやそれにまつわる気持ちを、必ずしも親にわかりやすく伝えてくれるわけではないからです。もちろん、そのことで子どもを責めるわけにもいきません。子ども自身、親に見せたくない気持ちもあるでしょうし、伝えたくてもどう表現すれば伝わりやすいのかわからないこともあるでしょうから。そこで子どもは、自分が伝えたいことを腹痛や頭痛などの身体症状の「言葉」で、あるいは不登校やひきこもりや自傷行為や家出などの行動の「言葉」で、あるいは不安や緊張のような精神症状の「言葉」で伝えようとしています。子どもが本当に伝えたいことは、いわばこうした「暗号」の下に隠れているのです。周囲の大人はその「言葉」を聞き届ける必要がありますが、暗号化されているだけに解読はそう簡単ではありません。そこで親面接者は、親と一緒に子どもが伝えたいことは何なのかを解読して受け取る努力をします。

さて、親が子どもの気持ちに理解を示そうという心持ちになるためには、まずはセラピストが親の気持ちをわかろうと努力することが必要です。親は自分の気持ちをわかってもらう体験を通して、子どもの気持ちに目を向けていきます。親も皆それぞれに事情を抱えています。「この親も何か事情があって、何かに苦しんでいるのではないか、何かに傷ついているのではないか」と考えてみましょう。それは子育てがうまくいっていないと感じていることから来るものかもしれませんし、自分自身の子ども時代に由来するものかもしれません。子離れの難しい母親には、子離れしづらい理由があるのでしょう。標準に照らして遅いかどうかを指摘して不安を煽るのではなく、子離れが難しい理由を共感的に聞くことです。

自分の子どもが学校で友達ともめているのが不安だと訴えた母親がいました。子どもが友達ともめるのは、程度の問題はあれ普通のことだと言えるでしょう。しかし母親の話を聞いていくと、「あの子は活発だけど、私は昔から大人しい性格であまり他の子と交流しなかったので、友人関係でもめたことがなかった。子どもが友達ともめたときに、自分の親がどうしたというのを見たことがない。それで自分の親をモデルにすることができなくて困っている」という話が語られました。自分と子どもとの性格の違いや、親をモデルとすることのできない困惑などがその訴えの背景にあることがわかります。

さて、もう一つ別の観点から。親面接では親は自分の親としてのあり方を振り返らざるをえなくなります。それはプロセスとして仕方のないことでしょう。しかし、親は親で自分の人生を生きています。何も「没個性的で模範的な良き父、良き母を目指しましょう」ということをしているのではありません。自分らしく生きてよいし、子どもに対して思うことを言ってもよいのです。親面接を受けている間、自分の思いを抑えて子どもにあまり小言を言わなくなった親が、親面接の出口が見えてきた頃に、久しぶりに感情を子どもに爆発させ、そのことを嬉しく思ったという子どももいるくらいです。子どもも親も自分の欲望をもつことは自由、口に出すのも自由、ただしその欲望がぶつかったときには互いに調整が必要になります。これは親子に限らず、すべての人間関係について言えることでしょうが。

✤　✤

Q 159

私が担当している母親は、子どものことを悪く言い、自分の親や学校の教師の悪口ばかり言います。こういうときにも親を否定的に見ないようにするのは難しい気がします。正直言って、会うのがちょっと嫌になってきました。

A 159

悪口の背後には苦しみがあると考えてみる

自分の親に対する不満や憤りを語る親がいます。「あのとき親が止めてくれてたらこんな人生にならなかったのかも」とか、「自分が親からしてもらっていないことを子どもにやってあげるなんて不公平だ」というようなことです。あるいは担任教師について、教師としての面だけでなく個人的な生活のことにまで踏み込んで批判的に言う人もいます。セラピストにすれば、悪口ばかり聞かされてげんなりしたり、たしなめたくなったりすることもあるでしょう。

しかし、「親の心の中にはずっとそういう思いがあって、その思いから自由になれずにいる」と考えてみれば、それはその人が抱えている心の苦しみとして見えてくるのではないでしょうか。出さずにはいられないのだとすれば、出す場所がないのは困った話です。

それと、誰かのせいにするときというのは、どこかで自分のせいだと感じていてそれを一所懸命否定するために、つまりは防衛として悪口を言っていることもあるものです。誰かのせいにすることが、自分のせいではないことを確認するための最も良い方法だからです。他の人の悪口を辛抱強く聞いていくと、いつか「私もこんなことばっかり言ってても仕方ないんですけど」と態度を変える人も出てきます。待っていても一向に変わらないのであれば、〈ところで、お母さんご自身はどう考えて、どうお子さんに働きかけましょうか。一番大事なのはそこですね〉のように言葉をかけてみることもできます。悪口を言っていること自体を責めることなく、自分自身のことに目を向けてもらう言い方です。

✣　✣

Q 160

児童福祉施設で心理士をしています。ある母親は、夏休みや冬休みに自宅で過ごそうと入所している子どもを迎えに来ると言いながら、休み前になると結局連絡がなかったり、迎えに来ても予定していた日より二日遅かったりで、翻弄される子どもが可哀想に思えます。

A160 できていないところにばかり目を向けずに、親がしているところにも目を向ける

家族の誰かを責めればよいわけでないことは頭ではわかっていても、あまりにひどい言動に接するとやはり親がこうでなかったらと思ってしまうこともあるでしょう。しかし、結局夏休みを親子でどんなふうに過ごしていたのかと尋ねてみると、夏祭りに連れて行って、好きなものを食べさせてあげたというようなエピソードが語られることもあります。ということは、この母親なりには「良い母親」をやろうと努力したということです。ですから、〈確かに＊＊君は嬉しそうな顔をしていますね。お母さんも頑張られましたね〉と伝えましょう。

ネグレクト系の親が一番嫌がることは何か。それは「やっていないじゃないか、できていないじゃないか」と非難されることです。実際にそんなふうに非難していたのでは関係ができません。こうした親は、周りから「ここがだめ、あれもできていない、どこも良いところがない」と思われているように感じていることが多いものです。「私だって私なりに考えてやっていることもある」ということを認めてもらわない限り、援助の手が届くようにはならないと思います。どんなネグレクトの親でも、親として本当に何もしていないのであれば、その子は生き残っていないはずです。子どもが生きている以上、親は何かはしているのです。ですから、できていることをまずは肯定的に評価しましょう。それが関係づくりの出発点であり支援の出発点です。

✤　✤

Q161 親を責めようとは思いませんが、逆に親自身が「私が悪かったんでしょうか」という場合があります。自分を責める話を聞くことで、親が余計に自分を責めてしまわないかと心配です。

A161 いたずらに自分を責めないようにと伝える／気になっていることを打ち明けて聞いてもらうことで呪縛から解放される人もいる

「やっぱり親の育て方が悪かったんでしょうか」と自責感を語る親もいます。それに対しては、〈何が悪かったかというのはいろいろと複雑で、一つではないと思います。一つに特定することが大事なわけでもないでしょう。そもそも何かが悪かったからこうなったのかどうかもわかりません〉と答えることもできます。いたずらに自分を責めないようにしてもらうことが肝要です。

ただ、話したいことがあるならそれを聞くというのは心理療法の基本です。〈何か気になっておられることがあって、そのことについてお話しになりたいのであれば伺いますよ〉と伝えてみると、例えば「あの子の言うことに反対ばかりせずに、もっと本人に決めさせたらよかったのかも」とか「私が仕事をしていたからでしょうか。あのときもっと早くに辞めてかまってあげていたら、こんなことにはならなかったんじゃないかと思って」といった親なりの理解（正しいかどうかは別です）が語られることがあります。このような自分に対する疑いに囚われていて、それを語ることを通してしか自由になれないのだとしたら、それに耳を傾ける人が必要でしょう。

以前に一度受けたことのあるカウンセリングで、カウンセラーから「あれこれ原因探しをしても仕方がありません。解決のことだけを考えましょう」と言われ、聞いてほしかった過去の話を聞いてもらえなかった、と不満げに言った母親がいます。過去の話を聞くというのは、原因探しをすること、誰が悪いのかと犯人捜しをすることと同じではありません。クライエントがかつて起きたことに苦しめられ、その苦しみから現在も逃れられずにいる場合、その苦しみに耳を傾けてもらうことで過去の呪縛からの解放を目指すということです。気になっていることが解消して初めて前向きに課題の解決に取り組める人もいるのです。

✤　✤

Q162　一見仲が良い親子なのですが、親の物分かりがよすぎる気がします。これはどう考えたらよいでしょうか。

A162 親の側に葛藤を回避したい何かがあると考えてみる

気持ちを尋ねても、いつも「わからん」の一言しか返ってこない子どもがいました。その子の場合は、周囲の大人が先回りして、子どもに嫌な思いをさせないようにうまく取り計らっているようでした。親の物分かりがよすぎると、子どもは葛藤する必要がなくなってしまいます。一見すべてが丸く収まっているかのように見えて、引っかかってもよいはずのことが流れてしまうのです。その子は自分の気持ちを吟味する必要がなく、気持ちを言葉にする経験が乏しかったのでしょう。

周りが不快なものを取り払ってしまうと、子どもはその時々に感じるはずの気持ちを味わい、それを出す間がありません。心の成長には何かに引っかかり、ぶつかって気持ちを出し、わかってもらう経験が要ります。それによって子どもは自分で自分を支えることを覚えていくのです。その結果、周りの大人は以前ほど動き回らなくてもよくなるでしょう。

ではその親はどうして先回りをしてしまうのでしょうか。もしかすると、子どもからネガティヴな感情が語られたときにそれをどう扱ってよいかとか、親子の間で葛藤が生じたときにそれをどう抱えて乗り切っていけばよいかという自信が乏しいのかもしれません。親自身、子ども時代に親子の激しい葛藤の中で育ったため、葛藤を是非とも避けたいのでしょうか。あるいは自分の親も葛藤を避ける人だったので、葛藤を抱えるモデルがいないのでしょうか。そういう観点から親を支える必要がありそうです。

✤　✤

Q163 何か事情があるんじゃないかと思って、子どもの問題の背景にある両親の生い立ちや性格や子育ての仕方や夫婦関係などを聞いていくと、どうしても親のどこが悪いのかと、親に原因を求めるようになってしまいそうな気がします。

A163 「家族のもつ病理の理解」から「家族のもつ苦しみの理解」へ

子どもの「問題解決」のためには、その背景にある家族のあり方の理解が必要となります。しかし、それは「悪いのは子どもではなく親だ」という発想とは区別されねばなりません。背景に探すべきは、「親の過ち」ではなく、「親の苦しみ」です。子どもはその親の、あるいは家族の、あるいは何世代かにわたる家系の苦しみを引き継いでいると考え、その苦しみに耳を傾ける態度をもつのです。

子どもを亡くした親がそれを補うためにもう一人子どもを作り、その子に過剰な期待をかけているために、その子が苦しんでいる例があります。この場合、もう一人子どもを持ちたいという親の願望や、残った子どもに期待したくなる気持ちは、自分たちの心を癒そうとする動きとして自然なことであり、決して責められるべきことではありません。ただ、その親の期待が子どもに負担をかけているのだとすれば、その点については考えてみなくてはなりません。親は自身の苦しみがまだ癒えていないことを自覚し、自らの期待を調整しなければならないでしょう。これは親にとって辛い作業に違いありません。セラピストはいつか、〈弟のB君は亡くなったA君とは違います。B君はA君の代わりと見られることに戸惑いを感じているのかもしれないように思うのですが……〉といったことを口に出すときが来るかもしれません。ただ、そこに至るまでにはそれなりの時間がかかります。

あるいは、自分自身も二人姉妹の長女だが、自分の母親は私よりも妹ばかりを可愛がっていたので、私も長女を可愛がることになんだか気が進まないと語る母親がいます。自分が母親からされたことを自分の長女に仕返ししているかのような図式が見て取れます。いわゆる世代間伝達の問題です。この場合、「このクライエントが悪いのではない」と考えることは難しくないかもしれません。しかし、「悪いのは親ではない、その親（祖母）だ」「いや祖母もまた曾祖母から苦しめられていたから、悪いのは曾祖母だ」となれば、結局は悪者探しの発想から逃れてはいません。母は祖母から、祖母は曾祖母から受け継いできた負の遺産があるとしても、大事なことは誰が悪いかを探すことではなく、「その家系の抱える心の苦しみ」に耳を傾けることです。

22　子どもの心理を検討する・親の気持ちを聞く

Q164　母親が「あの子、三日前に家で暴力を振るったんです。もうあの子が何を考えているんだか、さっぱりわからなくて」と言いました。〈大変でしたねえ〉とは言いましたが、それだけでは足りないと自分でも感じつつ、どう言えばよいのかわかりませんでした。

A164　事実を詳細に聞き取ることで背後にある子どもの気持ちが見えてくる

子どもが暴力を振るったと聞いて、どんなシーンが思い浮かんだでしょうか。これだけの情報で思い浮かべるのは無理なはずです。子どもの心の中が見えてくるためには、実際にどんなことが起きたのかをある程度詳細に検討する必要があります。きっかけは明確か、それとも特に何もなく突然か。何かを壊したのか。誰かを傷つけたか。何かを投げた場合、人を狙ったのか、それとも決して誰にも当たらないように抑制していたか、それとも見境なくか。人を狙って投げたとして、硬い物か、それともクッションのような柔らかい物か。その場で母親はどんな声をかけ、子どもはどう反応したのか。その場で介入してきた人は他にいるか。

事後にそのことについて子どもと話をしたか。子どもはそのときのことを覚えているか。覚えている場合は、落ち込んでいたか、ケロッとしていたか、ふてくされていたか、改めて突っかかってきたか。

こうしたことを具体的に取り上げていくと、「話していて気づきましたけど、そういえば投げた物は軟らかい物ばかりでした。いえ、近くに硬い物もあったんですけどね。そうか、あの子なりに選んでいたんですね。もう、あの子どうなってしまったんだろうと思っていたんですけど、少し安心しました」とその場で気づきを得る親もいます。こうして子どもの心についての理解が一歩進むと、親の心に少し余裕が生まれます。

子どもが親の財布から金を盗むという相談があった場合はどうでしょうか。具体的にアセスメントすべきことは、例えばこんなことです。いくら盗んだのか、何かに使うつもりだったのか、お小遣いはもらっているのか、親以外からも盗むことがあるのか。子どもはそれを悪いことだと思っているのか。悪いとは思っているけど、見つからなければかまわないと思っているのか、悪いとは思っているけどやめられないのか。うまくいったと思っているのか、いい気味だと思っているのか。

✤

✤

Q 165 子どもの心についての理解を親と一緒に深めるためには、〈お子さんはこんな気持ちだったのではないでしょうか〉と言ってもよいでしょうか。まずは親自身に考えを尋ね、その上でセラピストからも可能性を挙げてみる／同じ年齢の頃自分自身はどうだったのかと親に問うてみる

A 165

言うことはあります。そう言われてみるとそうかもしれないということはありますから、子どもの気持ちを代弁することもしてみたらよいと思います。ただ、いきなり〈お子さんはこんな気持ちだったのではないでしょうか〉とセラピストの考えを伝えるよりも、〈お子さんはどんな気持ちだったのでしょうね〉と親に尋ねてみるほうが先だと思います。後者のほうが中立的な言い方ですし、何より子どもの心理について親自身に考えてもらうことになります。最初のうちは、子どもの心を受け止めるなどと言われても、どうすればよいか皆目見当がつかない親もいます。その場合は、セラピストが心理学的な見地から説明したり仮説を提示したりすることも必要でしょう。〈お子さんの側からすると、＊＊＊というふうに見えているのかもしれませんね〉といった具合に。しかし、最初は見当がつかなかった人でも、何度かそんなやり取りをしているうちに、だんだんと考え方が身についてくる人も少なくありません。話していくうちに、「こんな小さな子どもでも、そういう気持ちってあるんですね」と言った親がいます。子どもの心の存在への気づきが生まれてきたということです。

親が子どもの話をしたときに、〈ご自身がお子さんと同じくらいの年齢のときは、どんなお子さんだったんですか〉とか〈お母さんはその点に関してはどんなふうに育てられましたか〉と問うこともできます。子どもの話と子ども時代の自身の話を比較することで心の動きを観察し、想像してもらうのです。自分も似たようなことがあったなと思い出して、そんなに心配しなくてもよいのかと少し安心することもあります。逆に、「私のときはこうだったのに、全然違うのでよくわからない」ということもあるでしょう。それは親にとって子どもがもつ他者性の気づきでもあります。〈お子さんの場合はどうなんでしょうね〉とさらに尋ねて、問いを共有しましょう。

✤　✤

Q166　子どもについての理解を深めたいと思って〈お子さんはこんな気持ちなのではないでしょうか〉と言ってみたりするのですが、親は「でもね」と言って自分の立場ばかり強調し、子どもの心を考えるところまでいきません。

A166　自分の気持ちを先に聞いてもらわないことには子どもの気持ちの理解に移れない親もいる

親面接で「子どもがあることをした」とか「子どもにこんなことを言われた」と親が子どもについてのエピソードを語る場合、少なくとも次の五つの気持ちを吟味すべきです。

コラム

親が子どものエピソードを語る際に吟味すべき五つの気持ち

①子どもはその行動をとったとき、どんな気持ちだったのか
②子どもはその出来事について親に話すとき、どんな気持ちだったのか
③親はそれを聞いたとき、どんな気持ちだったのか
④親はそのエピソードをセラピストに語るとき、どんな気持ちでいるのか
⑤それを聞いてセラピストの中にはどのような気持ちが湧いてきているのか

「子どもからこんなことを言われました」に対して、〈そのときお子さんはどういう気持ちだったんでしょうね〉〈お子さんはもしかするとこういう気持ちだったんじゃないでしょうか〉というのは、子どもの心理に焦点を当てた応答です。親が子どもの気持ちを知りたい、一緒に検討してほしいと望んでいるのなら、①や②に焦点を当てることが可能です。しかし同様に尋ねても、「どんな気持ちって。あの子は何も考えてなんかいませんよ。ともかく、一度や二度じゃなくて、もう何度も同じことをしているんですから。ちゃんと言って聞かせているつもりですけど、こっちの言うことなんか聞きません。親の気持ちなんかまるで考えてないので、困ったもんです」と、自分の気持ちのほうをまくしたてるように話す親もいます。

こうした場合、まずは親の気持ち、親の心の負担、子どもに対する不満や苛立ちについて十分に聞かないことには、子どもの心を一緒に検討するところまで行きつかないでしょう。〈そう言われてお母さんはどう思いました?〉というふうに、③の親の気持ちを聞く応答が必要です。

セラピストが子どもの心理について説明した際、親が「でもね、……」と言ってきたら、〈そうですね、

お母（父）さんの側からすればそうでしょうね〉と応じて、親の思いを聞きます。小言を言うと反発され、言わないようにすると子どもはダラダラしたままで困っていると訴える親には、〈いちいち全部言ってたら「がみがみ言うな」って反発されるし、言わなかったら（子どもは）何もしないし。どこまで黙っているか、どこまで言うか、言うとすればなんて言うか、難しいですね〉と答えることもできるでしょう。「難しさの共有」という感覚です。難しいということが伝わることで、親の心は少し軽くなるかもしれません。

あるいは、親や学校の教師から親としての「不備」を指摘されて、自分はだめな親だと落ち込んでいる人もいます。そうした思いを聞くことで親の心に余裕ができれば、子どもに対してもう少し理解しようという気持ちが生まれてくることでしょう。

さらに聞いていくと、そのときの気持ちだけではなく、長年抱えてきた気持ちが語られることもあります。「上の子（長女）のことがどうしても好きになれない」という主訴で来た母親がいました。聞いていくと、長女のことを舅姑が溺愛しており、長女を取られたように感じて、次女ができてやっと自分の子どもと思えたということでした。この場合、舅姑に対する思いを聞かずに、この母親が長女に寄り添う態度に変わることは難しいのではないでしょうか。

✣　✣

Q167 **障害のある子どもの親面接をしています。子どもは最近になって病院で診断されたのですが、親はなかなかそのことを受け容れようとしません。どうすれば受け容れが進むでしょうか。**

A167 **障害受容は簡単なことではない／受け容れられる（受動）ことで受け容れられる（可能）ようになる**

障害の診断が出ても受け容れられない親もいますし、そもそも人から勧められても、診断を受けに病院に行くこと自体を拒む親もいます。そうしたとき、周囲が子どもの障害を親に認めさせようと焦るために、親がかえって頑なに拒否するというような例も見受けられます。

「障害受容」というのは言葉で言うほど簡単なことではありません。結婚して子どもができて、その子が障害をもって生まれてくるとまったく想像していなかった人もいるでしょう。なのに生まれてしばらくしたら、「お宅のお子さんは発達が他の子に比べてゆっくりめですね」と言われます。嘘だろと疑いたくもなります。たとえゆっくりだとしても、そのうち追いつくだろうと思います。しかし、本を読むと「この子なりに発達はしていきますが、追いつくかどうかはわかりません。差が広がっていくこともあります」みたいに書かれています。「そう言えば、この子はあれもできないし、これもまだできないし」と、できないところばかりを探すようになります。その様子を見て、「子どものことを否定的にしか見ることのできない母親だ」などと言うことはできません。障害を含めて我が子を肯定的に見られるようになる転換には、大きなエネルギーと時間が必要になります。

「五体満足であれば他に何もいらない」と思っていたのに、それが叶わなかった衝撃。「なぜ自分の子が」という憤り。自分のせいで子どもに障害を与えてしまったのではないか、という罪悪感。子どもが三歳くらいになったら再び働きに出ようと思っていたのに、自分の人生設計が狂ったという母親の嘆き。他の親が健常な子どもと楽しく遊んでいるのを見ると妬ましく思ったり、自分や自分の子はどう見られているのだろうか、と気になったり。

成長の過程においてもさまざまな思いが続きます。うちの子は他の子に遊んでもらえるのだろうか、いじめられはしないだろうかという不安。幼い頃は他の子ともそれなりに遊べていたのに、就学後他の子と比べてうちの子の成績が著しく劣っている事実を思い知らされたときのショック。思春期に入り、障害をもった子どもの身体変化や性的関心に、親としてどう対処したらよいのかわからない戸惑い。子どもが成人したらしたで、「いつまでこんなことが続くんだろう。もう大人なんだからもっとできてもよいはずなのに」とイライラしたり。親自身が老いを感じてくれば、「私が先に死んだ後、この子は生きていけるのだろうか」と不安な思いがよぎったり。難題は次々にやってきます。障害受容は五年、一〇年、二〇年かけて徐々に進んでいくことです。そして、一度受容したように見えても、また揺れることもあります。

その中で子どもに教えられ、喜びを見出し、これが私の人生であったということを、ついに受け容れていく親もおられます。しかし、それを理想化して、他の親にもまったく同じことを期待することはできません。

自分の子どもの障害を受容しがたいという気持ちを、セラピストがまず受容することができなければ、物事は前には進まないでしょう。人は、自分が受容してもらえる（受動の「受け容れられる」）ことを通して、人を受容できる（可能の「受け容れられる」）ようになるのです。

✤　✤

Q168

障害児の母親面接をしています。母親は他児と比較して焦ることが多く、できるだけ早く他の子に追いつくようにとたくさん習い事をさせていますが、子どもが嫌がっており、母親はそのことにイライラしています。

A168

焦りは自然な感情／子どものペースやパーソナリティを大切に

障害児を持つ親が、自分の子どもと他の子どもを比較し、親同士を比較するのは、ある程度自然なことです。健常児と比較して焦ることもあるでしょう。また、同じ診断名がついている子どもであってもその障害の特徴は異なりますし、成長の度合いも異なりますから、障害をもつ子どもの親同士がわかり合えるとは限りません。落ち込んだり、不安になったり、焦ったり、時にはイライラを子どもにぶつけたくなったりという気持ちになることは何もおかしなことではありません。この母親も、この子の「遅れている」部分はいつか他児に追いつくのだろうかという不安から、そのためにはできるだけ早く、他の子以上に急いで習い事や訓練を受けさせねばならないと考えているのかもしれません。

焦りの強い親に対しては、例えばこんなふうに言うこともできると思います。〈他のお子さんと比べて焦ることもあるかもしれません。それはよくわかります。でももう一方で、「この子のペースに合わせて」ということも大切だと思うのです。無理に伸ばそうとプレッシャーをかけることで、かえってうまくいかなくなる例もあります。自分のペースで成長していくのが、実は一番近道なのかもしれません。一歩ずつ、焦っても焦らずに、とでも言うか〉。こう伝えて、さらに親の気持ちを聞いていきます。

また、子どものパーソナリティについても配慮が必要です。実際、人から発達促進的なトレーニングの機関を紹介されて、子どもを連れて見学に行ってみたが、うちの子には合わないと判断して、もっと子どもが伸び伸びと遊べるところに通わせたところ、子どもが通うのを楽しみにして発達が進んだという例もあります。一方で、発達促進的なトレーニングに楽しく参加して伸びていく子どももいます。要は、大人になったときの生きやすさが増大するように、その子の発達のペースやパーソナリティに即して考えることです。

✤　✤

Q169　発達障害児の母親面接をしています。すでにクリニックで診断を受け、それについては両親ともにある程度受け容れているようですが、就学に当たってどうしても普通学級に入れたいという思いが強いようです。幼稚園からは特別支援学級のほうがよいと言われているみたいなのですが。

A169　メリットとデメリットを検討して、最終的な判断は任せる

普通学級か特別支援学級かについては、学校や周囲の人から見て特別支援学級に入ったほうが明らかによいと思える子どもであっても、親が抵抗を示すことが少なからずあります。診断は受け容れても、特別支援学級に入れることを受け容れられない親もいます。幼稚園はどう言っているか、小学校はどう言っているか、診断を受けたクリニックの主治医はどう言っているか、子ども本人はどう望んでいるかなど、親から聞いてみましょう。そして、普通学級のメリット・デメリット、特別支援学級のメリット・デメリットを比較してみます。最終的な判断は親子に任せますが、その判断のお手伝いをするのです。

子どもの学習の保障や発達支援の観点から言えば、特別支援学級のメリットのほうが大きいこともあるでしょう。親にその必要性をわかってもらいたい場合は、〈お子さんは、どうしたら将来的に生きやすくなるでしょうね。そのために今できることを一歩ずつ進めていきましょう。普通学級に入ったほうが伸びるならそのほうがいいし、特別支援学級のほうが、今のお子さんに合わせた形できめ細かく対応してもらえる分伸びが早いのであれば、そっちがいいかもしれません〉といった言い方もできます。説得するのではなく、デメリットに関する親の気持ちをさらに聞くことで、親が最終的な結論を出していくことを支えます。

23　助言・考えを伝える

Q170　親から「子どもの問題の原因は何なんでしょう」と聞かれて困ることがあります。

A170　セラピストの考えを伝える好機ととらえてみる

心因の場合、因果モデルで単純に説明できないことが多いですから、〈原因は何かというのはそう簡単ではありません。一つの原因だけでこうなるのではなくて、いろいろな原因が複雑に入り組んでいるんだろうと思います〉というような言い方もあるでしょう。
ただ、原因という言葉にあまり過敏に反応することもないと思います。クライエントが「原因は何なんでしょう」と聞くとき、それは因果論的な意味での原因を指しているとは限りません。何が起きているのかわからないので説明をしてほしい、という場合もあります。それならば、その時点でのセラピストの見立てを伝える機会とすればよいのです。例えば親面接でそう聞かれたら、〈原因というのはわかりませんが、これまでお話を伺ってきて私の考えたことを言いますと、……ということなんじゃないかというふうに考えています〉と伝えた上で、〈そう聞かれてどう思われますか〉と問い返すこともできます。

✣　✣

Q171 どうしたらよいかと助言を求めてくる親に対しては、助言をしてもかまわないのでしょうか。

A171 提案として助言することもある／言ってもできないことを助言しても仕方がない

助言を求められて助言をしても、親から「そうできたらいいというのはわかりますが、私にはできません」という反応が返ってくることがあります。あるいは、「そんなことは前からわかっています」とか、「それはもうやってみましたが、特に何も起きませんでした」という答えのときもあります。できないことを言っても仕方がありません。また、セラピストがクライエントについての個別的な理解に基づかずに、一般論として「こうすればよいのではないか」と言ってみたところで、多くの場合は意味がありません。そこで、〈どうしたらよいのかはまだわかりません。それを一緒に見つけていきましょう〉という姿勢を取ります。助言だけで済むなら心理療法は要りません。これが心理療法における助言についての基本的な考え方です。さらに言えば、こちらは助言したつもりでも、こちらの意図とは違った形で受け止められたり、親にとって都合の良いところだけが抜き出されていることが後で発覚したりして、伝えるというのはつくづく難しいものだと思わされることもあります。

ただ、助言をすることが心理療法の本質でないとしても、助言らしきことを何もしないかと言えばそうでもありません。個別性に立脚して、つまりしっかりと話を聞いて見立てをした上での助言ならば、意味をもつ場合があります。〈今までお話を伺ってきて私が考えていることですが、例えばそういうとき、お子さんにこんなふうに言ってみることも考えられますが、それはどう思われますか〉のような言い方をしてみます。ここで大事なことは、押し付けではなく一つの提案として言うということです。提案を受けて、それを採用するかどうかはその親次第です。すぐには採用されなくても、しばらく経ってから「実は言ってみました」との報告がなされることもあります。言われたことを自分の中で一度よく考え、タイミングを計って行動に移されたのでしょう。助言をしたらクライエントは受け身になるとよく言われます。実際にそうなってしまうこともあるでしょうが、「一度でも助言をされたらどのクライエントもセラピストに対して必ず受け身的で依存的になる」などということはありません。

子どもが過去の出来事について家で打ち明け話をしてくれたが、うまく言葉を返せなかったという父親がいました。〈「そんなことがあったのか。今まで言えずに辛かったな。家族なんだから言ってくれたらいい。ちゃんと聞くよ」じゃないでしょうか〉と伝えたところ、「そう言えばよかったのか。そのとき言ってくれればよかったのに（笑）」と言われました。もちろん私はその場にいなかったので、言えるはずもないわけですが。私も笑いながら、〈今からでも言えるタイミングはありそうに思いますよ〉と返しました。繰り返しになりますが、こんな提案をしても「私は言えません」という人もいるでしょうし、「そんな普通のこと」と反応する人もいるでしょう。この父親の場合は、こういう言葉を自分では思いつかなかったため、言葉との新たな出会いとなったのでしょう。

Q 172 **助言をしていたら、母親がだんだん依存的になってきたのか、「どうすればよいですか」と頻繁に聞いてくるようになりました。やはり最初から助言などすべきではなかったのでしょうか。**

A 172 **〈お母さんはどうすればよいと思われますか〉と聞き返す**

依存的になってきたからといって助言がすべて悪かったとは思いませんが、そうなってきたことについては指摘をして修正する必要があるでしょう。質問があったときは、セラピストからすぐに答えたりするのではなく、〈お母さんは、ご自分ではどうすればよいと思われますか〉と聞き返すようにします。そしてその意図を説明します。〈最近、私に質問されることが増えてきたように思います。カウンセリングは、お母さんが質問して私が答えるというだけでのものではなくて、お母さんご自身にも考えていただくものだと私は考えています。自分で考えて気づいたことは力になりますからね〉のような言い方です。

自分ではどう思うかと問い返しても、最初のうちは「いえ、それがまったくわからないのです」ということもあると思います。そこで一緒に検討していきます。そうやって聞き返すことを何度か繰り返していたら、あるとき「そう聞き返されるだろうと思いました」と笑いながら言ったクライエントがいました。〈正解です〉と私も笑いながら答え、〈で、どう思われますか〉とやはり問い返しました。「私が思ったのは……ということです」〈なるほど、そうかもしれませんね〉「ありがとうございます」。自分で感じ、考えたことが妥当とみなされることで、その親は「私にも力がある」と自信を回復しておられるようでした。

24　セラピーへの要求や疑念に答える

Q173　親から遊戯療法って何をするのかと説明を求められましたが、改めて聞かれるとどう説明したものか、難しく感じました。

A173　言葉による説明と、子どもの来談意欲と、遊戯療法による子どもの変化と

一つにはこんな説明の仕方もできると思います。〈大人のカウンセリングだったらこうやって面と向かって話をしますね。どういうことで困っているとか、どんな気持ちだとか話していただいて、どうしたらいいかを言葉を使って一緒に考えるわけです。でも、子どもの場合はこんなふうに面と向かって「どんなことでご相談を？」とか言っても答えるのが難しいですね。それで言葉ではなくて遊びを通してやるわけです。セラピーの中で遊んでいると、あれっと思うことが出てきます。例えば、子どもに絵を描かせたところ、空を黒いクレヨンで塗りつぶしたとしたら、あれって思いますね。これは何かあるんじゃないか、何かその子の心の中が表現されているんじゃないかと考えてみるわけです。そこから、どんなことがうまくいっていないのか、何が辛いのか、どんな気持ちでいるのかを受け止める。その上でどうしていったらよいかをこちらも考えますし、子どもも遊びの中でやり取りをするうちに、自分なりの解決策を見つけて、不安が解消したり、自信を回復したりということが出てきます。単に楽しく遊んでいるだけではなくて、遊びながらそういう心の作業をしているんですよ〉。

ただし、「黒い空の絵」のような例を挙げて説明することで、「うちの子はどんな絵を描くんでしょう。

どんな絵を描いたのかは教えてもらえるんですか」と不安を煽られるように感じる親もいると思います。どのような言い方をするかは、子どもや親の個別性を踏まえてよく考えましょう。

さて、言葉で説明することでわかってもらえることもありますが、子どもの来談意欲の高さが親のモチベーションを支えることもあります。子どもがこれだけ来たがっているなら、ともかく連れてこようというわけです。ただし、「この子はどうしてここにこんなに来たがるのだろう」という疑問が、「遊戯療法では一体何が行われているのか」という疑念を強めることにつながる場合もあります。

また、子どもが変化してくることによって初めて遊戯療法の意義について納得がいくということもあります。例えば、大人が話しているのを聞いて子どもが理解できたときに、親が「あんた、今のわかったの？」と驚いたり、子どもが自分を待っていてくれたことに親が「私のこと、待っててくれたの」と感激したり、といった変化です。もちろん、そうした変化が生じたのは遊戯療法だけの成果ではなく、親自身や周囲の人の努力もあってのことですが。

✣　✣

Q174　プレイルームで何をしているのか教えてもらえないのかと親から聞かれました。私は戸惑いながらも、子どもの秘密を守ってあげないといけないと思って〈それはお教えできません〉と答えたのですが、それでよかったのでしょうか。

A174　親が中身に関心をもつのはおかしなことではない／聞きたいという欲求の中には親自身の戸惑いや不安がある／親面接には子どものセラピーの継続を支えるという側面がある

面接が何回か進んだ頃、プレイルームではどんなことをしているのかと親が親担当者に尋ねてくることがあります。中の様子を教えてほしいという欲求に対して、遊戯療法のことを理解できない親だなどという思いが湧いてくる人もいるでしょう。しかし、子どもが中で何をしているのか気になる親がいるのはおかしなことではありませんし、最初から親が遊戯療法の意義を理解できるわけでもありません。にもかかわらず、「何も教えない」と言われたら不信感を抱いて、親子ともに来なくなることもありえます。一方、子どもに安心して心の内を表現してもらうためにはその保障が必要ですから、親に全部漏らしていたのでは遊戯療法にならないというのも本当です。そこで、教えるか教えないかでジレンマを覚えることになります。

先ほど、子どもが中で何をしているか知りたい欲求は自然だと言いましたが、そこにどのような感情が含まれているのかについては吟味が必要です。遊戯療法の進行に疑問をもったり、不安を覚えたりする場合もあります。何をやっているのかわからない、よくなっているように思えない、ということもあるでしょう。家ではしていない激しい遊びをしている様子が外からも窺えたときには、何が起きているのか、子どもの心はどうなっているのかと心配にもなるでしょう。あるいは、子どもの急速な変化に親がついていけず、一体何が起きているのかがわからないと戸惑っているのかもしれません。そういう感情を受け止めることをしないと、親が子どもをセラピーに連れてこようとするモチベーションが下がってきて、中断することもありえます。親面接には、子どものセラピーの継続を支えるという役割がありますから、〈一切お答えできません〉みたいに言うよりも、親の気持ちを十分に酌んだ上で、〈お子さんの様子を子ども担当者から聞いて、こちらが親御さんにお伝えすべきだと思うことがあればお伝えします〉と答えるほうがよいでしょう。

✤　✤

Q175　遊戯療法で何をしているのかを親に説明する際に留意すべきことは何でしょうか。

A175　何をどこまでどのような言葉で伝えるか

遊戯療法の様子を親に伝えることは、伝えるか否かという二者択一の話ではありません。大事なのは、何をどこまでどのような言葉で伝えるかということです。〈人形遊びをしています。電車で遊んでいます。ゲームをしています〉と言ったところで、納得しない親もいるでしょう。それだけでは家で遊んだり、幼稚園で遊ぶことと何が違うのかわかりません。「そんなふうに遊んでいるだけで何か意味があるのですか？」と聞いてくる親がいるのも頷けます。そうした親が聞きたいのは、遊ぶことで一体何をしているのかです。つまり、セラピストたちの見立てと方針を聞きたいのです。ですから、〈最近はこんなことをしているそうです。そのことを私たちはこんなふうに理解しています。つまり、お子さんは今こういうことに取り組んでいるのだと考えています〉のような説明をすることもあります。別の言い方をすれば、何をして遊んでいるかについては、見立てを伝えるために必要最低限のことを伝えればよいと思います。意味のあることをしているのだという理解が得られれば、その後頻繁に伝える必要もなくなるでしょう。

ただし、セラピストから聞いたことをそのまま子どもに言ってしまう親がいる点については注意すべきです。親面接が終わって子どもと再会した途端に、「あんた、電車で遊んでいるんだってね、今日も電車で楽しく遊べたの？」と尋ね、子どもが急に表情を硬くして固まってしまうというようなことが起きます。そうならないように、〈今お話ししたことはお子さんに後で言ったりしないでくださいね〉とあらかじめ伝えておきます。たいていの親は理解してくれますが、中にはそれでも子どもの顔を見たら忘れてしまうのか、先ほどのように言ってしまう親もいます。子どもが固まった様子を見て、ああ、やっぱり言ってはいけなかったんだとそこで初めて理解できる人もいますが、子どもと親、子どもと子ども担当者の関係によくない影響を与えるリスクもあります。

✤　✤

Q176 子どもに「今日は何をして遊んだの？」と尋ねる親がいます。これは制止したほうがよいのでしょうか。

A176 子どもが話したがらないことを無理に尋ねようとしないように親に伝える／そう尋ねたくなった気持ちを話題として取り上げる

子どもに「今日は何をして遊んだの？」と尋ねる親に対して、直ちに子どもの心を脅かす敵のように受け止めて、自分が子どもを守らねばならないと考えるセラピストがいます。とりわけ子ども担当者にその傾向は強くみられるかもしれません。確かに、子どもが語りたがっていないのであれば、親がそんなふうに尋ねたりしないように配慮することは必要ですが、だからといって親を敵視することはありません。

幼い子であれば、今日こんなことをしたと自ら親に話す子どももいますが、親が尋ねても何も答えようとしない子どももけっこういます。そこで親に、〈教えてくれないってことは、知られたくないのかな。知られたくないのであれば、あまり聞かないほうがいいのでしょうね〉と言います。〈お子さんが話したくないことは無理に聞かないであげてください。お子さんが話したがっていることは大切に聞いてあげてください〉という言い方もあるでしょう。

また、視点を変えてもらうのも一つの方法です。〈教えてくれないと余計に気になることもありますね。でも、ご自身は自分の親に何でも話しますか〉「……それは、全部は話しませんね」〈親の視点に立つと、子どものことは何でも知っておきたいけど、子どもの視点に立つと何でも言うわけではない。親だから言いやすいことと、親だからこそ言いにくいことがありそうですね〉。

「今日は何をして遊んだのと聞いても、教えてくれないんです」と悲しげに言う親もいます。その悲しさはどこから来るのでしょうか。一般的な気持ちだと思い込まずに、その気持ちを取り上げてみましょう。

Q177 母子並行面接で私は母親を担当しています。母親に遊びの意味について説明したのですが、母親は「中で何をやっているのか、見せてほしい。親なんだから全部知っておく必要がある。それが親の責任というものでしょう」と強く要求します。

A177 内的表現が可能になるように中は見せないのが基本／親の支配欲求や子離れの難しさに着目する

「こっそり別の部屋から見られないんですか」という要求もあります。先ほども言いましたように、親が、子どもが遊戯療法で何をしているのか気になるというのは、親としてある程度自然な欲求です。とはいえ、親に対しても秘密の守られた所だからこそ子どもは心の内を表現できているのだとすれば、それを親に見せるということはやはりすべきではないでしょう。

トレーニング的な関わりであれば、マジックミラー越しに親と一緒に観察するとか、そもそもプレイルームに同席するという形もありますが、内面の表現を主眼とするセラピーであれば、マジックミラーで観察するというのは望ましいことだとは思いません。特に、攻撃的な遊びをしている子どもであれば、母親はそれを見て、「だめでしょ」とか「またあんなことして」と言いたくなったり、「外でもあんな遊びをするようになるのでは」と心配になるかもしれません。冷静に受け止める親もいるでしょうが。

中の様子を知りたいという要求が、親の子どもに対する支配欲求に由来すると感じられる場合もあります。その場合、なぜそこまで子どもを支配せずにはいられないのでしょうか。そこにその親の抱える苦しみがあるのかもしれません。自分自身も、子ども時代に親から支配されるように感じていたのでしょうか。あるいは、結婚後ようやくできた子どもで、しかも病弱であったため、自分が常に監督しておかないと子どもが壊れてしまうのではないかという不安を抱えているのでしょうか。

特に、子どもが中学生になっても親がこうした要求をしてくるとすれば、親の子離れが進んでいないことのサインかもしれません。子どもは親の所有物ではなく、主体性をもった存在です。ある程度子離れができてきた親であれば、内心気になることはあっても、「あとはよろしくお願いします」と信頼して任せてくれるものです。もし子離れが難しいのであれば、扱うべきことは子どもの親離れが進むことで生じる親の心の痛みに共感的理解を示すことです。

✤　✤

Q 178　面接と面接の間に電話をかけてきて、「次の回にはこうしてほしい」、「子どもにこのことを伝えてほしい」などと過剰に要求してくる親がいます。なるべく丁寧に説明しているつもりですが、要求がエスカレートしてくるので正直辟易しています。

A 178　過剰な要求の背後にどのような不安があるのかを考える

こうしたことが頻発すると、セラピストだけでなく他のスタッフまでが「またあの人か」とうんざりするようなことが起きやすくなります。あるいは、申し込みのときから何度も電話をかけてきてしつこいくらいに質問したり、要求をぶつけてくる親もいます。こうした場合にスタッフが「モンスターが来るぞ」みたいに、互いに不安を煽ることにならないよう気をつけねばなりません。一見「モンスター」のように見える人も、出し方は「適応的」でないにせよ、やはり何かに困って相談に来る人なのですから、こちらも基本の態度を忘れないようにしたいものです。

その親は自分の子どものことで必死なのでしょう。就学に向けて親の不安が高まっているのかもしれません。あるいは、自分はそんなにだめな親ではないという自尊心を保とうと必死なのかもしれません。それなのに「うるさい親だ」と思われたら腹が立ってくるでしょう。こちらにモンスター扱いの構えがあってそれが親に伝われば、親はわかってもらおうと余計に必死になるかもしれません。もし普段からモンスター扱いを受けている人であれば、なおさら同様の扱いをされることに敏感になっているはずです。その被害感をセラピストにぶつけられても困るのは確かですが、「被害」を受けてきたと感じていることへの理解は、関係を作るために必要だろうと思います。

もちろん、こちらも受け容れられることには限界がありますから、常に要求をそのまま呑まないといけないことはありません。ただ、その一見過剰な要求の背景にどんな不安があるのかを受け止めずに、要求を突っぱねることにばかり一所懸命になったら、心理療法なのかどうかわからなくなります。

逆に礼儀正しく、何でも素直に応じるそぶりを見せて一見やりやすそうに見えても、内心では猜疑心をもち、それを徐々に膨らませている親がいることも忘れないほうがよいでしょう。

✣　✣

Q179　私が担当している親は子育てに関してとても信念が強く、何だか取り付く島がないように感じます。話していると論争みたいになってきて……。

A179　信念は親自身の守りであると考えてみる／親だけで決めずに子どもの意見も聞くように言う

もともと子育てについて強い信念をもっている親がいます。あるいは、面接経過の途中で親が信奉する人から助言を得て、子どもに対する目下の方針について強い信念をもつに至ることがあります。それが子どもにとって負担となる場合、セラピストは子どもへの悪影響を心配して、そのことを指摘し親を説得したくなるかもしれません。しかし実際に指摘しても親は信念に基づく主張を繰り返し、セラピストはさらにその信念を突き崩そうと躍起になって、まるでセラピーが対決の場のようになることがあります。

そうした親にとってその信念はおそらく守りなのです。だから突き崩そうとすると抵抗が生じるのでしょう。子どもへの悪影響はあるかもしれませんが、それが実際に現れるまではなかなか認めることは難しいものです。特に部分的にでもうまくいっているところがあるならなおさらです。ですから、論争になって決裂してしまうくらいなら、セラピストは焦らずに、いったんはその信念を受け入れ、〈なるほど。そこまで言われるなら、わかりました。しばらくそうやってみましょうか。うまくいけばそれでいいし、問題が出てきたらそのときはどこをどう修正したらよいかご一緒に考えましょう〉と伝えておくのがよいと思います。親の話を親身に聞いていく中で、親自身の防衛もいくらか緩んでくるでしょう。もし具体的に悪影響が出てきたなら責めるのではなく一緒に考えることです。

ただ、子どもへの悪影響も最小限に抑えておきたいものです。難しいところですが、〈親としての考えはよくわかりました。ただ、親の考えだけで決めてしまわずに、お子さんの意見も聞いてあげてくださいね〉と伝えてみましょう。

✣　✣

Q180 「セラピーを受けさせても何も変わっていない」とか「かえって悪い子になってきた」という親に対しては、どう対応すればよいでしょうか。

A180 説明してセラピーの継続を支える

「何も変わっていない」と親が言うことがあります。一般に、セラピスト側が変化に気づいていても、クライエントのほうは気づいているとは限りません。ですから、〈こういうところは少し変わってきていますね〉と説明します。すると、「そう言えばそうですね」と納得する人もいます。納得しない場合は、〈大きな変化は小さな変化の積み重ねですから、小さな変化をしっかり見ていきましょう〉とか、〈水面下では上昇してきていると私は見ていますけど、それが目に見えるようになるにはもう少し時間がかかるのかもしれませんね〉と伝えてみてもよいと思います。

悪化したように見える場合、実際に悪化していることもあるでしょうが、変化や成長の一過程として一見悪化したように見えているだけのこともあります。例えば、これまで自分の思ったことをすべて呑み込んで言わなかった子どもが、怒りの感情を込めて思いを口に出すようになってきたとしたらどうでしょうか。「前はこんなことを言う子じゃなかったんですけど」と親が思うのもわからないではありません。しかし、これは通らねばならない道です。元のように何も言わなくなるほうがよいということはないでしょう。言わなかったことを口に出し、それを受け止めてもらうことを通して、口に出してもよいのだということを実感します。そして、口に出すことと出さないことの区別を覚え、口に出すときには、よりわかってもらいやすい表現を身につけていくのです。ですから、〈一見悪化したように見えても、これは変化の過程で必要なことだと思っているんです。これにもプラスの意味があるものだと思ってしっかり見守りましょう〉と言うこともできます。〈そうは言っても、受け止める側は大変ですけどね〉と共感を伝えることも忘れずに。

こうしたことを伝えても、「セラピーなど意味がない」と価値下げをするのであれば、その態度自体が親のどのような思いから出ているることなのか、取り上げてみる必要があるでしょう。「否定的なことを言われた」と動揺するのではなく、「何が起きているのだろう」とよく見てみる感覚です。

✤　✤

Q181　母親が時折子ども担当者のことを話題に出すようになってきたのですが、どうやら母親が子ども担当者に嫉妬心をもっているようです。親担当者として親にどう言えばいいでしょうか。

A181　セラピストはどうやってもその子の親にはなれない

遊戯療法が始まり、子どもが子ども担当者に信頼を寄せると親は安心します。しかし、その関係が深まり、子どもが自分（母親）よりも子ども担当者のほうを信頼しているように見えたとしたらどうでしょうか。子どもが「＊＊先生（子ども担当者）のこと、めっちゃ好き」とか、自分が大切にしているものを「今日＊＊先生にこれ見せてあげたい」などと言うのを聞くと、母親としては嫉妬心を覚えるかもしれません。実際、「うちの息子は＊＊さん（子ども担当者）のことが大好きで」と妬み混じりの発言をする母親もいます。また、子どもが実際に変化してくると親は喜びもするでしょうが、それと同じことを自分がしてあげられなかったと感じて自分を責めたり、「あの人（子ども担当者）は私にないものをもっている、自分は親としてだめなのではないか」と落ち込むこともあります。

しかし、セラピストはどうやってもその子の親にはなれません。セラピストが集中して受容的・共感的に振る舞えるのは、五〇分という時間の限度があるからこそ、です。そこで、親担当者は母親にこう言うこともできます。〈私たちがお子さんと関わるのは、多くても週に五〇分だけです。お母さんはずっと一緒に生活しているのですから、セラピストのようには振る舞えませんよ。叱るときは叱らないといけないわけですし〉。その一方で、母親のそうした自責の念に耳を傾けます。母親としてだめなのではないかという思いの背後に、より全体的な自己否定感が横たわっている場合もあります。先に述べましたが、親面接の目標の一つは、「私も親としてそう悪くない」という自己愛の回復にあることを忘れないようにしましょう。

さて、子ども担当者のほうもまた、親に対してライヴァル心を抱くことがあるかもしれません。そうした感情から自由になるためには、そうした感情が自分の中に湧いてきていることを自覚する必要があります。

第九章

終結・中断

遊戯療法での変化は子どもが発する言葉や遊び方や表現されるイメージの変化に現れる。それが家庭や学校での変化と呼応しているとなれば、終結が見えてくる。終結の意思を確認し、終結までの構造を明らかにし、振り返りをし、遊戯療法や親面接でできたことの意味づけをしてお別れをする。急な別れにも備えておくためには、普段から自分が何をしているのかを言語化しておく必要があるだろう。

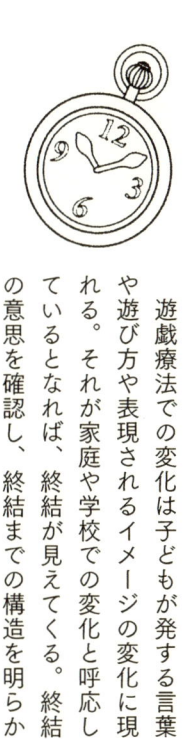

25　変化の査定と変化の要因

Q182　遊戯療法が終結になるかどうかの判断は何をもとに行うのでしょうか。

A182　遊戯療法における変化と日常生活における変化をセラピーの目標と照らし合わせる

一つは、遊戯療法の中で子どもが示す変化です。同じような遊びであっても、前回とニュアンスが少しだけ違うといった変化を敏感にとらえていく感性がセラピストには求められます。また、数回、半年、一年といった大きな流れの中で変化が現れることもありますから、大きくとらえることも必要です。

もう一つは、日常生活における変化です。これには親情報が必要になります。親自身がとらえた家庭生活の変化もありますし、学校や園での生活の様子の変化について親が得た情報もあります。あるいは同じ相談機関の他のセラピストや他職種の人から、「あの子、変わってきたね」といった感想が語られることもあるでしょう。

こうした情報をセラピーの目標に照らして、目標に近づいていっているかどうかを判断していきます。その集積が終結の判断、終結が妥当であるかどうかという判断へとつながっていきます。そして、子どもも本人と親の意思や希望を踏まえて検討していくことになります。当初の目標がすっかり達成される場合もあるでしょうし、道半ばで終わることもあるでしょうし、当初とは異なる到達点に至ることもあるでしょう。

Q183 遊戯療法における子どもの変化とはどういう点に注目すればよいでしょうか。

A183 子どもが発する言葉の変化、遊び方の変化、遊びに表現されるイメージの変化などに注目する

遊戯療法における子どもの変化としては、子どもが発する言葉の変化、遊び方の変化、遊びに表現されるイメージの変化などに注目してみましょう。これらの変化は子どもの心の変化と対応していると考えられるためです。

言葉の変化としては、例えば、当初は「きれいにしていないと怒られる」と言っていた子どもが、「汚れても洗えばいいんだ」と言うようになるといったことがあります。このようにインテーク当時の子どもの言葉と終結が近づいてきた頃の子どもの言葉を一つずつピックアップして比べるだけでも変化がわかるときがあります。最初の頃「友達の＊＊君の家にあるテレビのほうがうちのより大きい」と言って「負け」を認めるしかなかった子どもが、最終回近くになってセラピストを相手に、「じゃあ、どっちが早くできるか競争しよう」と言うようになったとしたら、劣等感から競い合う強さを獲得してきていることが窺えます。

遊び方の変化にも注目してみます。「等身大の遊び」から「ミニチュアの遊び」への移行が、今まで心の中の葛藤をうまく収められなかったものが収められるようになってきたことを表す場合もありますし、「ミニチュアの遊び」から「等身大の遊び」への移行が心の中でこじんまりとしか扱えなかったものをより体験的に扱えるようになったことを表す場合もあります。部屋の隅で遊んでいた子どもが部屋全体を使うようになったことが、心の中の世界の拡大と対応していると考えられることもあります。以前は、プラレールを使って小さな円環を作るだけだった子どもが、大きな、しかも立体的に交差する複雑な円環

を作り、駅や踏切などのパーツを巧みに取り入れていくのを見ると、それだけでも成長したなと思えます。

ズルをしてでも勝とうとしていた子どもが、ズルをしなくても勝てるようになったとか、負けたときにその事実を受け容れられるようになったとすれば、それは子どもの心の強さが増したことを表しています。その頃、親から「最近子どもがジャイアンの歌を歌うようになった」という報告があったとしたらどうでしょう。その強さはおそらく腕力という意味ではなく、相手と対等に渡り合う力とか、打たれ強さといったことでしょう。

三つめは、遊びに表現されるイメージの変化です。最初は、いろいろと表現しようとしていることは感じられるのだけれども、ごちゃごちゃして何を伝えたいのかよくわからなかったのが、表現がわかりやすくなるという形で成長が見て取れる事例もあります。心の中がそれだけ整理されてきたのでしょう。

以前はプラレールで円環を作ろうとしても、どうしても必要なパーツが見つからず、線路が途中で途切れていたり、電車の電池が切れていたり、なぜか電車がうまく走らず、二人とも欲求不満を覚えていたのが、スムーズに流れだすというような変化もあります。このように流れがよくなるというのも変化の仕方の一つです。箱庭で箱いっぱいに物を詰め込んでいたのが、数が減ってきて間が取れるようになり、その分川幅が広がって、流れがよくなったといった例もあります。

衝動のコントロールが可能になるという変化もあります。同じように「火」が出てきても、最初は噴火している火山のフィギュアの火だったのが、調理器具の火へと変化してきたのなら、それはコントロールの利かないエネルギーからコントロール可能なエネルギーへの変化を示していると考えられるでしょう。

安心感、安全感の増大というのも大きな要素です。ある子どもは、プレイの中で「手術」を受けます。最初の頃は、手術後も痛々しい様子で歩いていました。しかし、何度目かの手術の後、消毒を済ませると「もう大丈夫」と言って軽快に歩きはじめます。また、当初は不安の高い子どもだったのが、何ヵ月か経ったある日、積み木を高く積み上げていく遊びの際にセラピストが〈大丈夫かなあ〉とつぶやくと、子どもが「大丈夫よ」と答えるということもあります。またある子どもは、セラピストが演じる子どもが困って助けを求めると、どこからともなくすぐに飛んでくるヒーローを演じます。問題を解決し、「これで大丈夫だよ。何かあればいつでも言ってね」と言い残して、カッコよく去っていきます。これらの変化は、自分が困ったときに「大丈夫だ。安心していいよ」と内側から支えてくれる存在が自分の中に育ってきていることを表していると考えられます。そうした内側からの守りは、防衛的態度を取っている体や心に「緩み」をもたらします。それによって例えば選択性緘黙症の子どもが声を発するようになったりするのです。

✤　✤

Q184 遊戯療法の終結を考えるに至る日常生活での変化にはどのようなものがあるでしょうか。

A184 家庭や学校における行動の変化、認知の変化に現れる

一番わかりやすいのは、症状がなくなった、「不適応行動」がなくなったということですが、それだけではありません。友達ができて、セラピーに来るよりも友達と遊ぶ約束のほうを優先したいと子どもが望むようになるというのは、よくあるパターンの一つです。家で、イライラをぶつけることがほぼなくなったというようなこともあるでしょう。以前は必要以上に自分のことは自分でやるという態度だった子どもがお願いごとをするようになったとか、身体接触で甘えてくるようになってきたというような変化もあります。家の中で他愛もない話が再びできるようになったという家族関係の変化もあります。目に見える変化だけでなく、「今日はお母さんは用事があるからだめ」と言われると、以前ならば「私だか

らだめなんだ」と受け止めていたのが、本当に用事があるなら仕方がないと思えるようになったなど、認知的な変化が親から報告されることもあります。

親面接で語られる学校での様子の変化も判断材料になります。落ち着いて座っていられるようになったということもあるでしょう。以前は同級生ともめると手を出すことが多かった子どもが、カーッとなっているときは喋れないものの、いったん落ち着かせてから説明させると、「手を出した僕が悪い」と言えるようになったというような話を聞くと、成長を感じさせられます。叱られると以前は全否定されたように感じていたのが、最近はそのことを叱られただけだと受け止められるようになってきたという例もあります。

こうしたプレイルーム外の変化とプレイルーム内の変化が対応していることがわかるといよいよ終結が見えてきます。

✤　✤

Q185 子どもが変化したのは遊戯療法の要因なのかどうかがはっきりしません。

A185 寄与したのは遊戯療法だけではない／遊戯療法が寄与したところがあるとすればどこか

子どもが変化したのは、遊戯療法の力だけではありません。何より本人の努力がありますし、家族の努力、学校の先生の努力、他の援助者の努力、そして薬物療法など、さまざまな要素が変化を生み出すのです。時間の要因や偶然の要因も関わっていたかもしれません。遊戯療法にしても、セラピーの時間だけでなく、その前後、親子で相談機関に通うこと自体が家族関係の変化に良い影響をもたらすこともあります。セラピストは、「変化をもたらしたのは遊戯療法の要因だけではない」という点において謙虚であるべきです。

他方、遊戯療法の意義を過小評価することもありません。遊戯療法における変化を具体的に挙げ、それが子どものどのような心理的変化を表しているのかを言語化して意味づけ、その変化にセラピストとして寄与したところがあるとすればどこかと考えてみましょう。過大評価も過小評価もせず、「ありのまま」を見ようとする態度です。

26　終結に向けた準備作業

Q186　子どもが「ここに来るの、そろそろ終わりにしたい」とセラピーの中で言いました。どう対応すればよいでしょうか。

A186　理由を尋ねる／親の意向を確認する

「そろそろ終わりにする」と子どもが言う場合には、〈どうして終わりにしようと思っているの〉と理由を尋ねてみます。「友達と遊ぶのが忙しくなってきた」といった理由が語られることもあるでしょうし、単に「もういいかな」という場合もあると思います。

こうした場合、そもそもどうしてここに来ることになったのかを取り上げ、何がどうなったのかという変化を確認することができれば最善の形と言えます。とはいえ、うまく言葉で説明できる子どもとそうでない子どもがいるのも確かです。説明できない場合でも、少なくとも〈もう一人でやっていけそう？〉と聞いてみましょう。「うん」という回答があれば、それだけでも子ども本人の意思がはっきりします。

〈あと何回くらいと思っている？〉とか、〈いつ頃に終わりたい？〉と聞いて、具体的なプランを持っているかどうか尋ねてみましょう。「あと三回くらい」とか「じゃあ、三月いっぱいで」というプランが語られることもあります。

セラピストとしてもそろそろかもと考えていた場合や、そうは思っていなかったけれども理由を聞いて納得が言った場合は、〈私もそういう理由なら、終わりにしていくっていうのもいいと思うよ〉と答えます。理由を聞いてもまだ早いのではないかと思う場合は、〈＊＊ちゃんが終わりにしたいという気持ちがあることはわかった。じゃあ終わりにするかどうかを私も考えてみるね〉と答えることもできるでしょう。

親子並行面接であれば、〈お母さんは知っているの？〉と尋ねます。子どもの一存だけで決まるものではありませんから。母親が知らないのであれば、〈お母さんにも相談してみてね〉と伝えることになるでしょう。母親も知っている（と子どもが言う）のであれば、〈じゃあ、お母さん面接のほうでも話が出ているかもしれないね。後で話し合おうか〉と伝えます。やめることが本人の希望というよりは、「お母さんがそう言ってたから」という場合は、親面接のほうの動きも確認しないといけません。

✤　✤

Q187　子ども担当者です。親からはそろそろ終わりにという話が出ていると親担当者から聞きましたが、子どもとの間では終結の話はまだ出ていません。この場合、終結というのは誰が決めるのでしょうか。

A187　四人それぞれの意向を確認し、最終的には四人で合意する

並行面接という構造でやってきたのであれば、遊戯療法の終結の判断には四人の考えが反映されるようにすべきです。子どもの考え、親の考え、子ども担当者、親担当者の考えを出し合って、それが妥当であるか、妥当であるならどのように終わっていくかを相談していくことになります。親と親担当者、あるいは子ども担当者を含めた大人だけで決めてしまうのではなく、子どもも意思決定に参加してもらう必要があります。子どもの意見をそのまま通さねばならないという意味ではなく、子ども本人の主体性を尊重すべきだということです。逆に子どもと子ども担当者だけで決めるのもおかしなことです。

四者の考えが一致すれば話は早いですが、子どもは続けたいのに親がやめさせたがる場合（両親の間でも意見が異なる場合があります）、親自身は続けたいのに子どもはもういいと言っている場合（中には親の懐具合を心配して、子どもがやめたいと言い出すこともあります）、親子がやめると言っていることにセラピスト側が「まだやることが残っているのに」と納得がいかない場合、親と親担当者はもういいのではと思っているが子どもと子ども担当者はまだだと思っている場合、子ども担当者だけがまだだと思っている場合など、さまざまな組み合わせがありえます。

実際の進め方としては、親子でよく話し合ってもらうように伝えること、遊戯療法と親面接のそれぞれにセラピストとクライエントの間で話すこと、そしてたとえ短時間の立ち話であっても、四人で話し合って最終合意を得るというのが基本だと思います。

✤　✤

Q188 終結について四人で話し合うというのはどのように進めればよいでしょうか。先にそれぞれの部屋で話し合っていつもより時間を早く切り上げ、四人で集まってそれぞれに考えを述べて調整する

A188

それぞれのセッションが終わった後で、待合スペースなどで話し合うやり方もありますが、いつも五〇分のところをその回は例えば四五分で切り上げて、親面接の部屋で四人で同席して決めるというほうが基本だと思います。面接時間内にやるべきことですし、待合スペースでは他の人に聞かれる危険性があるためです。

実際には例えばこんな形で行います。セッションの前に親担当者が、〈じゃあ、今日は四五分になったらお母さんの部屋に集合。いつもより遊ぶ時間が五分短くなるけど、これも大事な話だからね〉と子どもに話し、納得を得ます。それぞれの部屋に入ったら折を見て、終結について二人で話をしておきます。四五分になったら、子どもと子ども担当者が親面接の部屋に入ってきます。

親担当者〈そっちはどうなった?〉
子ども担当者「(子どもに)自分で言ったら?」
子ども「(これまでは隔週だったが)月に一回にして、小三の終わりまで来る」
親担当者〈そうか。お母さんとも、それくらいがちょうどかなあって言っていたんだよ。じゃあ、それで決まりだね。ということはあと三回かな〉。

もっと幼い子どもでもちゃんと話せば、たいていの場合は理解を示してくれます。例えば五歳の女児Aちゃんが遊戯療法を終えて親面接の部屋に入ってきます。ソファの背もたれに体全体を預け、身をよじらせて遊んでいます。

親面接者〈Aちゃん、今日は大事なお話があるんだ。お母さんの横に座ってくれるかな?〉
Aちゃんはすっと母親の横に座ります。後に母親が語ったところでは、それを見て「この子も成長したな」と思ったそうです。
親面接者〈ここは、いっぱい遊んで心が元気になるところって言っていたよね。お母さんも、Aちゃんの担当のB先生も、Aちゃんはだいぶ元気になってきたと思っている。Aちゃん自身は、どうかな。元気になってきたと思う?〉

Ａ「うん」

親面接者〈そうか。それでね、相談センターに来るのをいつまでにするかなって、お母さんと言っていたんだ。例えば、来週一回やって、お正月の休みの後でもう一回やって、それで終わりにするっていうのはどうだろう〉。

Ａちゃんは母親の顔を見ます。

母親「ママのことは気にしなくていいよ。Ａちゃんがどう思うか言ったらいいの」。

親面接者は、その母親の言葉を聞いて、いいお母さんだなと思いました。

子ども担当者（Ａちゃんに）〈そうそう、Ａちゃんが思う通りでいいのよ〉

子ども担当者がそう言葉を添えると、Ａちゃんは少し考えて答えます。

Ａ「それでいい」

母親「終わる、でいいの？」

Ａ「うん」

親面接者（母親に）「お母さんは？」

母親「私もそれでいいです」

親面接者（子ども担当者に）〈Ｂ先生もそれでいいですか？〉

子ども担当者は「はい」と答え、Ａちゃんと目を合わせます。

親面接者〈じゃあ、あと二回ということで〉

そう四人で合意して、その回は終わりとなりました。


このように、四人での合同面接では、どうしてこういうふうに四人で話すことにしたかを簡単に説明して、それぞれにどうしたいかを一人ずつ順番に言っていきます。意見が食い違った場合には、調整して決めます。発言を求められて、はっきり自分の意見を言う子どももいます。他方で、お母さんの顔色を窺って黙る子どももいます。もし、母親が「こうするよね」といきなり自分の意見を押しつけようとするなら、親担当者から母親に〈まあ、まずはお子さんの話を聞きましょう〉と待ったをかける必要があるでしょう。面接前の予告の段階で、「じゃあ四五分の間に、それぞれの部屋でどうしたいか話しておこうか」と言って、子ども担当者と二人で話しておいてもらうのは、子どもの本音が埋没してしまわないようにという意味合いもあります。ちなみに、終結についてだけでなく、経過の中で、頻度など枠の変更について話し合うときも、四人で同席するやり方が可能です。

✣　✣

Q189 子どもから「今日で終わりにしたい」と突然言われました。どうしてそう言いだしたのか、私には唐突に感じられて戸惑いました。

A189 終わりの回のためにもう一度来ることができないか尋ねてみる／無理な場合はその場で四人で話し合う／心理的な理由が窺われる場合は要求をすぐには呑まない

クライエントから「そろそろ終わりにしたい」ではなくて、「今日で」と言われれば戸惑うのも無理はありません。こういう場合は理由を尋ね、可能であればあと一回来ることはできないかと訊いてみます。引き留めていたずらに長引かせるということではなく、終わりの回をして遊戯療法でやってきたことをしっかりと心に収めることの意義を伝えるという感覚です。

例えば〈そうか、今日で終わりと思ってきたんだね。だけど、僕は今初めて聞いたから、ちょっと戸惑っているところもある。あともう一回来ることは難しいかな。終わるなら終わるで、終わりということをお互いに意識しながら、最後の締めくくりをすることも大事だと思うんだけど〉という言い方もできます。こんなふうに言うと、「じゃあもう一回来る」という子どももいますし、関心がすでに他に移っている場合は嫌がる子どももいます。

親も今日で終わるつもりで来ていた場合には、親担当者から親に〈終わるにしても、四人ともが今日で終わりになることを自覚しながら、これまでやってきたことを振り返る回が持てたほうがいいと思います。もう一度そういう形でお会いすることはできませんか〉と尋ねてみます。

親があらかじめ子どもに「今日で終わりにする。セラピーの中で自分で先生に言いなさい」と言った上で来所していることもあります。親担当者は親面接でそのことを聞いたので、終了後に子ども担当者に「今日で終わりにしたいと申し出があった。母親から子どもには終わりになると言ってあったらしいけど、子どもから聞いたか」と尋ねます。しかし、子どもは結局その話をしておらず、子ども担当者はそれを初めて聞いて、そう言えば今日はなんだかぎこちないなあと感じていたことを思い出します。子どもはそのことを自分のセラピストに伝えなくてはと思いながら、言うことができなくてぎこちなく振る舞っていたのでしょう。自分の口から伝えないといけないのは、この子には負担が大きすぎました。この例では、親担当者が先ほどのような言い方であと一回を提案したところ、そういうことならと母親も納得してもう一度揃って来てくださることになりました。

親が今日で終わりにすることを子どもにも事前に説明することなく、親担当者にそう告げる例もあります。子どもの同意を得るということを思いつくこともなく、自分の意志だけで決めてしまったのです。その場合は、〈終わるというのは大事なことです。子どもさんと子ども担当者の関係というのもありますから、それは大切にしてあげてほしいと思います〉のような言い方で再考を促します。

経済的理由、周囲の理解が得られない、急な引っ越しなどの現実的な理由のため、どうしてもその日で終わらなければならない場合もあります。そのときは、セッション後、四人が再会したときに時間の許す範囲で終わりになることを話し合います。時間に余裕があれば、少し延長することもやむをえないでしょう。やってきたことを共に振り返り、これからどうするかについても話せたらよいと思います。もし、そうした外的理由がなく今日で終わりにと言っているのであれば、心理的理由があるのかもしれません。終わりにしたいという要求をそのまま受け入れるのではなく、セラピーの過程やクライエントとの関係について振り返り、セラピーの意義についてクライエントとよく話し合う必要がありそうです。

✤　✤

Q190 親はもう終わりにしたがっていますが、子どもは納得していないようですし、私（子ども担当者）もまだやるべきことが残っていると思っています。親担当者から親にどう伝えてもらったらいいでしょうか。

A190 まだ早いと言うためには、セラピーの目標と進み具合を親に説明できねばならない

もしセラピスト側が「まだ必要だ」と親に伝えるのであれば、どういう意味で必要だと考えているのかを言葉で説明できなくてはなりません。「このセラピーの目標は何で、それがどこまで進んでいて、何が残っているからもう少し続けたほうがいい」という説明になるでしょう。セラピーのことがそれだけよくわかっていなければなりませんし、それを親に理解してもらえるだけの言葉遣いが求められます。それを親が受け入れるかどうかは別の話ですが、親が態度を変えるには丁寧な説明が要ります。

とはいえ、親が終了しようかと思って子どもに伝えた途端に、子どもが症状を悪化させることがあります。それによって親が「やはりまだ来る必要がある」と考えを変えるのであれば、セラピストがセラピーの必要性を改めて説明する必要はないかもしれません。あるいは、〈症状が悪化したのは、まだ来る必要があるというお子さんの訴えなのかもしれませんね〉と言葉を添えるだけでよいかもしれません。症状の悪化によって親の態度を変えさせるのは、ある意味子どもの「知恵」なのでしょう。

✤　✤

Q191 終結を自分から言い出した子どもに改めて〈もう一人でやっていけそう?〉と尋ねたところ、少し不安もあるような答えでした。終わりにしてよいのかどうか、私のほうも少し迷いが出てきました。

A191

不安を受け止めて出立を支える／頻度を減らしてみる／フォローアップ面接を行う

たとえ自分から言い出したことであっても、改めて尋ねられれば、「うん……、たぶん大丈夫」と出立に際して不安を見せることも珍しいことではありません。〈たぶん？　……まあ、絶対に大丈夫とまでは言えないね〉と不安を取り上げながら、終結の方向に後押しすることも大切です。不安が少しでもあるなら終結にできないというわけではありません。

双方に迷いがあるなら、〈週一回だったのを月一回に減らして、夏休みまであと四回来るという方法もあるよ〉と頻度を減らす提案をすることもできます。あるいは、フォローアップ面接の機会を設けるという方法もあります。〈たぶんやっていけそうだって自分で思うんだったら、三月の終わりで一度終わりにしてみようか。ただ不安もあるようだから、夏休みにもう一度来てみるというのはどうかな？　来てみて順調にいっていればそれでいいし、もしそのときに続けたいと思ったら続けることもできるよ〉と伝えてみましょう。

✤　✤

Q192

遊戯療法が終わりに向かって進んでいっています。子ども担当者として子どもと別れることに寂しさを覚えます。それに、まだ問題が完全に解決したわけでもないように思うし、いつか再燃するのではないかと心配です。

A192

セラピーはいつか終わるためにやっている

心理療法はいつか終わるためにやるものです。セラピストはクライエントの一生を抱えることはできません。障害がある子どもの場合は、明確な終結がない分長く続くこともあるでしょうが、その場合でも目的があってやるものです。クライエントがセラピストに愛着があるから続けるのでも、セラピストがクライエントから気に入られている状況を永続させたくて続けるのでもありません。このセラピーの目標は何か、どうなったらこのセラピーは終わりになるのかを考えながら会わねばなりません。目標が達成され来所する必要がなくなれば、それがお別れのときです。将来のことが誰も予測できない以上、再燃することや新たな問題が生じることがないとは言えません。そのときはそのときです。状況が許せば以前のセラピストと再会するかもしれませんし、無理であればどこか別のところに援助を求めていくでしょう。

別れに寂しさが伴うことは理解できますが、その寂しさのためにクライエントにもうしばらく来させようとするのは、やはり話が違います。

✣　✣

Q193 終結の時に、〈また来たくなったら来ることもできるよ〉と伝えるほうがよいかどうかで迷っています。

A193 伝えて悪くはないし、伝えないといけないわけでもない

「また来たくなったら、来てもいいの？」と訊かれた場合、それが安心感につながるのなら、〈来てもいいよ〉と伝えます。クライエントはその言葉を大切にするでしょう。その一方で、〈不安もある？〉と尋ねます。〈こういうお別れのときには不安もあるかもしれないけど、今の＊＊君なら、やっていけると思うよ〉と伝えて後押しすることも必要です。

では、クライエントから訊かれない場合はどうでしょうか。伝えて悪くはないし、伝えないといけないわけでもないので、それまでの関係やそのときのクライエントの様子で判断していくことだと思います。終結してもやっていけそうではあるが、出立に際して不安げな様子を見せているので支えるために言うのであれば、言ってもよいでしょう。出立に水を差すことになりそうなら言いません。セラピスト

側の未練でそう言いたくなっているだけなのであれば、言わないほうがよいと思います。

Q194 並行面接の場合、終わるときは二人同時に終わるものですか？　片方が先に終わるということもありえるでしょうか。

A194 片方だけが先に終わることもある

親が子どもについてのこれまでの情報を十分に与え、子どもとの関わり方もよくわかってきて、母親自身が心理的葛藤を特に抱えていない場合、親面接だけ先に終わるということはありえる話です。その場合は、子どもを連れてきてもらう役を続けてもらいます。

逆に、子どもが先に終わる場合もありえます。子どもは問題が改善してきてセラピーを受けるモチベーションが下がってきているが、親はまだ情緒的に不安定だとか、自身が抱えている傷つきや不安についてまだ話したいことが残っているとかで継続を希望する場合は、子どものセラピーは終わりにして親面接のみを継続することがあります。子どもの側からすれば、いわば「私はもう元気になりましたので、終わりにします。後は母（父）をお願いします」と言って先に立ち去るようなものです。

ただし、親のみの継続が認められるかどうかは、相談機関によって異なります。例えば、無料で育児相談・発達相談に乗る公的な相談機関だと、「ここは子どもの相談機関なので、母親自身の心理的問題を扱うのは趣旨が違うし、混んでいるのだから断るべきだ」という意見がスタッフ側から出ることもあるでしょう。親のみの継続が難しい場合は、親にその旨を伝え、了解を得てどこか別の相談機関を紹介することになるでしょう。

Q195 親子並行面接で親面接だけ先に終結しました。その後、親との間で調整をする必要が出てきたのですが、それは子ども担当者である私がやったほうがよいのでしょうか、それともかつての親担当者にしてもらったほうがよいのでしょうか。

A195 かつての親担当者が親と連絡を取るほうが望ましい

こうした場合に、子ども担当者が遊戯療法の後に子どもを待たせて五分くらい親と立ち話をする、というようなやり方をすることもあります。やむをえない場合もあるでしょうが、以前は並行面接でやっていたのだとすれば、それは枠の大きな変更です。子どもはセラピストと親が話をしていることに不安を覚えるかもしれません。ですから、かつての親担当者が親と連絡を取り、調整するのが望ましいと思います。

親面接が定期的な継続面接としてはいったん終結しても、子どもが続けて来ている以上、遊戯療法の安定的な継続のためには、親担当者が年に何回かは現在の子どもの状態について教えてもらい、逆にセラピーでの様子を伝えるための面接を設けることが望ましいと私は考えます。親面接を終わりにするというより、回数をぐっと減らして目的を情報共有に絞るという感じです。それが難しい場合でも、親担当者としてそのまま名を残して何かの折にまた親と話ができるようにしておくとよいと思います。親にとってもそれまでの経緯を知っている人が連絡を取って話を進めてくれるほうが、何かと安心できるでしょう。もし親担当者が退職したのを機に親面接だけ終結した場合も、その後の連絡役という意味での親担当者を決めておくとよいかもしれません。

27 終結の際にすること・起きること

Q196 遊戯療法の終結においては、振り返りをどの程度意識してやるものでしょうか。

A196 遊びの再現が自然な振り返りになることがある／自覚的に振り返ることもある

遊戯療法で終結が近づくと、特別に振り返りをしようなどと思わずとも、自然発生的に子どもが遊びを通して振り返りを行うことがあります。大人のクライエントが、「そう言えば、ここに最初に伺ったのは一昨年の夏でしたね」「こんなことも言っていましたね」と振り返るように、子どもはかつて遊んでいた玩具や遊具を取り出してきて、久々にやってみたりします。過去の遊びを次々と再現していく子どももいます。子どものほうから「これ、前はよく使ってたね」と述懐することもありますし、無言で遊んでいる子どもに対して、セラピストのほうが〈それ、前はよくやっていたね〉と声かけすることもあります。

これはこれでよいのですが、小学校高学年以上であれば、子どもによっては言語的なやり取りで振り返りができる子どももいますから、流れに任せてしまわずに、言葉を使って振り返ることも考えてみましょう。〈ここに来た最初の頃のこと、覚えてる?〉〈今まで来てみてどうだった?〉といった問いかけもできるでしょう。「ここでは言いたいことが言えた」と通い続けたことの自分にとっての意義を言葉で明確に伝えてくれる子どももいます。逆にセラピストのほうから、〈最初、＊＊ちゃんはこういうことで来たよね。それが最近は……になって、とても変わってきたなって思っているんだ。友達もできたしね〉とまとめて伝え返すこともできます。さらには、〈前はなかなか言葉で言えなかったことが言えるようになってきた。言ったらわかってもらえることもあるから、やっぱり言ってみることも大事だね〉のような言葉を最後に贈ることもあるでしょう。あるいは、セラピーの過程で描いた絵や、箱庭の写真を順番に一緒に見ていって互いに自由にコメントしていき、変化を味わうということもあります。いずれにしても、振り返りは二人でやってきたことを心に収める作業だと言えます。

しかし、セラピストのほうが振り返りをしようと意気込んでいても、そんなことはまったく意に介さない子どももいます。おそらくは、「セラピーのことはもうおしまい。ハイ、次」といったところなのでしょう。その場合は、振り返り云々よりもともかく送り出すことが大事なのです。

Q197 終結の回にはどのようなことが起きるのでしょうか。

A197 出立のテーマ・死のテーマ／別れの儀式

決まったことがあるわけではありませんが、しばしば見られるテーマに出立のテーマがあります。どこか遠くに出かけるとか、セラピストを置き去りにするといった遊びです。あるいは、死のテーマが展開されることもあります。チャンバラでセラピストが切られて、〈やられたー〉と言って死んだところで終わりになるとか、砂場に人形を埋めてお墓を作り、手を合わせて終わるといったことです。

最後の回、終了の時間が来て部屋を出る際に、ドアの外側の「使用中」のプレートを初めて自分で「空室」に変えた子どももいます。あるいは、セラピストを部屋の中に閉じ込めてドアを閉め、自分だけがスタスタと先に待合室に向かった子どももいます。

帰り際、セラピストのほうを振り向くこともなく去っていった子どもがいます。その姿を見れば、あっさりしているなと拍子抜けしたり、寂しく感じたりするかもしれません。しかしそれもまたその子の姿なのです。かと思うと、もう一度戻ってきて「バイバイ」と言ったり、敬礼をして去っていく子どももいます。劇が終わった後のカーテンコールのようなものでしょうか。別れの儀式は人それぞれです。

偶発的な儀式だけでなく、最後の回でお別れの儀式をすることを、前の回にあらかじめ二人で合意して準備しておくということもあります。例えば、これまでやってきたことの感想とこれからの人生について贈る言葉を、それぞれが手紙に書いてきて最後に交換するというやり方もあります。また、プレゼント交換をしたという事例もありますし、遊戯療法の中で子どもが描いた絵を、求めに応じて一枚だけ持ち帰らせたという例もあります。

✣　✣

Q 198　セラピスト側の都合でお別れをしなくてはならなくなりました。三回前にそのことを伝えたとき、子どもはショックを覚えたようで、その後私から少し距離を取って遊んでいたような気がします。仕方がないこととはいえ、申し訳ない気がしています。

A 198　別れを治療的な別れにする

その子は、セラピストが別れを告げたことにやはりショックを受けているのでしょう。大切な関係を積み上げてきたのであれば、それはある意味自然なことです。

前著（『Q＆Aで学ぶ心理療法の考え方・進め方』二〇一五）で「別れに伴うショックや寂しさや怒りの感情を言葉で伝えることができ、〈こんなことがありましたね〉〈出会ったときはこうでしたね〉とセラピーのプロセスを振り返り、互いに大切に思ってきたことを確認し、感謝し合いながら別れることができれば、その別れは外傷的なものではなく、むしろよい別れの体験となるはずです。別れ自体は生きていく中で誰もが避けられないものですから、よい別れを体験することは、その後の人間関係、その後の別れの支えとなるでしょう」と書きましたが、この場合も同じことが言えます。実際に何と語りかければよいかは、それまで二人でやってきたことによって違ってくるでしょうが、例えばこんな言い方でしょうか。〈私が突然別れを伝えたものだから、悲しかったし腹も立ったのかな。私もとっても残念だし、寂しい気持ちでいる。だけど、これまで一緒に過ごしてきた時間は私にとってとても大事な時間だったし、会えてよかったと思っている。これからも自分を大切にして、周りの人のことも大切にして、元気に過ごしてね〉。

また、セラピストとの今回の別れをきっかけに、過去の別れの外傷体験が再燃しているということもあるかもしれません。もしそうならば、今回の傷つきを癒すことは、過去の傷つきを癒すことにもつながると考えてみましょう。これはむしろセラピーにとってチャンスであり、あと三回かけて自分ができる最後の大仕事なのです。

✤　✤

Q199 児童福祉施設で担当していた子どもが急に家庭に戻ることになり、今日がセラピーの最終回になると聞かされました。急すぎて、何ができるのだろうと戸惑いやら無力感やらを覚えました。

A199 突然の終わりに伴う感情を共有する／過程を振り返る／今後の支えとなる言葉をかける

突然のことに戸惑いを覚えることは理解できますが、何もできないということはありません。「急だ」というのはおそらく子どもも感じていることでしょう。ですから、〈急だね〉と取り上げ、それにまつわる感情を話題にして、感情を共有しましょう。ただし、気持ちに言葉で触れられるのを嫌がる子どもも中にはいるでしょうから、その場合は無理に触れないようにします。「あんなことしたな、こんなこともあったな」とプロセスを振り返ることができるならそうします。それは二人でやってきたことを心に収める作業です。

そして、その子のこれからを支えるような言葉を伝えたほうがよいように思うなら、伝えておくとよいでしょう。〈＊＊君の良いところはこういうところだと思う。だからそれを生かして頑張ってほしい〉というようなことかもしれません。こういうことを言っても、子どものほうは突然の終わりに動揺していたり、これからの新たな生活への思いに心を奪われていたりで、あまり耳に入っていないように思えるかもしれませんが、それでも伝えておくと心のどこかに残っている可能性もあります。

✣　✣

Q200　母子並行面接の最終回の予定でしたが、親戚に不幸があったらしくキャンセルになりました。私は母親担当で、その日に最後の振り返りをすることになっていたのですが、間もなく遠方に引っ越されるため日程的にもう会えないようで、悔いが残ります。

A200　手紙を書いてみる

手紙を書いてみることもできます。例えばこんな感じです。

『最後の回にお会いできなくて残念に思っております。これまでのまとめをするということになっていたのができませんでしたので、こちらが考えていたことをお手紙で簡単にお伝えしておきます。

最初こちらに来られたのは、子育ての中でイライラするということでした。お話を伺っていくうちに、自分自身に完璧を求めるところがあって、うまくいかないとイライラする。そして、それを人にも求めるところがあって、特に長女に対して完璧さを求めているんだということがわかってきましたね。回を重ねるうちに、「完璧でなくてもまあ何とかなる」ということをおっしゃるようになりました。そういう緩みが出てきたことは大きな変化だと私は思います。完璧さを求めるのはイライラの元ですから。

それと同時進行で長女さんのほうも、「良いお姉ちゃんとして振る舞わなくてもいいんだ」、「甘えていいんだ」ということがわかってきたように思うと、子ども担当者から話を聞いています。それもまた緩みなのではないでしょうか。

今後も子育ての中で不安になられることがあるかもしれません。もしその不安が自分の力や身近な人の力で解決できないほどに大きくなったときは、次のような相談機関がお近くにあるようですから、行ってみてください。連絡先はインターネットで検索できるようですが、念のため電話番号だけ書いておきます。

お近くの相談機関
＊＊＊＊＊　電話：×××—××××
＊＊＊＊＊　電話：×××—××××
それでは、長い間お疲れさまでした。どうぞお元気にお過ごしください。』

あとがき

子どもの頃、算数や数学の授業で学んだことで、今も印象に残っていることが二つある。一つは「補助線」、もう一つは「場合分け」である。

前著のあとがきに、「心理療法はすべてプレイセラピーである」という着想について書いた。本書では、「遊戯療法はすべて言葉だ」と記しておこう。発話に限ったことではない。遊戯療法における遊びは、子どもの心を伝える「言葉」だという意味である。そう考える大人に出会うと、子どもはさらに心を開いて遊びの「言葉」で語ってくれる。その「言葉」の世界は実に魅力的だ。逆に、わかってくれそうもない人には子どもは心を開かない。大人でも同じだろうが。

ただ、その「言葉」の意味は難解である。一体、子どもはその遊びを通して何を表現しているのか。その時に「補助線」が役に立つ。何年生の時だったか、図形の角度を答える問題で、図形に一本か二本、線を足したところ、全体の見え方が一気に変わり、答えが導き出されて驚いた。ちょっとした感動すら覚えた記憶がある。心理療法における補助線の役割を果たすものは、理論であり、概念であり、積み重ねてきた経験値である。それを使って、見えないところに線を引く。いや、線が見えてくると言ったほうが正確だろう。

「場合分け」の方はと言うと、ある時まで、算数では正解は一つだと思っていた。ところが、いつだったか、まず問題文を読み、次にいくつの場合に分かれるかを過不足なく考え、最後に場合ごとに答えを導き出すという類の問題に出会ったとき、ホーっと思った。何のことはない。現実の問題解決はそうなっている。心理療法もまた、いくつもの可能性を考え、それを絞り込みつつも、別の可能性を心に引っかけながら進んでいく。この進み方は私の性に合っている。

まえがきでも触れたが、本書では「こういう言い方もできるかもしれない」という具体的な言葉の例をできるだけ多く載せたつもりでいる。これまで心理療法家として、クライエントの心の言葉を聞き取るのはもちろんだが、こちらの考えをクライエントにいかにわかりやすく伝えるかに関心を持ち、そのための言葉を磨くことを自分に課してきた。クライエントへの言葉にセラピストとしての思いをどう乗せればよいか、と言い換えてもよい。心理検査のフィードバック面接についても、他職との協働についても、「その場で実際に何と言うか」を大切にしてきた。私がフランソワーズ・ドルトを読む愉しみの一つも、クライエントにどんな言葉で直接に語りかけるかが例示されている点にあるから、通底しているものはやはり同じである。

言葉は時に人を傷つけるから慎重にもなるが、言葉はまた人の心を癒すものでもある。自分の中で感じていることが少しずつ言葉になり、相手に直接伝えられる言葉かどうかを吟味して伝え、それが相手の心に届いたとき、言葉で伝えることの大切さを身に沁みて感じることだろう。私自身、この世界にいる限り、言葉に磨きをかける作業を続けてゆかねばならない。「公認」は筆記試験に合格すれば得られるが、クライエントに認められてこその心理専門職であることを今後も忘れずにいたい。

最後になりましたが、本書の出版に当たって、創元社の渡辺明美さん、紫藤崇代さん、古賀千智さんには大変お世話になりました。細やかな作業はもちろんのこと、編集者としての真摯な態度に支えられて、今回も一冊の本が形になりました。御礼申し上げます。

二〇一九年三月　太陽の塔の横顔が窓からチラリと見える、茨木キャンパスの研究室にて

竹内健児

竹内健児（たけうち　けんじ）

京都大学大学院教育学研究科博士後期課程学修認定退学。奈良産業大学、京都光華女子大学、徳島大学准教授、立命館大学大学院人間科学研究科教授を歴任。臨床心理士、公認心理師。
主な著書に、『Q＆Aで学ぶ心理療法の考え方・進め方』『100のワークで学ぶカウンセリングの見立てと方針』（創元社）、『スクールカウンセラーが答える教師の悩み相談室』（ミネルヴァ書房）、『ドルトの精神分析入門』（誠信書房）、『心理検査を支援に繋ぐフィードバック』（編著、金剛出版）、『遊戯療法』（分担執筆、ミネルヴァ書房）、『パーソナリティの心理学』（共著、有斐閣）他多数。

Q&Aで学《まな》ぶ
遊戯療法《ゆうぎりょうほう》と親面接《おやめんせつ》の考《かんが》え方《かた》・進《すす》め方《かた》

2019年6月10日　第1版第1刷発行
2024年5月10日　第1版第7刷発行

著　者…… 竹内健児
発行者…… 矢部敬一
発行所…… 株式会社 創元社
https://www.sogensha.co.jp/
本社　〒541-0047 大阪市中央区淡路町4-3-6
Tel.06-6231-9010　Fax.06-6233-3111
東京支店　〒101-0051 東京都千代田区神田神保町1-2 田辺ビル
Tel.03-6811-0662
印刷所…… 株式会社 フジプラス

ISBN978-4-422-11705-8 C3011

〈好評既刊〉

Q&Aで学ぶ
心理療法の考え方・進め方

竹内健児 著

初心のカウンセラーが必ずぶつかる悩みや疑問を、Q＆A形式にまとめて詳しく解説。どうすればいいか分からず戸惑うことの多い駆け出しの心理臨床家や指導者、必携・必読。

A5判・並製・272頁
定価3,080円（本体2,800円）⑩

Q&Aで学ぶ
遊戯療法と親面接の考え方・進め方

竹内健児 著

退室しぶり、ズル、親からの要求、セラピスト間の不一致——。現場で起こる具体的な問題を200のQ＆Aにまとめて解説。クライエントへの受け答えの例を豊富に示す。

A5判・並製・296頁
定価3,080円（本体2,800円）⑩

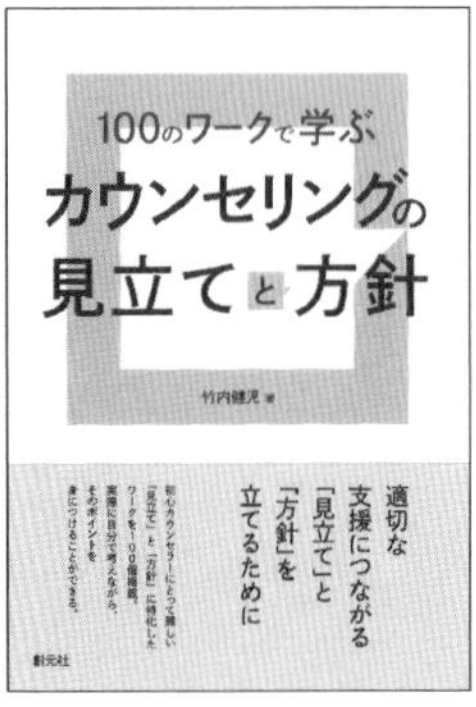

100のワークで学ぶ
カウンセリングの見立てと方針

竹内健児 著

カウンセリング初心者にとって難しい「見立て」と「方針」に特化したワークを100個掲載。実際に自分で考えながら、そのポイントを身につけることができる。

A5判・並製・216頁
定価2,970円（本体2,700円）⑩